ANA PRATA

NOTAS SOBRE RESPONSABILIDADE PRÉ-CONTRATUAL

(2.ª REIMPRESSÃO)

ALMEDINA

NOTAS SOBRE RESPONSABILIDADE PRÉ-CONTRATUAL

AUTOR
ANA PRATA

EDITOR
EDIÇÕES ALMEDINA, SA
Rua da Estrela, n.º 6
3000-161 Coimbra
Tel: 239 851 904
Fax: 239 851 901
www.almedina.net
editora@almedina.net

EXECUÇÃO GRÁFICA
G.C. GRÁFICA DE COIMBRA, LDA.
Palheira – Assafarge
3001-453 Coimbra
producao@graficadecoimbra.pt

Fevereiro, 2005

DEPÓSITO LEGAL
188795/02

Toda a reprodução desta obra, por fotocópia ou outro qualquer processo,
sem prévia autorização escrita do Editor,
é ilícita e passível de procedimento judicial contra o infractor.

EXPLICAÇÃO PRÉVIA

No quadro de funcionamento da Escola de Advocacia, criada pela Associação Nacional dos Advogados Portugueses, foi-me pedido, em Abril de 1990, que aí regesse um curso de responsabilidade civil. A resposta afirmativa foi-me imediatamente evidente, dada a simpatia que me suscitou a iniciativa, desejável e inédita, de proporcionar, institucionalmente, aos advogados estagiários uma formação complementar da obtida nos respectivos cursos de licenciatura. Quero aqui deixar uma palavra de apreço ao Dr. José António Pereira da Silva e ao Dr. Henrique Medina Carreira pelo risco que, louvável e desinteressadamente, tiveram a ousadia de correr.

Aceite o convite, colocava-se-me, porém, a questão da definição do programa de tal curso, certo como era que os seus destinatários eram licenciados em Direito e dispunham, consequentemente e pelo menos, dos conhecimentos básicos na matéria, pelo que optei pelo estudo do instituto da responsabilidade pré-contratual, figura habitualmente negligenciada nos curricula *das Escolas de Direito.*

O presente texto constitui o resultado das notas que, para a preparação do referido curso, elaborei, sendo a sua originária perspectiva didáctica explicativa do método de abordagem utilizado: procurei, na verdade, aproveitar a oportunidade para proceder a uma recapitulação dos principais vícios do negócio jurídico, principalmente a esse pretexto equacionando os problemas da responsabilidade in contrahendo. *Mau grado as deficiências do produto final, julguei entretanto não ser desinteressante a sua publicação, dado que o escasso debate jurídico que a matéria tem suscitado no nosso país e a pouca atenção que os tribunais lhe têm dispensado são lamentavelmente desajustados às potencialidades que o instituto tem e tem revelado noutras ordens jurídicas.*

Pela forma calorosa e paciente como apoiou a publicação destas Notas *na excelente* Revista da Banca *o meu agradecimento ao Dr. António de Campos, ilustre jurista e coordenador da secção jurídica daquela Revista.*

1. OS ANTECEDENTES DO DIREITO ROMANO

Se se quiser, como nestas matérias é ortodoxo que um civilista faça, invocar os antecedentes históricos remotos da responsabilidade pré-contratual, é possível constatar que alguns dos problemas que o instituto visa resolver foram apercebidos e colocados pelos romanos. Disso é desde logo revelador o conhecido texto de Cícero [1], que narra a história do cidadão romano Canio que queria comprar uma casa em Siracusa para aí passar o verão; conhecedor desse desejo, o siracusano Pizio, proprietário de uma casa sobre o mar, convida-o para jantar, acordando antecipadamente com os pescadores locais que nessa noite lhe levassem grandes quantidades de peixe a casa; encantado o romano com a afirmação de que esse era um comportamento normal dos pescadores, por serem as águas locais muito férteis em peixe, fácil de pescar, insiste Canio na compra da casa do siracusano, e este, simulando resistência, acaba por acordar na venda por um preço muito elevado, após o que Canio esperou debalde pelos pescadores e seu peixe. Pergunta Cícero o que fazer em tal situação, dado o evidente erro em que um dos contraentes foi pelo outro deliberadamente induzido, com a consequente distorsão do equilíbrio contratual.

---

[1] *De officiis,* III, 14, *cit. apud* FRANCESCO BENATTI, *A responsabilidade pré-contratual,* tradução de A. Vera Jardim e Miguel Caeiro, Coimbra, 1970, pp. 9-10; v. também MANUEL DE ANDRADE, *Teoria Geral da Relação Jurídica,* vol. II, reimpressão, Coimbra, 1964, p. 258, nota 1.

Enquanto, no direito romano clássico, só era concebida sanção para o *dolus in contrahendo* através da *actio doli*, já no período justinianeu se admitia a constituição em responsabilidade em consequência de uma conduta incorrecta na fase anterior à celebração do contrato, não pela *actio doli*, mas pela *actio ex contractu*, instrumento que era também concedido em alguns casos de invalidade do contrato. Francesco Benatti [2] observa que «não é fácil conhecer quais os motivos que levaram os compiladores a admitir uma *actio ex empto* apesar de que 'emptio non teneat'». Há autores, como Heldrich [3], que sugerem a explicação de que os bizantinos já se encontravam persuadidos da necessidade de impor a observância da regra da boa fé contratual no período das negociações preliminares, mas que, ainda dominados pelo quadro do sistema clássico da tipicidade das acções, não viam outro meio de proporcionar protecção ao lesado a não ser concedendo-lhe a acção pelo correspondente contrato, apesar de ele não estar ainda formado.

Parece que, em qualquer caso, porém, a tutela atribuída pelo direito romano à parte lesada por uma conduta pré-negocial da contraparte era limitada, restringindo-se às hipóteses de impossibilidade originária da prestação ou de conduta, culposa ou dolosa, que visasse ou ocultar vícios da coisa ou exagerar as respectivas qualidades [4].

2. ORIGEM MODERNA DO INSTITUTO

Muito embora em alguns autores do século XVIII e inícios do século XIX — e, designadamente, em Pothier e Domat — se encontrem referências à responsabilidade em que podia incorrer quem causasse a invalidade de um contrato, mormente quando esta se fundava em erro

---

[2] *Op. cit.*, pp. 10-11. V. também PAUL ROUBIER, *Essai sur la Responsabilité Précontractuelle*, Paris, 1911, pp. 15 a 22.

[3] Citado por FRANCESCO BENATTI, *op. cit.*, pp. 11-12, que propende para a aceitação da explicação.

A explicação de Heldrich foi, no essencial, acolhida por Alonso Pérez: cfr. ALBERTO MANZANARES SECADES, *La naturaleza de la responsabilidad precontractual o culpa in contrahendo*, in Anuario de Derecho Civil, tomo XXXVIII, Fascículo IV, Out.-Dez. MCMLXXXV, p. 987, nota 23.

[4] V. MÁRIO JÚLIO DE ALMEIDA COSTA, *Responsabilidade civil pela ruptura das negociações preparatórias de um contrato*, Coimbra, 1984, pp. 33-34; FRANCESCO BENATTI, *A responsabilidade pré-contratual*, op. cit., p. 12.

ou dolo, foi Rudolf von Jhering quem, num estudo publicado em 1861, retomou com carácter sistemático o problema, tendo essa retomada sido considerada, pelo próprio e pelos civilistas em geral, como o estudo de um problema novo, e a solução proposta saudada como uma sensacional «descoberta jurídica» [5, 6, 7].

O ponto de partida de Jhering é a teoria da vontade — de que o principal representante é Savigny — segundo a qual, intervinda qualquer divergência entre a vontade e a declaração dela, deve ser esta última considera nula; sendo apenas relevante, para a nulidade, a divergência entre o conteúdo da vontade formada e a sua expressão ou declaração, é indiferente, em princípio, que algum elemento de erro perturbador do processo de formação dessa vontade tenha ocorrido.

Com base nestes pressupostos, Jhering, sensível à injustiça que eles comportavam, tanto nos casos em que o declaratário, tendo confiado na genuinidade da declaração, vê o negócio ser declarado inválido por erro, como naqueles em que o declarante (ou o declaratário), por

---

[5] V. M. J. ALMEIDA COSTA, *Direito das Obrigações*, 3.ª edição, Coimbra, 1979, p. 226, que cita Dölle; *id., Responsabilidade civil pela ruptura...,* *op. cit.,* pp. 34-35; v. também MARIO BESSONE, *Rapportto precontrattuale e doveri di correttezza (Osservazioni in tema di recesso dalla trattativa), in* «Rivista Trimestrale di Diritto e Procedura Civile», ano XXVI (1972), p. 1011.

[6] Como nota DIETER MEDICUS, *Culpa in contrahendo, in* «Rivista Critica del Diritto Privato, Anno II, n.º 3, Set. 1984, p. 573, apesar de o estudo de Jhering ser conhecido dos autores do *BGB*, neste «não existe uma norma de carácter geral que preveja a obrigação de indemnização do dano derivado de 'culpa *in contrahendo*'»; KARL LARENZ, *Lehrbuch des Schuldrechts,* I. Band, *Allgemeiner Teil,* zehnte, neubearbeitete Auflage, München, 1970, pp. 88-89, comentando alguns dos preceitos dispersos que no *BGB* se ocupam da responsabilidade pré-negocial, observa que, ao tempo da elaboração do diploma, ainda não se encontrava adquirida teoricamente a construção de uma doutrina geral da *culpa in contrahendo,* a isso atribuindo, aliás, alguns aspectos da configuração do dever de indemnizar previsto, nomeadamente, nos §§ 307, 309 e 122, que se traduzem em restrições que hoje já não são aceites pela doutrina.

[7] V. referência à chamada teoria da garantia tácita de Windscheid — cujos termos permitiam, em certa medida, resolver alguns problemas que a teoria da *culpa in contrahendo* de Jhering veio solucionar — em R. SALEILLES, *De la responsabilité précontractuelle. A propos d'une étude nouvelle sur la matière, in* «Revue Trimestrielle de Droit Civil», Tome sixième-Année 1907, pp. 703-704, em JOÃO DE CASTRO MENDES, *Teoria geral do direito civil,* vol. II, edição revista em 1985, p. 174, e em CLARA I. ASÚA GONZÁLEZ, *La culpa in contrahendo (Tratamiento en el derecho alemán y presencia en otros ordenamientos),* Bilbao, sem data, mas 1989, p. 30, nota 28.

ter suposto que a coisa constituía objecto negocial idóneo, vê o negócio ser declarado inválido por impossibilidade objectiva, procura para tal injustiça uma solução.

O problema que Jhering aborda e trata pode, hoje, ser considerado como uma fracção apenas da realidade que é recoberta pela chamada responsabilidade pré-contratual: trata-se do problema da responsabilidade decorrente da celebração de um contrato inválido, por culpa de uma das partes, isto é, da tutela da confiança da contraparte na validade do contrato. Partindo da análise dos textos romanos, designadamente do Digesto, Jhering explica a atribuição de uma *actio ex contractu,* nos casos de invalidade deste, pelo seguinte raciocínio: a conclusão de um contrato não tem como único efeito jurídico a obrigação de o cumprir, pois, quando tal efeito seja precludido por um qualquer obstáculo jurídico, ainda assim o contrato pode produzir aquele outro efeito da obrigação de indemnizar por um dos contraentes relativamente à contraparte; a expressão nulidade do contrato apenas designa a privação do negócio daquele efeito obrigacional que lhe é próprio, mas não a de qualquer outro efeito, designadamente do indemnizatório.

Sobre aquele que faz uma proposta contratual impenderia a obrigação de se certificar de que se encontram preenchidos todos os pressupostos de validade do contrato, comunicando à contraparte qualquer omissão, pelo que a obrigação de indemnizar, efeito secundário do contrato, constituir-se-ia se uma das partes tivesse procedido culposamente, sendo a diligência exigível aquela que o seria no cumprimento do contrato, e presumindo-se a culpa do autor do ilícito, pois de uma responsabilidade contratual se trataria[8, 9]. Daí que, por exemplo, a venda

---

[8] A culpa tem, na concepção de Jhering, um signficado ou uma acepção muito peculiares, pois parece bastar a verificação do elemento de invalidade, não comunicado à contraparte, para que possa concluir-se pela sua existência. Isto é, a *diligentia in contrahendo* deve ter-se por inobservada sempre que um fundamento de invalidade do contrato não foi comunicado por uma das partes à outra, de tal forma que esta última confiou na validade do negócio, vindo tal confiança a ser ulteriormente frustrada.

[9] Continuando a doutrina alemã a reconduzir a responsabilidade *in contrahendo* à contratual, continua a entender-se que a diligência exigível é a *diligentia ex contractu,* do mesmo modo se presumindo a culpa. Cfr. VITTORIO CALUSI, *In tema di trattative e responsabilità precontrattuale, in* «Rivista Trimestrale di Diritto e Procedura Civile», Anno X (1956), pp. 479-480.

[10] Um dos dois problemas — o outro era o da venda de herança inexistente — de que os textos romanos analisados por Jhering se ocupam.

de uma coisa *extra commercium* [10], estando privada do efeito que é tipicamente o seu, pudesse produzir uma obrigação de indemnizar, ainda ligada ao contrato e fundada na culpa do vendedor: sabendo este, ou devendo sabê-lo, que a coisa era *extra commercium* e não tendo disso informado o comprador, tinha obrigação de o indemnizar dos danos que este tivesse sofrido em consequência da celebração do contrato nulo [11].

Não pode, em rigor, imputar-se a concepção de Jhering a uma ideia geral de responsabilidade por comportamentos culposos no período de formação do contrato, embora o autor não renuncie a uma certa pretensão de generalidade, defendendo a existência de um dever geral de diligência positiva para todo aquele que entra em negociações e invocando o § 284 I 5 do *Allgemeines Landrecht für die Preussischen Staaten* de 1794, que consagra, para a realização do contrato, os mesmos deveres que existem no cumprimento respectivo [12]; a teoria da responsabilidade pré-contratual circunscrevia-se, na colocação que dela fez Jhering, aos problemas suscitados pela culposa celebração de um contrato inválido [13].

A este núcleo de problemas, de que a doutrina começou a ocupar-se na sequência do estudo de Jhering, acrescia, no tratamento doutrinário, o da responsabilidade decorrente da revogação de uma proposta contratual. Quanto a esta última questão, ela era, em regra, colocada como sendo a de saber se a proposta de contrato, uma vez emitida ou recebida, era susceptível de lícita retractação pelo seu autor, propendendo-se, sobretudo na doutrina francesa por influência de Demo-

---

[11] V., sobre a posição de Jhering, VAZ SERRA, *Culpa do devedor ou do agente, in* «Boletim do Ministério da Justiça» n.º 68, Julho, 1957, p. 119; A. MENEZES CORDEIRO, *Da Boa Fé no Direito Civil,* vol. I, Lisboa, 1984, pp. 528 a 532, e autores aí citados; K. LARENZ, *Metodologia da Ciência do Direito,* tradução de José de Sousa Brito e de José António Veloso, Lisboa, sem data, pp. 485-486; *id., Lehrbuch des Schuldrechts, op. cit.,* p. 92, nota 3; A. MANZANARES SECADES, *La naturaleza de la responsabilidad..., op. e loc. cit.,* pp. 985 a 987; CLARA GONZÁLEZ, *La culpa in contrahendo, op. cit.,* pp. 25 a 29; PAUL ROUBIER, *Essai sur la Responsabilité..., op. cit.,* pp. 49 a 53.

[12] Também o *Allgemeines Bürgereiches Gesetzbuch* austríaco de 1811 contém um afloramento da mesma ideia.

[13] As críticas que a construção de Jhering suscitou relevavam, por um lado, desta limitada perspectiva em que colocou o problema, por outro, da afirmação da existência de responsabilidade em casos em que era duvidoso que pudesse identificar-se uma qualquer culpa do sujeito e, finalmente, da colocação do fundamento da responsabilidade no contrato inválido: v., por exemplo, MARIO BESSONE, *Rapporto precontrattuale..., op. e loc. cit.,* p. 1012 e nota 114.

lombe, para o entendimento da irrevogabilidade durante um prazo razoável para o destinatário se pronunciar — ainda quando a irrevogabilidade não tivesse sido expressamente convencionada, nem houvesse sido fixado prazo de duração da proposta pelo seu autor — com base na ficção de um acordo de vontades nesse sentido. Revogada então a proposta, impedia sobre o proponente um dever indemnizatório do destinatário, designadamente nos casos em que, por tê-la ele aceite, viesse a sofrer danos pela não conclusão do contrato. A definição do quadro e dos limites em que tal responsabilidade, consequente da eficaz desistência do proponente, surgiria ocupou e continua a ocupar os civilistas — particularmente franceses e italianos [14] — quando, nos respectivos sistemas jurídicos, não existe qualquer obstáculo legal à revogação da proposta contratual [15, 16].

---

[14] Mas também os portugueses anteriormente à entrada em vigor do Código Civil actual: v., por exemplo, GUILHERME MOREIRA, *Instituições do Direito Civil Português*, Livro II – *Das Obrigações*, pp. 34-35; CUNHA GONÇALVES. *Da Compra e Venda no direito comercial português*, Coimbra, 1924, pp. 216 a 218; id., *Tratado de Direito Civil*, vol. IV, Coimbra, 1931, pp. 248 a 252; JAIME DE GOUVEIA, *Da Responsabilidade contratual*, Lisboa, 1932, p. 283; MOTA PINTO, *A responsabilidade pré-negocial pela não conclusão dos contratos, in* «Boletim da Faculdade de Direito» (Suplemento XIV), Coimbra, 1966, pp. 201 a 219 e 241 a 247; A. FERRER CORREIA, *Erro e Interpretação na Teoria do Negócio Jurídico*, 2.ª edição, 3.ª tiragem, Coimbra, 1985, p. 297, nota 1; INOCÊNCIO GALVÃO TELLES, *Manual dos Contratos em geral*, 3.ª edição, Lisboa, 1965, pp. 194-195 e 199-200.

[15] Em França, o *Code Civil* não afirma expressamente a liberdade de revogação da proposta contratual, mas a exaltação da liberdade da vontade, com a consequência da inadmissibilidade da sua vinculação por declaração unilateral, tornou o princípo a da livre revogabilidade da proposta uma regra do sistema jurídico; em Itália, o artigo 1328.° do Código Civil dispõe que «a proposta pode ser revogada até que o contrato esteja concluído», impondo ao retractante a obrigação de indemnizar a contraparte, se esta, de boa fé, iniciou a execução do contrato antes de ter tido conhecimento da revogação da proposta.

[16] Cfr. R. SALEILLES, *De la responsabilité précontractuelle, op.* e *loc. cit.*, pp. 697 a 699, 701-102, 729 a 733, 743 a 746 e 748 a 750. RENE DEMOGUE, *Traité des Obligations en général*, I, *Sources des Obligations*, Tome II, Paris, 1923, pp. 183 a 190; FRANCESCO BENATTI, *A responsabilidade pré-contratual, op. cit.*, pp. 90 a 92; JOANNA SCHMIDT, *La sanction de la faute précontractuelle, in* «Revue Trimestrielle de Droit Civil», Tome soixante-douzième, année 1974, pp. 55 a 59; ANNA DEL FANTE, *Buona fede prenegoziale e principio costituzionale di solidarietà, in* «Rassegna di Diritto Civile», anno quarto-1983, pp. 172-173; ALEX WEILL e FRANÇOIS TERRE, *Droit Civil. Obligations*, 3.ª edição, Paris, 1980, pp. 164-165; JACQUES GHESTIN, *Les Obligations. Le contrat: formation, in Traité de Droit Civil*, sous la direction de Jacques Ghestin,

O problema de uma eventual responsabilidade emergente, na fase negociatória, do rompimento das negociações foi colocado pela primeira vez por Gabriele Faggella, num estudo publicado em 1906 [17], tendo as suas principais conclusões sido, logo no ano seguinte, acolhidas em França por R. Saleilles [18]. Embora o pensamento de Faggella, expresso naquele trabalho e em outros posteriores, tenha sido objecto de leituras nem sempre coincidentes, pode dizer-se que, no essenncial, era o seguinte o seu raciocínio: a entrada em negociações implicaria um, expresso ou tácito, acordo pré-contratual no sentido da prossecução delas até que se chegasse a uma efectiva celebração do negócio ou até ao momento em que se verificasse, por irremovível divergência de interesses, que o consenso era impossível. Tal acordo, em que se funda a confiança de cada uma das partes na lealdade da negociação, resultaria, por um lado, do assentimento em iniciar negociações e, por outro, dos usos do comércio. Se, antes de as negociações atingirem qualquer daqueles estádios, uma das partes as interrompesse, tal interrupção deveria ser considerada injusta e arbitrária e, com fundamento na equidade, acar-

---

2.ª edição, Paris, 1988, pp. 227 a 236; LODOVICO BARASSI, *La Teoria Generale delle Obbligazioni*, vol. II, *Le Fonti*, 2.ª edição, Milano, 1948, pp. 103 a 106; CHRISTINE SOUCHON, *Rapport national (France)*, in *La Formation du Contrat*, sous da direction de René Rodière, Paris, sem data, p. 37; THIERRY SCHMIDTZ, *Rapport national (Belgique et Luxembourg)*, in *La Formation du Contrat*, op. cit., p. 51; GENEVIEVE VINEY, *Les Obligations. La Responsabilité: conditions*, in *Traité de Droit Civil*, dirigido por Jacques Ghestin, Paris, 1982, pp. 230-231; RENATO SCOGNAMIGLIO, *Contratti in generale*, in *Trattato di Diritto Civile* diretto da Giuseppe Grosso e F. Santoro-Passarelli, volume quarto, Milano, sem data, pp. 91 a 93 e 102; PAOLO FORCHIELLI, *Responsabilità civile, Lezioni* raccolte a cura del Dott. Alberto Villani, 1.º volume, Padova, 1968, p. 147. VINCENZO CUFFARO, *Responsabilità precontrattuale*, in «Enciclopedia del Diritto», vol. XXXIX, Milano, sem data, mas 1988, p. 1272, afrma que a responsabilidade, prevista no artigo 1328.º, *comma 1*, do proponente que revogue a sua proposta, após o início da respectiva execução, é estranha à *ratio* do artigo 1337.º, isto é, não deve ser qualificada como pré-contratual.

V. também ALBERTO MANZANARES SECADES, *La naturaleza de la responsabilidad...*, op. e *loc. cit.*, p. 980.

[17] *Dei periodi precontrattuali e della lora vera ed esatta costruzione scientifica*, in *Studi Giurici in Onore di Carlo Fadda*, vol. III, Napoli, 1906, pp. 271 e segs.

[18] *De la responsabilité précontractuelle. A propos d'une étude nouvelle sur la matière*, op. e *loc. cit.*, pp. 735 a 743, formulando reservas quanto à caracterização de Faggella da ruptura arbitrária e fundando tal responsabilidade no abuso do direito.

retaria, em consequência, o dever de indemnizar a contraparte dos danos que ela tivesse sofrido com vista à celebração do contrato. A arbitrariedade da ruptura não dependeria da verificação de culpa por parte do negociador que a efectivava, bem podendo o respectivo motivo ser susceptível de ser considerado subjectivamente justificativo dela: assim, por exemplo, quando a ruptura tivesse resultado da disponibilidade de um terceiro para celebrar o contrato, tendo a parte preterido, em razão das maiores garantias que esse sujeito oferecia, concluí-lo com ele. Desde que, porém, a razão da desistência não se consubstanciasse numa irredutível divergência quanto ao conteúdo clausular do contrato, a ruptura deveria, segundo Faggella, considerar-se arbitrária, senão arbitrária em absoluto, pelo menos arbitrária relativamente à contraparte, o que bastaria para fundar a obrigação de indemnizar. Os prejuízos indemnizáveis restringir-se-iam, porém, aos danos emergentes, isto é, incluindo todas as despesas realizadas com vista à condução das negociações e à conclusão do contrato, não abrangeriam as ocasiões perdidas, os contratos a cuja oportunidade se renunciara, os lucros cessantes em suma, pois, quanto a esses, não haveria, sempre segundo Faggella, nexo de causalidade entre a ruptura e o dano; é que, se uma das partes tivera uma oportunidade vantajosa no decurso das negociações, recusando-se a contraparte a aceitar idênticos termos contratuais, então esse era um motivo de ruptura justificada, cujo não exercício não poderia ser imputado à outra parte [19].

A teoria da responsabilidade *in contrahendo* iniciou, com os trabalhos de Jhering e de Faggella, um longo percurso, marcado por várias etapas, correspondentes a outras tantas construções que, sobretudo na civilística alemã [20, 21], procuraram caracterizar o seu fundamento e definir os respectivos contornos.

---

[19] V. crítica a esta concepção em R. SALEILLES, *De la responsabilité précontractuelle*, *op.* e *loc. cit.*, pp. 722-723.

[20] Para uma exposição da história do pensamento da civilística alemã na matéria, v. CLARA GONZÁLEZ, *La culpa in contrahendo*, *op. cit.*, pp. 40 e segs.

[21] Também em França o problema mereceu, como se viu, a atenção da doutrina desde o início deste século, tendo PAUL ROUBIER publicado em 1911 o primeiro estudo dedicado expressamente à responsabilidade pré-contratual. Este autor dá, aliás, notícia das posições da doutrina e da jurisprudência francesas do século XIX em que podem reconhecer-se os antecedentes desta responsabilidade em França (v. *Essai sur la Responsabilité...*, *op. cit.*, pp. 29 a 38). A orientação dominante em França, foi, na esteira de SALEILLES, ROUBIER e depois de JOSSERAND, no sentido de enquadrar dogmaticamente a questão na figura do abuso do direito, orientação que continua a manifestar-se na jurisprudência: cfr.

Nas legislações dos primeiros decénios deste século, não encontrou o instituto acolhimento através de regras gerais que expressamente previssem uma responsabilidade nos preliminares ou na formação do contrato, muito embora se encontrem disposições consagradoras da responsabilidade *in contrahendo* em casos especiais. Assim acontece, por exemplo, com o *BGB*, cujos §§ 122 [22], 179-II, 307, 309, 523-I, 524-I, 600, 663 [23], e 694 são considerados concretizações do princípio da *culpa in contrahendo* [24, 25]. Alguns legisladores, pressionados

---

GENEVIEVE VINEY, *Les Obligations, La Responsabilité..., op. e loc. cit.,* p. 231 que cita duas decisões da *Cour de Cassation,* respectivamente de 16 de Outubro de 1973 e de 12 de Abril de 1976, em que se funda a responsabilidade no «abuso do direito de romper as negociações», precisando-se que tal abuso supõe a prova da «vontade de prejudicar» ou de «má-fé». V., porém, JOANNA SCHMIDT, *La sanction de la faute précontractuelle, op. e loc. cit.,* pp. 52-53, que afirma ser orientação da jurisprudência francesa a de que «a procura da *faute* aquando dos preliminares se fará, como habitualmente, pela comparação do comportamento suspeito com o de um homem normalmente prudente colocado nas mesmas circunstâncias exteriores», citando uma decisão da *Cour de Cassation* de 3 de Outubro de 1972, que expressamente afirmou que a existência desta responsabilidade pode verificar-se «na ausência de intenção de prejudicar»; também JACQUES GHESTIN, *Les Obligations. Le contrat: formation, op. cit.,* pp. 251-252, assinala as divergências jurisprudenciais, que se exprimem essencialmente nos elementos com que é caracterizado o abuso do direito. JACQUES GHESTIN, *La notion d'erreur dans le droit positif actuel,* Paris, 1971, pp. 135-136, depois de referir a fundamentação desta responsabilidade no abuso do direito, diz que a teor'a da *culpa in contrahendo* «não é geralmente admitida pela doutrina francesa. Ela nunca teve nenhuma aplicação na jurisprudência»; ma's adiante (pp. 140 a 146), o autor refere algumas (três) decisões judiciais em que a doutrina reconhece uma aplicação do princípio da responsabilidade pré-contratual, que, diz agora, é afirmado pela doutrina «de forma quase unânime».

[22] V., porém, K. LARENZ, *Lehrbuch des Schuldrechts,* I. Band, *op. cit.,* p. 89, discordando de que este § 122 constitua uma afloramento da *culpa in contrahendo,* pois, tratando-se nele da protecção da aparência, a responsabil'dade a que se refere prescinde da verificação de culpa.

[23] Cfr. FIKENTSCHER, *Das Suchuldrecht,* Berlin, 1965, p. 444. J. ESSER e E. SCHMIDT, *Schuldrecht, Allgemeiner Teil,* Teiband 2, 5., völlig neubearbeitete Auflage, Heidelberg-Karlsruhe, 1977, p. 95, nota 25.

[24] V. referência aos trabalhos preparatórios do *BGB* em CLARA GONZÁLEZ, *La culpa in contrahendo, op. cit.,* pp. 31-32, nota 32. J. ESSER e E. SCHMIDT, *Schuldrecht...,* Teilband 2, *op. cit.,* p. 96, observam que o *BGB* foi mais recuado nesta matéria do que outras codificações de dire'to comum anterior, como o *ALR* já referido.

[25] Idêntica é a situação no direito suíço, cujo Cód'go das Obrigações prevê, nos artigos 26.°, 31.°-3, 36.°-2 e 39.°, casos especiais de responsabilidade pré-contratual.

pela exigência de justiça a que o instituto procurava responder, começaram, em meados do século, a enunciar normas gerais expressamente previsivas de uma responsabilidade na fase dos preliminares do contrato: assim, por exemplo, o Código Civil italiano de 1942 (artigos 1337.º e 1338 [26]), o Código Civil grego de 1940 (§§ 197 e 198), o § 11, n.º 7 da *AGBG* alemã de 1976 (que a pressupõe) ou o artigo 227.º do nosso Código Civil [27].

3. OS TERMOS DO PROBLEMA

A conclusão do contrato é, como se sabe, frequentemente precedida de um período, mais ou menos prolongado, de preparação, discussão, acordos parcelares, as mais das vezes destituídos de autonomia negocial: é aquilo que a doutrina designa por fase negociatória.

---

[26] Muito embora seja muito controvertida em Itál'a a definição das fronteiras do âmbito de aplicação destas duas disposições, é indiscutida a influência alemã que este artigo 1338.º manifesta.

[27] A falta da consagração legal desse princíp'o geral não obstou a que ele fosse reconhecido e aplicado em alguns sistemas jurídicos, como — com mais ou menos hesitação — no francês ou no alemão, onde, segundo DIETER MEDICUS, *Culpa in contrahendo, op. e loc. cit.,* p. 573, ele se pode considerar consolidado «pelo menos desde o último conflito mundial».

Quanto ao fundamento do princípio no sistema jurídico alemão, enquanto alguns autores, como FIKENTSCHER, *Das Schuldrecht, op. cit.,* pp. 64-65, admitem que ele se apoie na aplicação analógica daquelas disposições do *BGB* que regulam casos especiais a ele recondutíveis, outros, como K. LARENZ, *Lehrbuch des Schuldrechts,* I. Band, *op. cit.,* pp. 91 e 92, negam que a sua aquisição derive de qualquer aplicação analógica desses preceitos, que são tão dispersos e limitados que, por si só, não justificariam a construção de um princípio geral, defendendo que este último não tem as suas raízes tanto no *BGB* quanto no trabalho criativo da doutrina e da jurisprudência, constituindo hoje um instituto com a força de direito consuetudinário, pois entrou, desde há mu'to, na consciência jurídica geral. Também J. ESSER e E. SCHMIDT, *Schuldrecht...,* Teilband 2, *op. cit.,* p. 96, parecem reconduzir ao labor doutrinário e jurisprudencial a criação de um princípio geral de responsabilidade por *culpa in contrahendo* na ordem jurídica alemã, embora, ao identificar a fonte das obrigações pré-contratuais, afirmem que o seu reconhecimento pela prática se apoiou nos casos legalmente previstos de obrigação indemnizatória constituída no momento da celebração do contrato.

Nesta fase preliminar, gozam as partes [28] de uma ampla liberdade de decisão, coessencial à função que ela desempenha na preparação da vontade contratual: aquelas são, por isso, livres de alterar os seus pontos de vista, ajustar as suas posições, reformular os seus projectos, com grande amplitude. Tal liberdade vai, porém, sendo progressivamente restringida, à medida e na medida em que, pelos seus comportamentos (positivos e omissivos), cada uma das partes cria, na respectiva contraparte, uma convicção crescente de confiança na iminência da celebração do contrato. Realizam-se despesas — estudos, orçamentos, consultas a técnicos, viagens, testes —, renuncia-se a outras hipóteses contratuais, celebram-se ou extinguem-se contratos em vista da conclusão do negócio projectado (contratos de publicidade, contratos de trabalho, contratos de fornecimento, contratos de seguro, contratos de locação), etc., etc..

A confiança vai progressivamente ganhando corpo e consistência, pondo-se então o problema da injustiça da sua desprotegida frustração quando uma das partes, inesperada e arbitrariamente, rompe as negociações.

Por outro lado, seja ou não a conclusão do contrato precedida de uma fase negaciatória, isto é, mesmo nos casos em que a sua formação se reduz aparentemente à fase decisória ou de emissão das declarações negociais que o integram, sempre cada um dos contraentes realiza, ao menos mentalmente, o percurso de formação da sua vontade contratual, isto é, representa o contrato a celebrar como o instrumento apto para satisfazer os interesses que visa prosseguir. A conclusão do contrato repousa sempre, para cada um dos contraentes, em dois pressupostos: *a)* o de que o contrato a celebrar é idóneo, pelas características do bem ou da pessoa da contraparte, pelo equilíbrio económico do programa que estabelece, a satisfazer o seu interesse; *b)* o de que

---

[28] Designar-se-ão no texto por partes — como, aliás, o próprio artigo 227.º o faz — os sujeitos que negoceiam ou concluem um contrato, sem particular detenção no problema da propriedade de tal designação, em particular quando ela se refira a sujeitos que nunca chegarão a ser propriamente partes no contrato, ou porque este não chega a celebrar-se ou porque o problema da responsabil·dade *ex* artigo 227.º não se coloca a propósito de um contrato, mas de um negócio jurídico unilateral, em que não há, em bom rigor, partes. É que, além da simplificação discursiva que a ut·lização do termo comporta, ela não será, em caso algum, exactamente incorreta se, como suponho, entre os sujeitos cuja relação está submetida à normativa da boa fé se instala uma relação obrigacional, em que, por definição, há duas partes.

o contrato a celebrar está apto, pela qualidade do outro contraente (qualidade jurídica — capacidade, legitimidade), pela situação do bem e pelas suas próprias características jurídicas, a produzir os efeitos jurídicos e patrimoniais para que é pré-ordenado.

Frustrando-se qualquer destes pressupostos, por culpa de uma das partes, coloca-se o problema da responsabilidade pré-contratual na fase da formação do contrato.

E isto pode acontecer tanto nos casos em que essa frustração tenha como consequência a invalidade, total ou parcial, do contrato (anulabilidade por incapacidade, nulidade por ilegitimidade do vendedor, nulidade por vício de forma, anulabilidade por vícios da vontade ou vícios da coisa) ou a sua ineficácia total (celebração por representante sem poderes ou que excedeu os limites dos poderes representativos que detinha, não verificação da condição suspensiva que lhe estava aposta), como naqueles em que o contrato que se celebrou é válido e eficaz [29, 30]

---

[29] No sentido de que a responsabilidade pré-contratual pode constituir-se em situação em que o negócio concluído seja válido e eficaz, v. FRANCESCO BENATTI, *A responsabilidade pré-contratual*, op. cit., pp. 23 a 25; M. J. AL-MEIDA COSTA, *Direito das Obrigações*, op. cit., pp. 226-227; id., *Responsabilidade civil pela ruptura...*, op. cit., p. 36; MENEZES CORDEIRO, *Da Boa Fé no Direito Civil*, vol I, op. cit., p. 584; J. ESSER e E. SCHMIDT, *Schuldrecht...*, Teilband 2, op. cit., p. 97; PIERRE ENGEL, *Traité des Obligations en droit suisse*, Neuchâtel, sem data, p. 137; JACQUES GHESTIN, *Les Obligations. Le contrat: formation*, op. cit., pp. 480 a 483. JAIME DE GOUVEIA, *Da Responsabilidade contratual*, op. cit., pp. 286-287 e 296, exprime, quanto a esta questão, um pensamento que não é linear, pois, depois de defender, por exemplo, que o dolo incidental, embora não anulando o contrato, dê origem a uma obrigação indemnizatória, diz que, «nos casos de nulidade relativa, só surge a questão da determinação da espécie de responsabilidade emergente das infracções cometidas na formação do contrato, quando a anulação foi pedida e declarada».

O entendimento de que a responsabilidade *in contrahendo* pode constituir-se em caso de válida e eficaz celebração do negócio representa um assinalável progresso relativamente à concepção originária, e durante largo tempo dominante, de que a responsabilidade pré-contratual estaria restringida às hipóteses de frustrada celebração do contrato *in itinere*. Referindo esta evolução e pronunciando-se no sentido da aplicabilidade do instituto em situações em que foi concluído um negócio válido e eficaz, ANNA DEL FANTE, *Buona fede prenegoziade...*, op. e loc. cit., pp. 144-145.

Encontram-se, porém, ainda autores que parecem restringir a possibilidade de constituição de responsabilidade pré-contratual aos casos de rompimento de negociações e de conclusão de um contrato inválido: v., por exemplo, I. GALVÃO TELLES, *Direito das Obrigações*, 6.ª edição, Coimbra, 1989, p. 65 (não é definitivamente claro que este seja o pensamento do autor, que o exprime a pro-

(o erro não fundamenta a anulação, deixou-se esgotar o prazo para a requerer), mas a conformação do regulamento contratual foi afectada, desvirtuada e desequilibrada pela parcial frustração de um daqueles pressupostos (a coisa está onerada com um direito real de garantia que é necessário expurgar, o bem não tem as qualidades necessárias para a cabal realização da função que lhe estava atribuída), ou houve danos autonomamente decorrentes da incorrecção pré-contratual (por exemplo, um dos contraentes convenceu, culposamente, o outro da exigência de certas formalidades para a validade do contrato, provocando assim um atraso e despesas inúteis [31]).

4. A RESPONSABILIDADE PRÉ-CONTRATUAL NO DIREITO PORTUGUÊS

Muito embora a lei portuguesa, no domínio do Código Civil de 1867, não contivesse qualquer referência ao princípio da responsabilidade *in contrahendo*, nela se previam alguns casos de responsabilidade cujo fundamento era o ilícito pré-contratual: assim, por exemplo, os artigos 692.º, 2.ª parte («se o contrato tiver por causa ou fim algum facto criminoso, ou reprovado [...] se só um dos contraentes for de má fé, não será o outro obrigado a cumprir o que houver prometido, nem a restituir o que houver recebido e poderá exigir o que houver prestado»), 697.º, § 2.º (responsabilidade «nos casos em que tenha havido

---

pósito da caracterização dos danos reparáveis, operação a que procede segundo o critério tradicional).

[30] Já LEONHARD, na sua obra *Verschulden beim Vertragsschlusse*, publicada em 1910, colocava o problema da responsabilidade decorrente da violação de obrigações de informação e de cuidado na fase de formação do contrato, quando este se tinha concluído validamente. Por seu lado, SIBER, em 1914, retomou o tema, reconhecendo a possibilidade de constituição da responsabilidade por violação de deveres pré-contratuais, com independência da consideração da natureza válida ou inválida do contrato sucessivamente celebrado. Sobre a posição de LEONHARD e a de SIBER, v. CLARA GONZÁLEZ, *La culpa in contrahendo*, *op. cit.*, respectivamente pp. 41 a 45 (onde também refere uma sentença de 1912 do *Reichsgericht*, que acolheu o entendimento de que a responsabilidade decorrente de ilícitos pré-negociais se pode constituir quando o negócio celebrado seja válido) e pp. 46 a 48. V. ainda, K. LARENZ, *Lehrbuch des Schuldrechts*, I. Band, *op. cit.*, pp. 92-93, nota 3.

[31] Este é um exemplo de M. J. ALMEIDA COSTA, *Responsabilidade civil pela ruptura...*, *op. cit.*, p. 36.

19

dolo ou má fé» na conclusão do contrato, sendo este em consequência «rescindido»), 896.º, § único (responsabilidade do proprietário condicional de um bem objecto de uma hipoteca, se, conhecendo a natureza do seu direito, a não declarar no contrato constitutivo do direito de garantia), 1047.º e 1048.º (responsabilidade do alienante a título oneroso perante o adquirente em caso de evicção), 1338.º (responsabilidade do mandatário que exceder os seus poderes, face ao terceiro com quem haja contratado, se não o tiver informado de quais eram os limites daqueles poderes [32]), 1521.º, § 2.º (responsabilidade do comodante pelos prejuízos sofridos pelo comodatário em resultado de vícios ocultos da coisa emprestada, quando, conhecendo-os, o primeiro não tenha deles prevenido o segundo [33]), 1532.º (responsabilidade do mutuante pelos danos causados ao mutuário por defeitos da coisa, que, sendo conhecidos do primeiro, por ele não foram comunicados ao segundo [34]), 1555.º (responsabilidade do vendedor de coisa alheia que tiver «procedido com dolo ou má fé»), 1558.º (responsabilidade do vendedor de coisa inexistente «se tiver procedido como dolo ou má fé» [35]), 1579.º (responsabilidade do sujeito que vendesse a mesma coisa móvel sucessiva-

---

[32] O texto legal não enunciava o fundamento da responsabilidade do mandatário face ao terceiro, limitando-se a dizer que «o mandatario, que exceder os seus poderes, será responsavel plas perdas e damnos que causar, tanto para com o constituinte, como para com qualquer terceiro com quem haja contractado». J. DIAS FERREIRA, *Codigo Civil Portuguez Annotado*, vol. III, 2.ª edição, Coimbra, 1898, p. 16, dizia que a responsabilidade do mandatário se constituía «não só pelo *excesso* de poderes, senão também pelos prejuízos causados por culpa sua ao constituinte e a terceiros mesmo no exercício dos poderes conferidos pela procuração».

[33] Referindo-se a este preceito, MANUEL DE ANDRADE parece caracterizar a responsabilidade aí prevista como obrigacional, discutindo a questão de saber qual o grau de culpa necessário para que ela se constitua (*Teoria Geral das Obrigações*, com a colaboração de RUI ALARCÃO, 2.ª edção, Coimbra, 1963, p. 402). DIAS FERREIRA, *Codigo Civil...*, vol. III, *op. cit.*, p. 132, afirma que a responsabilidade prevista nesta disposição supõe a exstência de dolo, «porque nos contratos de beneficencia não responde o pactuante senão pelo dolo».

[34] Hipótese que, como acentua CUNHA GONÇALVES, *Dos Contratos em especial*, Lisboa, sem data, p. 252, seria «muito rara». DIAS FERREIRA, *Codigo Civil...*, vol. III, *op. cit.*, p. 132, enuncia o exemplo de empréstimo de «azeite mau foi estragar azeite bom, com que este [o mutuário] o misturou».

[35] JAIME DE GOUVEIA, *Da Responsabilidade contratual*, *op. cit.*, pp. 290 a 294, analisa detidamente este regime, para demonstrar que a responsabilidade que aí está em causa é delitual e não contratual, como pretende a doutrina da *culpa in contrahendo*.

mente a diversas pessoas), 1613.º (responsabilidade do senhorio que tiver procedido de má fé se o arrendatário sofrer privação do uso do prédio em consequência de evicção).

Muito embora a doutrina não fizesse, em regra [36], apelo à responsabilidade pré-contratual para explicar estes regimes [37], ela referia-se ao instituto, havendo autores, como Reis Maia [38], que afirmavam a inutilidade da sua autonomização, por considerarem que as situações que ele recobre se reconduziam às regras gerais dos artigos 2361.º e segs. do Código de Seabra, relativas à responsabilidade aquiliana, e outros, como P. Ascenção Barbosa [39], que, caracterizando o ilícito pré-negocial como abuso do direito, admitiam a *culpa in contrahendo* [40]; Ferrer Correia [41], por seu lado, admitia estar consagrada no artigo 653.º do Código de Seabra uma regra «susceptível de ser aplicada por analogia a todos os casos da chamada responsabilidade pré-contratual», afirmando que, quando assim não se entendesse, havia de recorrer aos princípios da responsabilidade delitual para justificar a obrigação de

---

[36] Enunciando, como fundamento de algumas destas e de outras hipóteses de obrigação de indemnizar legalmente imposta, o princípio da responsabilidade pré-negocial, C. A. MOTA PINTO, *A responsabilidade pré-negocial pela não conclusão dos contratos, op. e loc. cit.,* pp. 150 e 158. MANUEL DE ANDRADE, *Teoria Geral das Obrigações, op. cit.,* p. 402, referia expressamente os artigos 697.º, § 2.º, 896.º, § único, 1555.º e 1558.º, 3, como expressões da *culpa in contrahendo,* admitindo que o artigo 1418.º (responsabilidade do alquilador por danos provocados por defeitos das cavalgaduras, se tivesse havido má fé sua) contivesse, também ele, uma previsão da responsabilidade *in contrahendo.* Do mesmo modo, VAZ SERRA, *Culpa do devedor..., op. e loc. cit.,* pp. 125-126, reconduzia o fundamento da responsabilidade prevista em algumas daquelas disposições à responsabilidade pré--contratual.

[37] Cfr. CUNHA GONÇALVES, *Dos Contratos em especial, op. cit.,* pp. 246, 252, 286 e 288; id., *Da Compra e Venda, op. cit.,* pp. 677 e segs., 707 e segs.; J. DIAS FERREIRA, *Codigo Civil Portuguez Annotado,* vol. II, 2.ª edição, Coimbra, 1895, pp. 39, 41, 167-168 e 285-286, e vol. III, *op. cit.,* pp. 15-16, 132, 161-162, 163 e 201-202.

[38] *Direito Geral das Obrigações,* parte I, *Das Obrigações em geral e dos Contratos,* Barcelos, 1926, pp. 459-460.

[39] *Do Contrato-promessa,* Coimbra, 1956, pp. 77 a 79.

[40] Por seu lado, VAZ SERRA, *Culpa do devedor..., op. e loc. cit.,* pp. 122 a 129, apreciando o problema no quadro dos trabalhos preparatórios do Código Civil de 1966, pronuncia-se claramente pela admissibilidade da responsabilidade pré-contratual, resultando «o dever de diligência [...] da boa fé ou, se se quiser, da lei».

[41] *Erro e Interpretação..., op. cit.,* pp. 57 e nota 2, 297 e nota 1, e 298.

indemnizar nascida de responsabilidade *in contrahendo;* também Jaime de Gouveia [42] apelava para o artigo 653.º para fundar esta responsabilidade, escrevendo que «a responsabilidade emergente da ilegítima retractação, do mesmo modo que a proveniente de qualquer outro facto ilícito cometido no período de negociações para um contrato que não se efectivou, é delitual», opinando, porém, mais adiante [43], a propósito dos contratos inválidos, que «afigura-se-nos que a doutrina da *culpa in contrahendo* é ilógica e arbitrária», o que, no pensamento do autor, significava apenas, parece, que a responsabilidade *in contrahendo* é delitual e não contratual; Cunha Gonçalves [44] admitia esta responsabilidade, que, nas suas palavras, só teria lugar quando tivesse havido «culpa ou deslealdade»; Manuel de Andrade [45] entendia que a lei restringia a sua constituição aos casos de conduta dolosa; I. Galvão Telles [46] afirmava que «a doutrina da *culpa in contrahendo* [...] é verdadeira, e o nosso Direito consagra-a...», identificando o seu fundamento, quando ela procedesse da ruptura das negociações, no abuso de direito. É, aliás, na vigência do Código de Seabra que Mota Pinto elabora e publica o primeiro estudo que, na doutrina portuguesa, é consagrado expressamente ao problema da responsabilidade pré-contratual, enunciando como seu fundamento o abuso de direito e a responsabilidade por actos lícitos [47].

Por outro lado, o recurso ao abuso do direito era também utilizado, sem menção da chamada *culpa in contrahendo,* para justificar soluções de responsabilização do lesante em algumas hipóteses, como na de lesão enorme [48].

O Código Civil de 1966, consagrando, no artigo 227.º, o princípio da chamada responsabilidade pré-contratual, se não operou propriamente uma inovação na ordem jurídica portuguesa, teve o mérito de tornar indiscutível a vigência do princípio, esclarecendo a sua extensão

---

[42] *Da Responsabilidade contratual, op. cit.,* pp. 283 e 285 a 306.

[43] *Op. cit.,* pp. 293 a 298.

[44] *Tratado de Direito Civil,* vol. IV, *op. cit.,* pp. 246 a 248.

[45] *Teoria Geral das Obrigações, op. cit.,* p. 402.

[46] *Manual dos Contratos em geral, op. cit.,* pp. 101 a 103, 108, 147, 149 e 187-188.

[47] *A responsabilidade pré-negocial..., op. e loc. cit., passim,* em especial pp. 200, 206-207 e 241-242.

[48] CUNHA GONÇALVES, *Dos Contratos em especial, op. cit.,* pp. 287 288.

e quadro de operatividade [49]. É, em primeiro lugar, claro que a constituição em responsabilidade tanto pode ocorrer por violação culposa de um dever emergente da boa fé na fase da conclusão do contrato, como resultar de uma conduta ilícita e culposa havida durante a fase negociatória. Este aspecto do âmbito da relevância da boa fé pré-negocial merecia, na proposta de Articulado da autoria de Vaz Serra [50], uma especial atenção em ordem a sublinhar a sua extensão à fase negociatória; depois de o n.º 1 do artigo 8.º estabelecer que «quem entra em negociações com outrem, para a conclusão de um contrato, deve, nessas negociações e na formação do contrato, proceder de acordo com a boa fé para com a outra parte», esclarecia o n.º 2 que «a responsabilidade, de que no parágrafo anterior se faz menção, não depende de se chegar a concluir o contrato».

O desaparecimento, no articulado final do Código Civil, da referência à independência da responsabilidade pré-contratual da celebração do contrato não pode considerar-se — nem nunca, que se saiba, foi considerado — significativo de diverso sentido da lei, antes sendo pacífico o entendimento de que a constituição da responsabilidade *in contrahendo* pode resultar já de uma conduta pertinente à fase negociatória (com ou sem ulterior conclusão do contrato), já de um comportamento integrado na fase decisória (com a consequência da celebração de um negócio inválido ou ineficaz — total ou parcialmente — ou sem que a inaptidão ou disfunção jurídica do negócio seja o resultado desse comportamento [51]).

Não obstante encontrar-se hoje na lei civil portuguesa enunciado com clareza o princípio, a situação da *law in action* é, quanto a este instituto, gravemente reveladora da pouca atenção e interesse que os

---

[49] DIETER MEDICUS, *Culpa in contrahendo*, op. e loc. cit., p. 574, analisando a relevância de uma disposição deste tipo — tendo como é natural, particularmente em atenção o sistema jurídico alemão, onde a sua ausência não prejudicou a admissão e aplicação do princípio — diz que «uma norma de carácter geral sobre 'culpa in contrahendo' seria as mais das vezes isenta de consequências». Já MARIO BESSONE, *Rapporto precontrattuale...*, op. e loc. cit., p. 987, observa que «a falta de uma norma tão compreensiva deixa largo espaço a razoáveis perplexidades sobre a amplitude do âmbito dentro do qual utilizar os critérios do juízo de responsabilidade que as controvérsias suscitadas pela prática não obstante requerem frequentemente».

[50] Articulado anexo ao estudo *Culpa do devedor...*, op. e loc. cit., p. 145.

[51] Cfr. *supra*, n.º 3 e nota 29, e *infra*, n.º 6.1.1.-*e*).

juristas lhe têm dispensado, sendo raros os casos submetidos à apreciação dos tribunais em que o problema tenha sido colocado, discutido e apreciado [52, 53].

5. ÂMBITO DE APLICABILIDADE DO ARTIGO 227.º

A formulação literal do preceito aponta claramente no sentido da restrição do seu âmbito de aplicabilidade aos contratos. Não deve, porém, ser tal elemento considerado decisivo, prescindindo-se de outros canônes hermenêuticos, pois bem pode suceder que tal restrição literal se explique, por um lado, por ser esse o domínio em que historicamente o problema foi colocado e discutido, sendo, em consequência, a designação tradicional do instituto a de responsabilidade pré-contratual ou *culpa in contrahendo* [54], e, por outro, por continuar a ser ele aquele em que, mais frequentemente, a questão surge [55].

---

[52] Nas palavras de ALMEIDA COSTA, *Responsabilidade civil pela ruptura...*, *op. cit.*, pp. 23-24, «apresenta-se reduzidíssimo, tanto quanto sabemos, o número de vezes que os tribunais superiores têm sido chamados a pronunciar-se, directa ou acidentalmente, a respeito da ruptura das negociações preliminares de um contrato. Claro indício do que também ocorre na primeira instância».

[53] A escassa atenção e utilização do princípio da boa fé, em geral, e da sua emergência no quadro da relação pré-contratual, em particular, não é problema privativo do sistema jurídico português. Também em Itália, por exemplo, alguns autores assinalam que a boa fé tem sido ignorada pela maioria da doutrina e da jurisprudência, limitando-se a maior parte dos autores a fazer-lhe «uma menção fugaz, equivalente a uma manifestação de obséquio formal», e que, no quadro da responsabilidade *in contrahendo*, a introdução dos artigos 1337.º e 1338.º não alterou praticamente nada nos termos em que o problema era colocado e discutido antes da entrada em vigor do Código de 42, «tanto assim que se continua a discutir sobre a índole da responsabilidade, se a *culpa in contrahendo* é aquiliana ou não». V. GIUSEPPE STOLFI, *Il principio di buona fede, in* «Rivista del Diritto Commerciale», Anno LXII (1964), Parte prima, pp. 163 a 165; C. MASSIMO BIANCA, *La nozione di buona fede quale regola di comportamento contrattuale, in* «Rivista di Diritto Civile», Anno XXIX (1983), n.º 3, pp. 207-208; VINCENZO CUFFARO, *Responsabilità precontrattuale, op. e loc. cit.*, p. 1265.

[54] Como observa ANNA DEL FANTE, *Buona fede prenegoziale..., op. e loc. cit.*, p. 143, nem à designação do instituto nem à tradicional concepção da restrição do seu âmbito de aplicabilidade aos contratos era alheio o entendimento, originário de JHERING, que situava a fonte da responsabilidade no contrato invalidamente celebrado.

Admitindo, como o faz a generalidade da doutrina [56], que a *ratio* do instituto é a tutela da confiança do sujeito na correcção, na honestidade, na lisura e na lealdade do comportamento da outra parte, quando tal confiança se reporte a uma conduta juridicamente relevante e capaz de provocar-lhe danos, por ele ser o seu autor ou o seu destinatário, haverá de reconhecer-se que o problema tanto se coloca a propósito dos contratos como dos negócios unilaterais, ou até dos puros actos jurídicos, desde que tenham um destinatário [57]. Se o que está em causa é a tutela dos sujeitos enquanto interessados nos efeitos jurídicos que um acto de outrem vise produzir ou na lisura da conduta alheia relativamente aos seus próprios actos, também nos negócios unilaterais como nos puros actos jurídicos tem cabimento a protecção da confiança do destinatário na observância da boa fé por parte do autor do negócio ou do acto, e vice-versa. Na verdade, o destinatário do acto, que razoavelmente nele confie e em conformidade regule os seus interesses, poderá sofrer prejuízos, se vier a verificar-se, designadamente, que ele é inválido ou ineficaz, por culpa do respectivo autor. Por outro lado, o autor do acto ou negócio, que à sua realização tenha sido, por exemplo, dolosamente induzido ou moralmente coagido pelo respectivo beneficiário [58], poderá igualmente ver surgirem-lhe danos consequentes do acto que praticou.

---

[55] Também no texto, por facilidade de linguagem, se referirá, em regra, a responsabilidade à negociação ou celebração de contratos, tendo-se sempre presente a aplicabilidade dos raciocínios enunciados a outras situações negociais.

Dada a evidente consequente desnecessidade, não se equacionará o problema da menor propriedade da locução *responsabilidade pré-contratual* ou daquela outra, mais tradicional, *culpa in contrahendo*, nem se avaliará da maior adequação da designação *responsabilidade pré-negocial* ou de qualquer outra, como é costume aos juristas fazerem.

[56] V. *infra*, nota 104.

[57] Já se o negócio não tiver destinatário, não parece estar verificado o pressuposto da relação intersubiectiva que explica a imposição da observância da boa fé. V. FRANCESCO BENATTI, *A responsabilidade pré-contratual, op. cit.*, pp. 33-34 e 37 a 39; ANNA DEL FANTE, *Buona fede prenegoziale..., op.* e *loc. cit.*, pp. 138-139.

[58] ANNA DEL FANTE, *Buona fede prenegoziale..., op.* e *loc. cit.*, p. 139, entende que sobre o contra-interessado apenas impenderá um dever de boa fé pré-negocial recíproco do do autor da declaração «se os efeitos lhe forem favoráveis», já que, «na hipótese inversa, não se poderá apreciar a sua boa fé na mesma medida e com o mesmo parâmetro usados para o declarante, pois ele *certat de damno evitando*».

Ora, é justamente este problema de distribuição dos prejuízos em função do desrespeito da boa fé como norma de relação entre sujeitos jurídicos que o instituto da responsabilidade *in contrahendo* procura resolver, sendo para ele irrelevante que a relação se estabeleça no quadro de um negócio jurídico bilateral ou unilateral.

Daí que grande parte da doutrina propenda para o entendimento de que o problema ultrapassa o estrito domínio dos contratos para abranger os negócios unilaterais e mesmo os actos quase negociais, como, por exemplo, a interpelação do credor ao devedor ou a notificação da cessão [59]. O problema da produção de danos pela frustração culposa da confiança do autor ou destinatário, em consequência de um ilícito pré-negocial, pode colocar-se, por exemplo, relativamente a uma promessa pública realizada por um incapaz, a uma resolução de contrato exercida por um representante sem poderes, a uma ratificação [60] de um negócio, nula por falta de forma ou por falta de legitimidade do ratificante, como pode a questão de prejuízos consequentes para o autor do acto ou negócio colocar-se, por exemplo, quando a confirmação de um negócio anulável seja obtida por dolo ou coacção do respectivo beneficiário ou a ratificação de um negócio seja erroneamente realizada em virtude de falsas informações prestadas pela contraparte no negócio. Em todos aqueles casos ou semelhantes, em que alguém sofre prejuízos por ter razoavelmente confiado na validade, eficácia ou idoneidade material de um negócio ou acto jurídico de outrem tem, pois, cabimento a questão de saber se existe um direito de ressarcimento desses danos; como igualmente a tem nos casos em que é o autor do negócio a sofrer os prejuízos consequentes da sua realização, se a esta foi induzido culposamente por outrem [61].

---

[59] Estes são exemplos de M. J. ALMEIDA COSTA, *Responsabilidade civil pela ruptura...*, *op. cit.*, p. 32.

[60] Sobre a natureza de negócio unilateral receptício da ratificação, v., por exemplo, LUIS DÍEZ-PICASO, *La representación en el derecho privado*, Madrid, 1979, p. 235; RENATO SCOGNAMIGLIO, *Contratti in generale*, *op. cit.*, p. 81.

[61] «Assim, por exemplo, manobras tendentes a provocar a denúncia de um contrato, o repúdio de uma herança, a revogação dum acto jurídico, a renúncia dum direito de preferência, a celebração dum negócio de fundação, etc.» (MOTA PINTO, *A responsabilidade pré-negocial...*, *op. e loc. cit.*, p. 162).

No sentido da aplicabilidade do artigo 227.º a todos os negócios jurídicos, também J. CASTRO MENDES, *Teoria geral do direito civil*, vol. II, *op. cit.*, pp. 174 e 281. I. GALVÃO TELLES, *Manual dos Contratos em geral*, *op. cit.*, pp. 52-63, sem se ocupar expressa ou especialmente desta questão, afirma que

Pelo que respeita ao problema de saber se o instituto é aplicável aos negócios jurídicos familiares e aos *mortis causa,* encontra-se na doutrina uma corrente que sustenta a resposta negativa, já porque aí não haveria propriamente o conflito de interesses a que possa referir-se uma eventual frustração de expectativas alheias, já porque o interesse protegido nesses casos não é meramente privado, quando é certo que a boa fé só tutela interesses intersubjectivos privados [62].

Na doutrina portuguesa, este problema não tem sido, ao menos expressamente, tratado [63]. Porém, dada a parcimónia com que a nossa lei admite os contratos sucessórios, por um lado, a ausência de real expectativa que possa ser atribuída ao beneficiário do testamento e o esgotamento da tutela da liberdade e do esclarecimento da vontade do *de cujus* no regime da livre e imperativa revogabilidade do testamento

---

«é princípio assente que as disposições genéricas dos contratos também se aplicam aos negócios jurídicos unilaterais, agora por analog.a», pelo que «essa extensão não se fará quando as disposições reguladoras do negócio jurídico unilateral a excluam, ou a exclua a natureza peculiar do mesmo negócio jurídico».

[62] FRANCESCO BENATTI, *A responsabilidade pré-contratual, op. cit.,* pp. 39 a 43; ANNA DEL FANTE, *Buona fede prenegoziale..., op. e loc. cit.,* pp. 141-142, que, depois de expor e criticar a referida posição, conclui pela inaplicabilidade do artigo 1337.º aos negócios jurídicos familiares em consequência de não constituirem eles relações «económicas», ressalvando, porém, alguns dos deveres emergentes da boa fé pré-negocial que se liguem ao dever constitucional de solidariedade, que ilustra exemplificativamente com a «obrigação de comunicação dos vícios invalidantes do matrimónio». Há que ter em consideração que, diversamente do que acontece no nosso direito, o artigo 1321.º do Código Civil italiano caracteriza o contrato restringindo-o aos negócios plurilaterais *patrimoniais.* Sobre o problema da qualificação jurídica do casamento, v. F. M. PEREIRA COELHO, *Curso de Direito da Família,* Coimbra, 1986, pp. 166 a 171, defendendo que se trata de um contrato.

Para uma análise das motivações da exclusão dos negócios jurídicos familiares do domínio do regime dos negócios jurídicos em geral, v. PIETRO RESCIGNO, *Appunti sull'autonomia negoziale, in Categorie giuridiche e rapporti sociali. Il problema del negozio giuridico,* a cura di Cesare Salvi, Milano, 1978, pp. 129 a 131.

[63] J. DE OLIVEIRA ASCENSÃO, *Direito Civil. Sucessões,* 4.ª edição revista, Coimbra,1989, interroga-se, a propósito de várias questões relativas aos vícios da vontade e às divergências entre a vontade e a declaração no testamento, sobre a aplicabilidade a este das regras comuns ao regime geral do negócio jurídico e, em particular, parece, sobre a do artigo 227.º, acabando por concluir — tanto quanto pode perceber-se — pelo afastamento dela, dada a ausência de destinatário do testamento (v., por exemplo, pp. 96, 97, 98-99 e 104).

e no dos seus vícios [64], por outro, a questão quanto aos negócios *mortis causa* não tem, talvez, grande relevância.

Quanto aos actos de direito familiar, note-se, em primeiro lugar, que as indemnizações previstas no artigo 1594.° do Código Civil para o rompimento da promessa de casamento se apresentam configuradas em termos muito próximos dos da responsabilidade pré-contratual, sendo, ao menos, de duvidar que a norma não represente uma aplicação desse princípio [65, 66]; por outro lado, alguns impedimentos do casamento — o dirimente absoluto de casamento anterior (artigo 1601.°-c)), ou o impediente do prazo internupcial (artigo 1604.°-a)) — como algumas causas da sua inexistência (irregularidade da procuração — artigo 1628.°-d)) ou da sua anulabilidade (falta de consciência do acto por

---

[64] No sentido da inaplicabilidade ao testamento do princípio da responsabilidade pré-negocial, dada a sua «natureza de negócio não receptício», ANNA DEL FANTE, *Buona fede prenegoziale...*, *op. e loc. cit.*, p. 139, e autores citados na nota 60.

O carácter não receptício do negócio testamentário é pacificamente aceite pela doutrina: v., por exemplo, OLIVEIRA ASCENSÃO, *Direito Civil. Sucessões*, *op. cit.*, pp. 89-90. C. PAMPLONA CORTE REAL, *Curso de Direito das Sucessões*, vol. I, Lisboa, 1982-83, pp. 216 e 249-250; quanto à posição do sucessível, afirma este útilmo autor (p. 259) que «nem a característica da livre revogabilidade do testamento consentiria que aqui se descortinasse qualquer protecção ou expectativa jurídica»; no mesmo sentido, realçando também a ausência de expectativas que possam ser ligadas ao testamento, G. STOLFI, *Il principio di buona fede*, *op. e loc. cit.*, pp. 168-169. Afirmando igualmente que «o negócio 'mortis causa' típico não produz antes da morte do autor do negócio nem sequer o efeito de vincular este ao negócio (que é, portanto, livremente revogável) e de conferir ao eventual adquirente uma expectativa jurídica», CASTRO MENDES, *Teoria geral...*, vol. II, *op. cit.*, p. 310.

[65] P. ASCENÇÃO BARBOSA, *Do Contrato-promessa*, *op. cit.*, p. 78, afirmava expressamente que o § único do artigo 24.° do Decreto n.° 1, de 25 de Dezembro de 1910, que se ocupava da responsabilidade daquele que rompia uma promessa de casamento (que, de acordo com o corpo do artigo 24.°, era destituída de valor jurídico), constituía «uma aplicação» da doutrina da *culpa in contrahendo*. Também MOTA PINTO, *A responsabilidade pré-negocial...*, *op. e loc. cit.*, p. 235, reconduz a responsabilidade decorrente da ruptura dos esponsais à responsabilidade pré-contratual; assim igualmente, parece, I. GALVÃO TELLES, *Manual dos Contratos em geral*, *op. cit.*, p. 188, nota 1.

[66] O que no texto se afirma — que a responsabilidade prevista no artigo 1594.° constitui o afloramento do princípio geral do artigo 227.° — não desconhece a especialidade de tal regime indemnizatório, tanto no que respeita ao seu objecto como no que toca ao prazo (de caducidade) do direito à indemnização estabelecido no artigo 1595.°.

incapacidade acidental, erro sobre a identidade do outro contraente, declaração extorquida por coacção física — artigo 1635.º-a), b, e c) —, erro essencial e desculpável sobre as qualidades da pessoa do outro côn-juge — artigo 1638.º) parecem configurar típicas situações merecedoras de tutela *in contrahendo,* quando estejam reunidos os respectivos pres-supostos. Isto é, se o casamento vier a ser anulado por se verificar ter sido contraído por quem era já casado, sem que disso tivesse tido conhecimento o outro cônjuge [67], se ele for inexistente por haver sido celebrado por intermédio de procurador munido de procuração nula, revogada ou caducada por culpa do outorgante (ou com conhecimento da outra parte), como se se verificar que um dos nubentes, no momento da celebração, não tinha consciência do acto que praticava, se encon-trava em erro sobre a identidade ou qualidades essenciais da pessoa do outro contraente ou emitiu uma declaração de vontade extorquida por coacção física ou moral, tendo disso conhecimento o outro cônjuge, como ainda, finalmente, se o não esgotamento do prazo internupcial, com desconhecimento do outro cônjuge, vier a ter como consequência o nascimento de filho do anterior matrimónio, com presunção de pater-nidade do actual marido da mãe ou mesmo sem ela [68] — em todos estes casos podem ocorrer danos, designadamente morais, mas também, em algumas hipóteses, patrimoniais.

E, ocorrendo tais danos em circunstâncias em tudo idênticas às que consubstanciam responsabilidade *in contrahendo,* porque na origem do acto que os causou está um comportamento da contraparte descon-forme com a boa fé intersubjectiva, parece que a esta deverá ser imposto o dever indemnizatório correspondente [69]. Não se vê, na ver-dade, razão para afastar essa tutela com o argumento de que o interesse protegido por estes regimes de invalidade do casamento é (também e, porventura, sobretudo) de natureza e ordem pública, pois não pode dizer-se que a eventual prevalência desse interesse como informador de tais regimes justifique a desconsideração dos interesses privados dos sujeitos envolvidos na relação. Ao invés, dir-se-ia que a importância

---

[67] O ilícito pré-contratual do ocultamento da existência de anterior casa-mento não dissolvido por um dos cônjuges ao outro é, aliás susceptível de gerar danos, tanto no caso de o casamento vir a ser anulado com esse fundamento como naquele outro de a anulação não vir a ser judicialmente declarada.

[68] E isto independentemente de o casamento vir a ser anulado uo de se manter como válido.

[69] Admitindo-o, parece, F. M. PEREIRA COELHO, *Curso de Direito da Família, op. cit.*: v., por exemplo, pp. 229, nota 1, e 232-233, nota 2 *in fine.*

supraindividual do instituto importa uma acrescida tutela da confiança dos sujeitos, atenta a gravidade dos danos que a culposa celebração de um casamento inválido pode acarretar para a parte inocente, além de que o matrimónio se apresenta, dada a especial intensidade da relação intersubjectiva dos cônjuges e o seu carácter duradouro, como um caso paradigmático de necessidade da exigência de respeito pela boa fé relacional.

O mesmo raciocínio procederá relativamente a outros negócios jurídicos familiares, designadamente à perfilhação [70] ou à adopção [71],

---

[70] Se bem que não esteja a ocupar-se expressamente deste problema, contrária parece ser a opinião de MOTA PINTO, *Notas sobre alguns temas da doutrina geral do negócio jurídico, segundo o novo Código Civil, in* «Cadernos de Ciência e Técnica Fiscal», Lisboa, 1967, p. 82 e nota 28; a propósito da disposição do artigo 295.º, escreve o autor: «Uma solução que se poderá consderar abrangida no conteúdo útil desta norma é a não aplicação aos negócios jurídicos pessoais de quaisquer normas da doutrina geral do negócio jurídico, inspiradas pela tutela da confiança dos declaratários e dos interesses gerais do tráfico (por exemplo, exigência de conhecmento ou cognoscibilidade de um vício ou de uma falta de vontade, como fundamento de invalidade). Assim, sempre que para um acto pessoal — perfilhação, legitimação, adopção, etc. — for relevante como causa de invalidade um qualquer fundamento, deve entender-se, na falta de preceito especial, que a relevância desse fundamento não exige o conhecimento, cognoscibilidade ou suspeita da sua existência pela contraparte, por não haver aqui, dado o conteúdo do negócio, quaisquer expectativas dignas de tutela». A verdade é que, não podendo tomar-se como certa a ilação de que o pensamento do autor é o de rejeitar a responsabilidade pré-negocial nestes negócios, antes pode afirmar-se que uma eventual concordância com o que no texto se afirma, relativamente aos requisitos de actuação da invalidade de tais negócios, não é incompatível com a relevância da responsabilidade pré-negocial em tais casos. É que, se, em homenagem à liberdade, esclarecimento e genuidade da vontade em negócios familiares, pode entender-se que a tutela da boa fé da contraparte ou do contra-interessado deve sofrer uma restrição, tal não significa que dessa tutela não haja a ordem jurídica de curar no quadro em que ela não conflitue com aquela preocupação de garantia da liberdade da vontade.

[71] A adopção, constituindo-se por sentença judicial, tem por base uma declaração de vontade do adoptante (ou adoptantes), podendo a sentença que a decretou ser revista, se aquela declaração tiver faltado, se tiver sido viciada por erro ou obtida por coacção moral, como se tiver faltado o consentimento dos pais do adoptado, quando necessário e não dispensado, ou ele tiver sido determinado por coacção moral, como ainda se tiver faltado o consentimento do adoptado, quando necessário. V. artigos 1990.º e 1991.º do Código Civil.

Sobre a natureza jurídica da adopção, v. F. M. PEREIRA COELHO, *Curso de Direito da Família, op. cit.,* pp. 52 a 55, que conclui que se trata de um *«acto complexo»,* composto por um *«acto de direito privado* e por um *acto de*

também elas susceptíveis de gerar prejuízos de significativa gravidade se viciadas por culpa do respectivo autor ou do destinatário.

Poderia admitir-se que, em todos os casos de negócios jurídicos de direito familiar, o problema da responsabilidade *in contrahendo* só fosse suscitável quando eles viessem a ser declarados inválidos pelo tribunal, e isto, quer por contemporização com a doutrina dominante, segundo a qual não deve ser admitida a intromissão dos tribunais na área familiar para apurar de eventuais ilícitos constitutivos de responsabilidade civil, salvo quando tais ilícitos tenham justificado já essa intervenção para outros fins [72], quer por não se afigurar, a uma primeira vista, a oportunidade da frequente verificação de danos indemnizáveis, no quadro do artigo 227.º, quando o negócio tenha sido validamente celebrado ou assim haja de ser considerado. Não creio porém, que este seja o enquadramento mais correcto do problema: já porque, por um lado, o argumento que suporta a interpretação restritiva do artigo 483.º não se mostra convincente, pois, a pretexto de uma defesa

---

direito público (a sentença que decreta a adopção), actos constitutivos os dois, mesmo o último — o que exprime a ideia de que a adopção há-de justificar-se, não só à luz dos interesses particulares das pessoas cujo consentimento é exigido por lei, mas ainda à luz do interesse geral». E o autor acrescenta que, «se aquele acto de direito privado não é verdadeiro negócio jurídico, mas apenas *elemento de um acto complexo*, isso não impede que lhe sejam aplicáveis, segundo a directiva do artigo 295.º, e salvo onde a lei tenha disposto de modo diverso, as regras dos negócios jurídicos em geral».

[72] Assim, designadamente quanto às violações dos deveres conjugais de natureza pessoal, só seria admissível o pedido indemnizatório pelos danos delas consequentes quando houvessem sido invocadas como fundamento de divórcio. Desta doutrina constituiria aplicação o artigo 1792.º do Código Civil, que, tendo vindo resolver positivamente a questão de saber se a violação dos deveres conjugais é ilícito susceptível de constituir em responsabilidade civil o respectivo autor, restringiu — na interpretação dominante — a aplicabilidade do último instituto aos casos em que a acção de divórcio tenha sido proposta.

F. M. PEREIRA COELHO, que, na edição de 1965 do seu *Curso de Direito da Família*, pp. 21 e 541-543, preconizava a posição exposta e que se entendeu ter vindo a ser acolhida na reforma de 1977, no referido artigo 1792.º, vem, na edição de 1986 do referido *Curso*, afirmar: «Pensamos hoje, até , que o artigo 483.º não exclui a possibilidade de, independentemente de ter sido requerido o divórcio ou a separação judicial de pessoas e bens, se deduzir pedido de indemnização dos danos causados pela violação dos deveres do artigo 1672.º — isto embora a situação não se verifique na prática, pois mal se imagina que um dos cônjuges não queira divorciar-se nem separar-se do outro e pretenda obter dele uma indemnização desses danos».

da privacidade da vida familiar, se resolve numa mais débil protecção dos direitos familiares pessoais, o que é contraditório com a especial tutela da família que os mesmos autores entendem justificar-se, estando, aliás, como se viu [73], a ser abandonado por alguns dos seus defensores [74], como Pereira Coelho; já porque, não sendo a pouco frequente oportunidade da colocação do problema um argumento teórico, nem sequer pode dizer-se que tal possibilidade é inexistente, pois, como já se assinalou [75], pode haver situações em que os danos causados pelo ilícito pré--contratual ocorram sem que o negócio seja declarado inválido. Pelo que, sem definitiva convicção embora, me parece mais acertado o entendimento de que a responsabilidade pré-negocial, podendo constituir-se na conclusão de um negócio jurídico familiar, tal como quanto a qualquer negócio jurídico acontece, é independente da respectiva declaração judicial de invalidade.

Ainda no quadro do problema do âmbito de aplicabilidade do artigo 227.º, haverá que averiguar se a regra é aplicável nos casos em que um dos contraentes é a Administração Pública quando no exercício de actos de gestão pública [76].

O problema pode surgir quanto a contratos de alienação de bens do domínio público ou autárquico, a concursos para admissão de pes-

---

[73] Cfr. *supra*, nota 72.

[74] V., porém, JORGE L. A. RIBEIRO DE FARIA, *Direito das Obrigações*, vol. I, Coimbra, sem data, p. 417, que escreve: «Quanto aos chamados direitos familiares de natureza pessoal, a tutela não se fará por via de uma obrigação de indemnizar, mas de outra forma».

[75] Cfr. *supra*, notas 67 e 68.

[76] Quando se trate de actos de gestão privada, não parece que haja lugar para a existência de dúvidas, já porque tais actos estão submetidos às regras de direito privado aplicável, já porque o artigo 501.º reafirma a subordinação da Administração . Pública aos princípios gerais das responsabilidade civil. V., no entanto, J. M. SÉRVULO CORREIA, *Legalidade e autonomia contratual nos contratos administrativos*, Coimbra, 1987, pp. 532 e segs., para as maiores limitações que afectam a autonomia contratual da Administração nos seus contratos de direito privado. Na doutrina italiana, é comum o entendimento de que aos contratos de direito privado da Administração Pública «se aplicam em princípio (ressalvados alguns desvios relativos, por um lado, ao procedimento necessário para que a 'vontade contratual' do contraente público possa dizer-se regularmente formada e manifestada, e por outro à exigência de controlos destinados a garantir a legitimidade da operação e a sua conformidade com o interesse público) as regras ordinárias do direito contratual, as mesmas que se aplicariam se o contrato tivesse sido concluído entre dois privados»: MARIO BESSONE, *Casi e questioni di diritto privato*, vol. II, 3.ª edição, Milano, 1979, pp. 90 e 202.

soal, para a adjudicação de obras ou fornecimento de bens, a quaisquer contratos administrativos inválidos ou ineficazes [77], enfim.

A resposta à questão de saber se também a Administração Pública pode ser responsabilizada pré-contratualmente foi, em Itália, durante muito tempo, negativa, e, ainda hoje, não é pacífica a solução. Os argumentos invocados para excluir do âmbito de aplicabilidade da responsabilidade pré-contratual a Administração Pública eram vários, os principais sendo o de que as normas administrativas afastariam a aplicação do regime civilístico de onde se extrai tal responsabilidade, isto é, o de o direito administrativo não estar submetido ao princípio da boa fé, por um lado, e o de os tribunais, em virtude do princípio da separação de poderes, não terem competência para apreciar a actividade da Administração, que actua discricionariamente na condução dos termos do negócio, ou seja, na prossecução do interesse público [78].

Tende, contudo, hoje a ser adoptada a ideia de que a aplicabilidade do direito administrativo não exclui a vinculação da Administração aos princípios de direito privado que não contrariem a essência e finalidade da actividade administrativa [79, 80]. Por outro lado, quanto ao argumento

---

[77] Ou a contratos administrativos válidos mas em que sejam identificáveis danos oriundos de uma ilícita conduta pré-negocial da Administração, ou ainda a situações em que, decorrido um processo negociatório, a Administração Pública rompa arbitrariamente as negociações ou recuse ilicitamente a conclusão do contrato.

[78] A versão mais exacerbada desta concepção da supremacia e discricionária autonomia da Administração exprime-se na negação do próprio conceito de contrato de direito público. V., sobre o problema, MARCELLO CAETANO, *Manual de Direito Administrativo*, tomo I, 10.ª edição, revista e actualizada por DIOGO FREITAS DO AMARAL, Lisboa, 1973, pp. 574 a 579; I. GALVÃO TELLES, *Manual dos Contratos em geral, op. cit.*, pp. 47-48; SÉRVULO CORREIA, *Legalidade e autonomia contratual..., op. cit.*, pp. 344 a 346.

[79] Afirma-se, no Parecer n.° 138/79, de 20 de Dezembro de 1979, da Procuradoria-Geral da República, publicado no «Boletim do Ministério da Justiça» n.° 298, de Julho de 1980, p. 12, que a supremacia em que se encontra a Administração «não impede a aplicação ao contrato administrativo de alguns princípios que enformam o regime civilístico mas exige uma especial prevenção não só relativamente à derrogação a esses princípios como à necessidade do seu aperfeiçoamento aos interesses em jogo».

Sobre o regime do contrato administrativo, v. MARCELO CAETANO, *Manual de Direito Administrativo, op. cit.*, pp. 588 e segs.

[80] DIOGO FREITAS DO AMARAL, *Curso de Direito Administrativo*, vol. I, Coimbra, 1986, pp. 146-147, ocupando-se do problema da integração das lacunas do direito administrativo, afirma que ele não pode ser resolvido «através de soluções que se vão buscar ao direito privado», acrescentando que isto «não

33

da discricionaridade da actuação da Administração Pública e da consequente insindicabilidade dos seus actos pelos tribunais, é evidente a resposta de que, na área agora em causa, os tribunais não são chamados a julgar da actuação da Administração enquanto «correcto administrador», mas enquanto «correcto contraente» ou negociador [81]. Daí que, em Itália também, se tenha evoluído no sentido de admitir a subordinação da Administração à regra da boa fé nas negociações e conclusão de contratos ou negócios [82], embora permaneçam vozes discordantes,

---

impede que por vezes suceda poderem encontrar-se, no Código Civil ou em outros diplomas de dire'to privado, normas aplicáveis a um certo número de problemas de Direito Administrativo», «porque, por vezes, alguns diplomas de direito privado contêm *princípios gerais do direito*, que são comuns quer ao direito privado, quer ao direito público», e conclui que os «princípios gerais de direito» «são comuns quer ao direito público quer ao direito privado e, onde quer que estejam consagrados, podem e devem ser aplicados para resolver problemas de Direito Administrativo, precisamente porque são princípios gerais de d'reito». MÁRIO ESTEVES DE OLIVEIRA, *Direito Administrativo*, vol. I, Coimbra, 1980, pp. 661-662, depois de acentuar que «os contratos adm'nistrativos se regem por normas e regras de direito administrativo e não de direito privado», diz que «a aplicação das regras do dire'to civil será contudo automática naqueles casos em que assim o disponha a lei administrativa [...] ou em que as normas de direito civil contenham e revelem verdadeiros princípios gera's de direito comuns aos diversos ramos de direito».

[81] FRANCESCO BENATTI, *A responsabilidade pré-contratual*, op. cit., p. 10.

V., além de F. BENATTI, por exemplo, G. STOLFI, *Il principio di buona fede*, op. e loc. cit., pp. 172-173, que argumenta suplementarmente com a concepção, dominante em Itália, da natureza del'tual da responsabilidade *in contrahendo*, responsabilidade aquiliana à qual ninguém duvida de que estejam submetidos «o Estado e os entes autárquicos». VINCENZO CUFFARO, *Responsabilità precontrattuale*, op. e loc. cit., p. 1268, diz que «a jurisprudência já superou o injustificado preconceito que subtraía a administração pública do respeito pela norma». Também MARIO BESSONE, *Casi e questioni...*, vol. II, op. cit., p. 92, sublinha que a jurisprudência italiana acolhe hoje o princípio — «afirmado pela primeira vez em fins dos anos cinquenta — de que também às pessoas públicas envolvidas em contratações com os privados pode imputar-se uma responsabilidade por *culpa in contrahendo*, quando violem o princípio da boa fé nas negociações». No sentido da submissão da Administração Pública à boa fé pré-contratual, GUIDO ALPA, *Precontractual Liability. National Report*, Italie, XIIIth International Congress of Comparative Law, Montréal-Canada, 1990, texto policopiado, pp. 11 a 13.

[82] Esta é também a orientação maioritária da doutrina e da jurisprudência alemãs: cfr. WERNER LORENZ, «*Le processus précontractuel*»: «*Precontractual Liability*» *in the Law of the Federal Republic of Germany. A National Report*, XIIIth International Congress of Comparative Law, Montréal-Canada, 1990, texto policopiado, pp. 7 e 8 e notas 16 e 20; FRANCESCO BENATTI, *A responsa-*

34

por entenderem que não é certo que a *ratio* do artigo 1337.º do Código Civil italiano seja a de garantir aos particulares que a Administração Pública observe correctamente o processo de formação da vontade negocial.

Em Portugal, o problema não tem sido objecto de especial atenção, reconhecendo-se no já citado Parecer n.º 138/79, da Procuradoria-Geral da República [83], que «a Administração deve considerar-se, entre nós, em princípio, sujeita à obrigação de indemnizar com fundamento em responsabilidade pré-contratual» [84].

Ao apreciar-se o âmbito de aplicabilidade do artigo 227.º, tem, finalmente, de fazer-se alusão a uma orientação doutrinária que pretendeu que a admissibilidade da verificação de uma responsabilidade *in contrahendo* estaria excluída quanto aos contratos formais [85]. Muito embora esta tese tenha suscitado a oposição de uma corrente maioritária da doutrina [86], importa acentuar que nem ela tem qualquer apoio literal (ou outro) na lei, nem, de um ponto de vista teleológico, ela se jus-

---

bilidade précontratual, op. cit., p. 113, nota 17; Parecer n.º 138/79 da Procuradoria-Geral da República, *op. e loc. cit.,* p. 21. De igual modo, este parece ser o entendimento da doutrina e da jurisprudência dinamarquesas: v. OLE LANDO, *Precontractual Liability under Danish Law. National Report,* XIIIth International Congress..., texto policopiado, pp. 7-8.

[83] *In* «Boletim do Ministério da Justiça» n.º 298, *loc. cit.,* p. 21.

[84] SÉRVULO CORREIA, por seu lado, parece orientar-se para uma perspectiva de tutela (também) daqueles interesses que a responsabilidade *in contrahendo* visa salvaguardar, no domínio dos contratos administrativos, que é a da concepção do processo de formação da vontade de contratar como um procedimento administrativo, integrado por actos «contenciosamente sindicáveis antes da celebração de qualquer contrato de direito privado pela Administração» ou da conclusão de qualquer contrato administrativo (*Legalidade e autonomia contratual...,* *op. cit.,* pp. 550 e segs., 562 e segs., 647 e segs. e 656.º e segs.). Não sendo esta perspectiva necessariamente contraditória com a da admissão da responsabilidade pré-negocial da Administração, ela tende, contudo, a considerar consumidos os principais problemas que aquela segunda orientação pretende resolver, o que não pode dar-se por definitivamente incontroverso.

[85] VAZ SERRA, *Culpa do devedor..., op. e loc. cit.,* p. 129, que enunciava a restrição a propósito do problema da responsabilidade *in contrahendo* por ruptura dos preliminares, âmbito a que aparentemente ela se destinava, dada a fundamentação aduzida: «afigura-se, pois, que a rotura de negociações não deve dar lugar a responsabilidade no caso de contratos sujeitos a forma imposta para garantir a ponderação das partes».

[86] M. J. ALMEIDA COSTA, *Responsabilidade civil pela ruptura..., op. cit.,* p. 66; A. MENEZES CORDEIRO, *Da Boa Fé no Direito Civil,* vol. I, *op. cit.,* p. 584.

tífica; como observa Dieter Medicus[87], «a imposição de uma forma sob pena de nulidade tem muitas vezes uma eficácia apenas limitada», pois «a usual forma escrita reduz-se em regra à mera assinatura num formulário» e, «como demonstram as experiências relativas às condições gerais de contratação, não raramente uma tal celebração escrita do contrato é mais mal ponderada do que uma oral». Isto é, a observância de uma forma legalmente imposta não pode considerar-se um obstáculo efectivamente actuante a que se verifiquem, no âmbito das negociações ou na conclusão do próprio contrato, condutas violadoras da boa fé e produtoras de danos para um dos contraentes. E isto é assim, ainda quando a forma legalmente prescrita é a escritura pública, importando, pois, a intervenção do notário, já que a este não caberá, evidentemente, apreciar da idoneidade da prestação convencionada, do equilíbrio do regulamento contratual, nem de muitos outros aspectos do negócio em que pode encontrar expressão o ilícito pré-negocial.

6. PRESSUPOSTOS DA RESPONSABILIDADE PRÉ-CONTRATUAL

A responsabilidade *in contrahendo* supõe a cumulativa verificação dos comuns requisitos da responsabilidade civil, a saber, um facto voluntário, positivo ou omissivo, do agente, o carácter ilícito desse acto, a culpa do seu autor e a ocorrência de um dano causalmente ligado ao acto.

Analisar-se-ão de seguida estes pressupostos, à excepção do primeiro — por parecer desnecessário, dado que a sua caracterização é comum em qualquer das formas de responsabilidade civil e que não se trata de tema que tenha suscitado significativas divergências de entendimento — e com particular atenção no que se refere à ilicitude, culpa e dano, dados os particulares problemas que, nesta modalidade de responsabilidade civil, cada um deles envolve.

6.1. *Ilicitude*

Para determinar que o acto da parte que negociou ou celebrou o contrato ou negócio é ilícito[88], necessário é saber se existia um dever jurídico impendente sobre ela e se ele foi, sem justificação, violado.

---

[87] *Culpa in contrahendo, op.* e *loc. cit.,* pp. 577-578.

[88] Nem sempre os autores que se ocupam da responsabilidade pré-negocial qualificam como ilícito o comportamento que viola a boa fé, preferindo, por vezes,

Como se sabe, o artigo 227.º não enuncia especificadamente as obrigações que impendem sobre a parte que negoceia ou conclui o contrato, recorrendo, para a caracterização delas, à cláusula geral da boa fé [89], [90]. E, como também é sabido, bem o fez, até porque não era viável recurso legislativo diverso, dada a imprevisível diversidade das situações pré-contratuais e a sua consequente irrecondutibilidade a quadros normativos tipificadores.

---

fórmulas mais vagas, como a de conduta lesiva da confiança. Assim, por exemplo, K. LARENZ, *Lehrbuch des Schuldrechts,* I. Band, *op. cit.,* p. 90, afirma claramente que «a omissão da informação não representa 'nenhuma conduta não permitida *(unerlaubt)'* mas antes a lesão do dever de confiança que resulta da relação de negociações existente». Muito embora a formulação de ·LARENZ pudesse ser interpretada no sentido de estar o autor a excluir a qualificação de delito aquiliano para o ilícito pré-negocial — e tão só —, não se crê que haja vantagem em adoptar qualificativos circunloquiais ou eufemísticos, sempre geradores de equívocos, para realidades jurídicas cuja natureza é indiscutivelmente clara. Na verdade, não se afigurando duvidoso que a infracção da boa fé, consubstanciada no incumprimento de um dever desta resultante, constitui um ilícito civil, que, acompanhado de culpa e de danos, justifica a obrigação indemnizatória, parece em absoluto de rejeitar a referência de tal conduta à lesão do interesse que se traduz no prejuízo reparável. É que não é, realmente, apenas porque a conduta lesa um interesse (provoca um dano a outrem) que ela é constitutiva do dever de indemnizar: fora ela uma conduta lícita e o encargo do seu carácter lesivo recairia sobre o lesado, que nenhuma pretensão reparatória poderia procedentemente invocar contra o lesante. Por outro lado, deslocar o elemento identificador da *ratio* do instituto, a confiança, do seu âmbito de operatividade — que é, privilegiadamente, o de caracterizar circunstancialmente, caso a caso, a relevância da boa fé intersubjectiva —, promovendo-o a objecto da lesão e, depois, a instrumento de delimitação do dano indemnizável, é diluir os contornos da figura, tornando vagos e imprecisos os quadros da sua actuação, o que, não sendo de um ponto de vista dogmático de aplaudir, também não é desejável da perspectiva teleológica das consequências da sua aplicação.

[89]   A boa fé, a que se reporta o artigo 227.º, constitui um princípio normativo de conduta, com um significado objectivo, que nenhuma relação tem com o estado de espírito ou o *animus* dos sujeitos a ela submetidos, pelo que não é legítimo considerar a sua violação sinónima da má fé ou necessariamente ligada a qualquer intenção de prejudicar. Trata-se da boa fé dita objectiva, há muito distinguida pela doutrina da chamada boa fé subjectiva, em termos que dispensam, pelo seu carácter consolidado e adquirido, qualquer detenção no problema.

[90]   No direito alemão, não se identifica inequivocamente como fonte dos deveres pré-negociais a boa fé, e isto porque, nos termos do § 242 do *BGB,* o recurso à boa fé supõe a existência de uma relação obrigacional já constituída, pelo que ela apenas pode servir como parâmetro para determinar, no caso concreto,

A boa fé objectiva constitui uma regra de conduta de conteúdo indeterminado [91], de que emergem inúmeros e variáveis deveres, insusceptíveis de enumeração exaustiva em abstracto e, consequentemente, carecidos de preenchimento casuístico. É ao aplicador do direito, *maxime* ao tribunal, que cabe, na verdade, tendo em consideração a situação factual e jurídica concretamente verificada, extrair do princípio da boa fé as suas consequências obrigacionais na concreta relação em apreço. O que não significa que seja atribuída à discricionaridade do julgador a concreta determinação do conteúdo da regra da boa fé [92], nem sequer que ele haja de ser apurado apenas em função da concepção que, na sua consciência individual, ele tenha da chamada «consciência social média» [93]: o conteúdo obrigacional da boa fé só pode ser determinado

---

o âmbito de tais deveres. Cfr. CLARA GONZÁLEZ, *La culpa in contrahendo*, *op. cit.*, p. 64, nota 164.

V., porém, FIKENTSCHER, *Das Schuldrecht*, *op. cit.*, p. 64, que alude a uma interpretação extensiva do § 242 para nele fundar o dever de comportamento que vincula as partes antes da conclusão do contrato, sem parecer distinguir entre fonte do dever de comportamento e parâmetro do seu conteúdo.

[91] Sublinhando a necessidade de distinguir entre as cláusulas gerais de direito privado e os «conceitos *indeterminados* ou *elásicos* (por exemplo 'incumprimento grave', despedimento sem 'motivo justificado ou justa causa'...)», embora reconhecendo que, «em grande parte os casos, as cláusulas gerais são caracterizadas por um forte grau de 'indeterminação' tal como fazem uso de valorações e não de descrições de factos», ADOLFO DI MAJO, *Clausole generali e diritto delle obbligazioni*, in «Rivista Critica del Diritto Privato», Anno II, n.º 3, Set. 1984, p. 540. Chamando a atenção para o papel das cláusulas gerais na integração e actualização do «controlo de conformidade entre operações contratuais dos privados e directivas de interesse público», MARIO BESSONE, *Casi e questioni...*, vol. II, *op. cit.*, p. 68.

[92] Alertando para a necessidade de não «identificar as cláusulas gerais com disposições normativas que atribuem ao juiz poderes de *livre apreciação*», ADOLFO DI MAJO, *Clausole generali...*, *op. e loc. cit.*, pp. 540-541.

Por seu lado, FANCESCO GALGANO, *Diritto Privato*, Padova, 1981, diz que «cabe ao juiz estabelecer, em concreto, o que é conforme ou é contrário à boa fé; mas o juiz não se socorre de um conceito próprio de correcção (*correttezza*) ou de lealdade: deve ter em conta as regras do costume, que podem ser muito mais elásticas e despreconceituosas do que o seu conceito pessoal de correcção». Do que se diz no texto resulta a essencial discordância com F. GALGANO quanto ao modo de operar a integração da boa fé, que releva de indicações jurídicas e critérios éticos imanentes ao ordenamento, que podem estar muito distanciados dos costumes generalizados em dadas épocas históricas.

[93] Muito embora não possa prescindir-se deste factor quando se tenha em vista a corporização da regra da boa fé no caso concreto: v. KARL LARENZ, *Metodologia da Ciência do Direito*, *op. cit.*, pp. 316 a 334.

«através de uma interpretação complexiva do ordenamento jurídico e em primeiro lugar do ordenamento constitucional, no qual é valor fundamental a tutela da pessoa humana e das suas liberdade» [94], exprimindo a boa fé, quando referida às partes da relação contratual, «uma concreta exigência de solidariedade que pode indicar-se como solidariedade contratual» [95]. O que tem também como consequência que a boa fé objectiva não possa ser conceitualmente concebida como um puro limite negativo da autonomia privada, isto é, que não se trate, para assegurar a sua observância, apenas de proibir aos sujeitos dadas condutas inerentes à prossecução dos seus interesses, mas tenha de se lhe atribuir um conteúdo positivo, impositivo de comportamentos de colaboração, de cooperação e de solidariedade intersubjectivas.

Não podendo a lei e não podendo a doutrina afirmar o número e tipo de deveres pré-contratuais, já que só é possível dizer-se, caso a a caso, quais as obrigações que, na situação concreta, se impõem a cada parte, bem como, e sobretudo, o exacto conteúdo delas [96], far-se-á uma tentativa de caracterização de tais obrigações partindo de cenários exemplificativos [97], distinguindo-se, para efeitos estritamente exposi-

---

[94] A afirmação é de ANNA DEL FANTE, *Buona fede prenegoziale...*, *op. e loc. cit.*, pp. 158-159, referindo-se, naturalmente, à Constituição italiana, mas julgo poder ser, na íntegra, transposta para a ordem jurídica portuguesa.

[95] C. MASSIMO BIANCA, *La nozione di buona fede...*, *op. e loc. cit.*, p. 209.

[96] Nas palavras de C. MASSIMO BIANCA, *La nozione di buona fede...*, *op. e loc. cit.*, p. 211, «a obrigação de boa fé [...] não se presta a ser pré-determinada no seu conteúdo na medida em que ela requer comportamentos diversos em relação às concretas ciscunstâncias». Ou, para usar a formulação de RENATO SCOGNAMIGLIO, *Contratti in generale, op. cit.*, p. 86, a obrigação de comportar-se segundo a boa fé é «uma fórmula sintética e compreensiva de todos os diversos deveres de conduta que podem reconduzir-se ao critério fundamental da correcção *(correttezza)* no tráfico».

[97] Organizados, em particular quanto à fase decisória, a partir das previsões legais gerais de invalidade e ineficácia dos negócios jurídicos. Trata-se de uma opção metodológica assaz discutível, porque tem como pressuposto subjacente o de que o problema da responsabilidade *in contrahendo* tem o seu quadro de emergência circunscrito às hipóteses em que o negócio celebrado não é válido e eficaz, o que, como já se acentuou, não é verdade. Deste ponto de vista, a justificação da orientação expositiva adoptada está, por um lado, no facto de ser essa a perspectiva tradicional e ainda hoje mais generalizada da doutrina, e, por outro e sobretudo, no de se ter julgado que, de tal forma, seria possível analisar com maior aproximação casuística as hipóteses de surgimento da responsabilidade pré-contratual, salientando simultaneamente os termos em que, em cada uma dessas

tivos, a fase negociatória da decisória, com a óbvia prevenção de que os deveres pré-contratuais não são, muitas vezes, susceptíveis de compartimentação, antes sendo muitos deles comuns a ambas as fases, tudo dependendo, como sempre, do circunstancialismo concreto em que têm lugar as negociações e/ou a conclusão do negócio.

6.1.1. *Fase negociatória*

Pretendendo-se verificar a existência de uma conduta ilícita na fase negociatória, o primeiro problema que se coloca é, naturalmente, o de saber em que momento deve considerar-se iniciada a subordinação das partes à boa fé, isto é, a partir de que momento, na relação intervinda entre os sujeitos que negoceiam, se pode dizer que eles se encontram já vinculados a recíprocas obrigações decorrentes da boa fé [98].

Encontram-se, na doutrina — e, em particular, na alemã — tentativas de fixação desse momento em abstracto, de forma susceptível de abranger quaisquer negociações. Delas é exemplo a posição de Heinrich Stoll [99], que defendeu que o momento a partir do qual as

---

situações, tal responsabilidade pode constituir-se com independência da invalidade/ineficácia do negócio realizado.

É de acentuar, porém, que, no método escolhido, às vantagens que proporciona há a contrapor o inconveniente de ser gerador de inevitáveis repetições dogmáticas.

[98] Não tem, ao invés, idêntica importância a fixação do momento em que devem ter-se por encerradas as negociações, pois, se há casos em que o encerramento da fase negociatória arrasta consigo a extinção das obrigações pré-contratuais, em muitos outros tal não acontece, ou porque aos preliminares se sucede a celebração do contrato, fase em que as partes estão igualmente submetidas às regras da boa fé, ou porque, não obstante ter ficado terminada sem êxito a negociação, subsistem entre as partes deveres pré-contratuais. Não parece, por isso, particularmente relevante o problema, colocado por PIERRE GOTHOT, *Les pourparlers contractuels, in Renaissance du Phénomène Contractuel*, Séminaire organisé à Liège les 22, 23 et 24 Octobre 1970, La Haye, 1971, p. 21, de saber se pode afirmar-se, em abstracto, que «as negociações terminam num momento determinado anterior à formação do contrato», negando o autor, justificadamente, que se possa fixar esse momento no da emissão da proposta contratual.

Sobre os critérios de determinação do momento em que deve ter-se por terminada a relação pré-contratual, v. K. LARENZ, *Lehrbuch des Schuldrechts*, I. Band, *op. cit.*, pp. 97-98.

[99] *Haftung für das Verhalten während der Vertragsverhandlungen, in* «Leipziger Zeitschrift», 1923, p. 544, *cit. apud* FRANCESCO BENATTI, *A responsabilidade pré-contratual, op. cit.*, p. 30. O propósito de STOLL não é tanto o

partes se devem considerar vinculadas pela boa fé é o da emissão da proposta ou do convite para contratar [100]. Estas posições em geral [101], e a de Stoll em particular, não têm em conta a diversidade das situações factuais, em que, nalguns casos, o mero convite inicial para contratar desencadeia uma relação intersubjectiva a que a boa fé tem de fornecer parâmetro e protecção, e, noutras, essa declaração inicial é claramente insuficiente para gerar de imediato tal relação, não podendo, em consequência, dizer-se que tenha então sentido recorrer à boa fé como princípio normativo de uma relação efectivamente inexistente [102]. Encontra-se, por outro lado, sobretudo na doutrina italiana, uma distinção entre as negociações propriamente ditas e os chamados contactos preliminares: enquanto as primeiras se caracterizariam pela bilateralidade, os segundos, compreendendo, por exemplo, sondagens, «declarações de estar na disposição de negociar», publicações de listagens de bens,

---

de fixar o início do período negociatório e de consequente subordinação dos sujeitos à boa fé, mas o de fundamentar a eventual responsabilidade do lesante: esta resultaria de um negócio jurídico unilateral consubstanciado na proposta de contrato ou no convite à proposta contratual.

[100] Como adiante se assinala, no direito alemão, o problema tende a ser resolvido com maior amplitude, pois no domínio da responsabilidade pré-contratual fazem-se reentrar situações — as correspondentes às violações dos chamados deveres de protecção e conservação — em que não pode identificar-se, em bom rigor, a existência de negociações preliminares a um contrato. Isto é, o início da relação pré-contratual, a subordinação das partes aos deveres decorrentes da boa fé, é situado em momento anterior ao da entrada efectiva em negociações, por forma a neles abranger os deveres de protecção e conservação que se entende deverem ser reconduzidos à responsabilidade negocial. Daí que se encontre tal momento caracterizado como o do contacto negocial, consubstanciado no facto de alguém penetrar num domínio pelo qual outrem seja responsável, desde que haja ocasião de, em consequência, vir a concluir-se certo negócio. O mero facto da entrada num estabelecimento comercial, desde que não se prove que a intenção era diversa da negocial, é bastante, pois, para dar início à relação pré-contratual em que uma responsabilidade *in contrahendo* pode constituir-se.

Sobre a questão, v. *infra*, n.º 6.1.1. *f)*.

[101] MENEZES CORDEIRO, *Direito das Obrigações*, 1.º vol., Lisboa, 1980, escreve: «Podemos considerar que a fase das negociações se estende desde a primeira abordagem entre as partes, com o fito de contratar, *até à emissão da proposta contratual*». A afirmação do autor talvez não deva, porém, ser considerada como uma verdadeira tomada de posição sobre o problema da definição das fronteiras da fase negociatória, dada a ausência de qualquer análise que a suporte.

[102] Assim, ANNA DEL FANTE, *Buona fede prenegoziale...*, op. e *loc. cit.*, p. 131,

Para um elenco de situações em que o problema da responsabilidade *in contrahendo* pode ter lugar, sem que sejam identificáveis propriamente negociações

«elogio comercial das mercadorias próprias», não implicariam contactos intersubjectivos tendo em vista a ulterior conclusão de um contrato [103]. A distinção referida permitiria, segundo alguns dos seus defensores, estabelecer o início da aplicabilidade do artigo 1337.º do Código Civil italiano, pois, antes de haver negociações em sentido próprio, não se exigiria aos sujeitos senão o acatamento do princípio do *neminem laedere*, fundamento da responsabilidade delitual.

A forma como a responsabilidade *in contrahendo* é concebida e está normativamente disciplinada permite dizer que só tendo em conta a razão de ser do instituto, isto é, o valor tutelado pela responsabilidade pré-contratual, ou, dito de outro modo, só considerando o instituto na perspectiva da sua *ratio*, é possível fixar critérios que, caso a caso, permitam determinar o momento do nascimento dos deveres pré-contratuais. Esse valor — é hoje generalizadamente aceite — é o da confiança [104, 105]. Isto é, os deveres pré-contratuais surgem quando

---

em curso, VINCENZO CUFFARO, *Responsabilità precontrattuale*, op. e *loc. cit.*, p. 1268. GUIDO ALPA, *Precontractual Liability*, op. *cit.*, p. 8, escreve que, para os efeitos da responsabilidade pré-contratual, «o termo 'negociação' é entendido no seu mais amplo sentido de qualquer 'contacto' entre as partes visando celebrar o contrato».

[103] Esta distinção, cuja origem remonta ao próprio FAGGELLA, é operada com critérios diversos pelos vários autores, apoiando-se uns sobretudo na intenção ou motivação dos sujeitos e socorrendo-se outros mais da análise objectiva do tipo de contactos ocorridos. V. ANNA DEL FANTE, *Buona fede prenegoziale...*, op. e *loc. cit.*, pp. 129-130.

[104] V. FRANCESCO BENATTI, *A responsabilidade pré-contratual*, op. *cit.*, pp. 29-30; VINCENZO CUFFARO, *Responsabilità precontrattuale*, op. e *loc. cit.*, p. 1267; MOTA PINTO, *A responsabilidade pré-negocial...*, op. e *loc. cit.*, pp. 150, 152, 153, 156, 168-169, 174, 176, 191 e 197; *id.*, *Cessão da Posição Contratual*, Coimbra, 1970, pp. 23 e 350; M. J. ALMEIDA COSTA, *Direito das Obrigações*, op. *cit.*, p. 225; *id.*, *Responsabilidade civil pela ruptura...*, op. *cit.*, pp. 33, 48, 54 a 56; JOANNA SCHMIDT, *La sanction de la faute...*, op. e *loc. cit.*, pp. 53-54; MANUEL J. RODRIGUES SALVADOR, *A boa fé nas obrigações (natureza e definição)*, in «Revista dos Tribunais», Ano 86.º, 1968, n.º 1827, p. 12; KARL LARENZ, *Lehrbucd des Schuldrechts*, I. Band, op. *cit.*, p. 90; VITTORIO E. CALUSI, *In tema di trattative e responsabilità precontrattuale*, op. e *loc. cit.*, pp. 474-475; EMILIO BETTI, *Teoria general de las Obligaciones*, tomo I, tradução de José Luis de los Mozos, Madrid, 1969, p. 110; MARIO BESSONE, *Rapporto precontrattuale...*, op. e *loc. cit.*, pp. 975-976, 1004 e 1022 a 1026, que diz que os «inconvenientes de qualquer averiguação sobre a psicologia dos operadores [que] deixam uma certa margem ao arbítrio do juiz e não raro ameaçam prejudicar a segurança do tráfego» são minorados por se tratar do uso de critérios que são produto «de uma evolução maturada através do trabalho da jurisprudência e doutrina». VINCENZO CUFFARO, *Responsa-*

— e na medida em que — os contactos pré-contratuais entre as partes façam surgir numa delas ou em cada uma delas, a confiança na conduta leal, honesta, responsável e íntegra da contraparte, sendo o apuramento do surgimento dessa confiança resultado da análise dos actos e comportamentos das partes e da sua apreciação objectiva no quadro do ambiente económico-social em que o processo formativo do contrato tem lugar.

Esta confiança não releva, pois, da averiguação de quaisquer aspectos psicológicos do seu portador, ou seja, não é aquela concreta confiança que a parte, em razão das suas características psicológicas ou anímicas, depositou no outro sujeito, antes é apurada por uma objectiva consideração das condutas e condição relativa das partes, enqua-

---

bilità precontrattuale, op. e *loc. cit.,* pp. 1269 e 1270, depois de observar que a *ratio* do artigo 1337.º do Cód'go Civil italiano é normalmente reconduzida à tutela da confiança, diz que esta última «não é todavia suficiente para exprimir cabalmente o fundamento da directiva enunciada pela norma na medida em que, neste caso, tal directiva não se esgota na prescrição do respeito das expectativas induzidas pelas declarações recíprocas dos negociadores, mas antes pode exigir comportamentos positivos e dirigir-se para modelar a conduta de sujeitos dos quais nenhuma expectativa relativamente à lealdade das negociações as partes poderiam formalmente pretender». Chamando a atenção para o risco de a noção de confiança, pela sua atecnicidade, «ser reportada a um estado psicológico do sujeito», o que levaria a uma «'ndagação difícil e muitas vezes até arbitrária», ANNA DEL FANTE, *Buona fede prenegoziale..., op.* e *loc. cit.,* p. 131, dando a autora, na nota 32, conta das alternativas propostas na doutrina italiana: expectativa de facto (CHECCHINI), interesse legítimo (L. BIGLIAZZI GERI) ou expectativa juridicamente relevante (P. PERLINGIERI); mais adiante (pp. 154-155), ANNA DEL FANTE pronuncia-se expressamente contra a concepção da confiança como requisito de submissão da relação pré-contratual à boa fé, dizendo que ela não é, «além da *ratio* da intervenção legislativa em matéria de negociações preliminares (a nível do código civil)» senão «um instrumento à disposição do magistrado, um índice de apreciação (objectiva, em termos de 'expectativa tutelada' do outro negociador) em hipóteses de ruptura 'injustificada' delas».

[105] CLARA GONZÁLEZ, *La culpa in* op. cit., pp. 61 a 63, depois de dizer que «poucos termos terão sido utilizados de forma mais genérica e sem precisar o seu alcance, em relação com a responsabilidade por *culpa in contrahendo,* do que o de *confiança»,* analisa a origem da expressão *interesse de confiança,* acabando por concluir: «Na realidade, o dado objectivo que permitirá determinar se se está numa situação em que possa surgir responsabilidade por CIC [...] é o contacto no plano negocial. A confiança será apenas um dos factores que se terão em conta para determinar as exigências no caso concreto da boa fé objectiva e, em definitivo, a extensão nessa hipótese dos deveres que a cada parte incumbem e cuja inobservância dá lugar a responsabilidade se da mesma derivarem danos».

dradas no sector de mercado em que os contactos pré-negociais se desenrolam [106].

Nada se avança, por isso, quando se diz, como o faz Almeida Costa [107], na sequência dos autores anglo-americanos, que, para haver submissão à boa fé, necessário é que haja negociações, isto é, que *a deal is on:* trata-se de uma formulação expressiva, que nem ao menos descritiva, que nenhuma informação fornece quanto ao momento em que tal se deva ter por verificado. E porque essa é uma questão essencial, e porque ela é insusceptível de solução em abstracto, o mais que se pode fazer é indicar, a título ilustrativo, critérios a ponderar, nos casos concretos, para operar a determinação desse momento:

a) A natureza profissional, *maxime* empresarial, do sujeito que intervém nas negociações, contraposta à condição de leigo, particular ou consumidor da contraparte. O mero convite para contratar, quando provindo de um profissional — e ainda aqui haverá que ponderar o tipo de área profissional, a imagem de que socialmente beneficia aquele concreto profissional, a formulação concreta do convite, a sua consistência e grau de determinabilidade dos elementos contratuais que contém — é susceptível de gerar na contraparte, se não profissional, particular ou consumidor, uma confiança diversa daquela que razoavelmente seria suscitada num outro profissional, *maxime* do mesmo ramo, ou por uma parte que o não fosse. Ao invés, sendo o sujeito que emite o convite para contratar um não profissional, e o convite dirigido a um profissional, não será razoável supor que tal isolada declaração gere uma significativa confiança no profissional, cujo senso e experiência lhe permitem saber que, dos muitos contactos negociais esboçados, muitos também se destinam a gorar-se;

b) A respeitabilidade da pessoa que desencadeia as negociações tem de ser ponderada, podendo ela provir de razões objectivas, sociais, ou de relações anteriores entre as partes, relações contratuais que justificaram a confiança ou relações não contratuais, de parentesco, de subordinação ou de amizade. Se o sujeito que abre o processo negociatório é portador de características que, em absoluto ou na relação com o destinatário da declaração, o tornem merecedor de uma particular cre-

---

[106] V. MARIO BESSONE, *Rapporto precontrattuale...*, op. e *loc. cit.*, pp. 1025-1026.

[107] *Responsabilidade civil pela ruptura...*, op. cit., p. 54.

dibilidade, é razoável supor-se que a contraparte tenha atribuído uma consistência à declaração, justificativa de uma confiança acrescida relativamente àquela que fundaria idêntico convite provindo de um sujeito diferente;

c) A existência de anteriores relações contratuais entre as partes é um aspecto que pode assumir decisiva importância para avaliar da confiança razoavelmente depositada por um dos sujeitos na iminência da conclusão ou da renovação de um contrato, independentemente até de entre elas se verificar a existência de contactos negociatórios. O que equivale a dizer que os deveres pré-negociais se podem considerar constituídos sem que se esteja perante o típico quadro das negociações preliminares a um contrato. Isto é particularmente evidente naqueles casos em que, tendo vindo por um longo lapso temporal a celebrar-se periodicamente contratos de um dado tipo (de fornecimento, por exemplo) entre dois sujeitos, um deles, confiando na repetição de tal celebração, prepara a sua organização empresarial para corresponder à futura necessidade do cumprimento — quer adquirindo matérias-primas ou equipamentos, quer celebrando novos contratos de trabalho ou renovando contratos prestes a extinguir-se, quer ainda rejeitando outros projectos contratuais incompatíveis com o cumprimento do contrato tido em vista — ou em que, tendo-se celebrado um contrato a termo, ele tem vindo a ser sucessivamente renovado, criando-se na parte a fundada convicção de que tal virá a ocorrer no futuro [108];

d) O tipo de contrato — a sua natureza, a sua importância económica e/ou social, a sua frequência e a forma como habitualmente ele é concluído — tem também de ser considerado. É que, se há contratos que tipicamente dispensam prolongadas discussões preliminares, celebrando-se rapidamente após os ajustamentos de pormenor que interesses concretos das partes impliquem, outros há que requerem maior ponderação, reflexão, discussão, até quanto à decisão contratual despida do seu preciso conteúdo, sendo, quanto aos primeiros, de esperar que a declaração inicial seja significativa de uma decisão contratual essencialmente maturada, enquanto, nos segundos, há que contar com um processo de formação da vontade contratual a desenrolar-se, correspondendo a iniciativa das negociações a um estádio muito embrionário

---

[108] Exemplos ainda mais flagrantes se podem configurar, como aquele que ALMEIDA COSTA enuncia (*Responsabilidade civil pela ruptura...*, *op. cit.*, p. 56).

da vontade, que pode, por isso, ser sucedido de arrependimentos, refor-mulações ou consolidações;

e) A formulação concreta da declaração iniciadora das negociações é um elemento determinante para avaliar da confiança que ela seria susceptível de induzir no destinatário. Isto é evidente quando a uma declaração vaga e desprovida de projecto de conteúdo clausular essencial se contraponha uma manifestação de vontade já precisada nos seus elementos essenciais [109]. A questão tem, contudo, relação não apenas com o conteúdo da declaração mas ainda com a forma como é emitida: assim, se ela tiver sido dirigida a um destinatário único e determinado, a confiança que ele nela poderá depositar é inegavelmente muito superior à que razoavelmente geraria uma idêntica declaração tornada pública mediante anúncio, por exemplo, ou, de qualquer outro modo, dirigida a uma generalidade, mais ou menos ampla, de possíveis destinatários. Sabendo, pois, o destinatário do convite — ou podendo saber — que, reportando-se ele a um único projecto contratual ou a um número restrito de contratos, foi dirigido a um alargado universo de sujeitos, não será razoável admitir que a declaração lhe tenha suscitado sólida expectativa na futura conclusão do contrato, antes sendo de esperar uma posição reservada e prudentemente expectante de sensata avaliação das reais possibilidades da obtenção do acordo contratual, ou seja, a típica atitude de quem vai, subsequentemente, entrar no processo negociatório;

f) A concreta configuração dos contactos havidos entre os sujeitos é o elemento determinante para apurar se, de acordo com os usos e o senso comum, deve entender-se que existem entre eles negociações, sempre que não possa da (ou das) declaração inicial colher-se suficiente indício para afirmar-se que o processo de negociações ficou aberto. Não sendo imprescindível, para que de preliminares negociais se possa falar, que haja mais ou menos prolongadas actividades conjuntas dirigidas

---

[109] A. VON TUHR, *Tratado de las Obligaciones*, tomo I, traduzido por W. Roces, 1.ª edição, Madrid, 1934, p. 135, caracterizando distintivamente a proposta contratual e o convite para contratar pelo grau de precisão que a primeira comporta e o segundo não tem, chama a atenção para que o convite «pode ter certa importância no que respeita à interpretação do contrato, garantindo, por exemplo, certas qualidades na coisa vendida, que o comprador pode reclamar».

A caracterização distintiva da proposta e do convite para contratar é habitualmente realizada com recurso ao critério do seu grau de determinação: v., por exemplo, FRANCESCO GALGANO, *Diritto Privato, op. cit.*, pp. 218-219.

à preparação do futuro contrato [110], é, porém, indispensável que os comportamentos dos sujeitos envolvidos objectivamente revelem a existência de uma intenção negociatória, senão comum a ambas as partes, ao menos numa delas, com objectivo e razoável fundamento na interpretação da conduta da outra. Isto é, pode haver de entender-se pela existência de contactos preliminares negociais ainda quando uma das partes, não tendo eventualmente intenção de vir a concluir o contrato, nem sequer queira negociar com vista a tal celebração; desde que ela, pelo seu comportamento, tenha criado na contraparte a razoável convicção de que está a realizar diligências exploratórias na perspectiva séria de vir a celebrar o contrato, pode (deve) dizer-se que existem negociações [111].

Concluindo-se pela verificação da abertura de um processo de negociações, persiste a essencial importância da análise do tipo de contactos que entre os sujeitos ocorreram, pois é a progressão e aprofundamento desses contactos que vai marcar a intensidade da relação pré-contratual, determinando o crescente surgimento de novos e mais amplos deveres recíprocos. Isto é, encetado o processo negociatório, continua a ser indispensável apreciar a qualidade e condição de cada um dos negociadores, o comportamento que assumem e o que ele revela de maior ou menor decisão no sentido da celebração do contrato, o volume e tipo de interesses, materiais e outros, envolvidos na negociação, o estado de adiantamento dos preliminares e a extensão dos acordos parcelares

---

[110] Como alguns autores parecem pressupor: v., por exemplo, MOTA PINTO, *A responsabilidade pré-negocial...*, *op. e loc. cit.*, p. 191, que escreve que «não basta para considerar iniciadas as negociações um simples convite a tratar das possibilidades do negócio, mas torna-se necessária uma actividade comum de análise e elaboração do projecto contratual».

Para uma crítica destas posições, VINCENZO CUFFARO, *Responsabilità precontrattuale*, *op. e loc. cit.*, p. 1268.

[111] Suponha-se a hipótese de *A* se 'ter dirigido a *B* comunicando-lhe o seu interesse em arrendar (ou comprar) certo imóvel para nele instalar um sector da sua actividade produtiva; após um assentimento de princípio de *B*, *A* declarou que ir'a estudar a forma de reorganizar a sua estrutura produtiva de maneira a operar a mudança logo que o contrato estivesse concluído (ou informou de que ia tratar de obter o financiamento de que carecia para a aquisição), posto o que se sucedeu um período sem que *B* tivesse outras comunicações de *A*. Numa tal situação, tenha ou não *A* intenção de negociar o arrendamento (ou a compra) do imóvel de *B*, poderá, considerados os termos em que se declarou disposto à negociação, ter de se concluir pela existência de negociações preliminares em curso.

alcançados [112], pois só tal análise casuística permitirá saber da extensão e intensidade das obrigações que reciprocamente a boa fé impõe aos negociadores.

Em conclusão: o momento em que a confiança surge é variável de caso para caso, sendo indispensável voltar a assinalar que ela não é a confiança concreta, que, em função das suas características psicológicas ou outras, a contraparte tenha experimentado, mas antes aquela que, objectivamente, nas condições reais e no quadro económico-social em que as partes se encontravam, fosse razoável supor que o comportamento negociatório geraria num sujeito sensato e prudente colocado na situação real da parte.

Daí que também não possa dizer-se, mesmo em relação a uma concreta situação, que, verificado que, a partir de dado momento, se instalou uma relação de confiança entre as partes, esse é o momento em que, para cada uma delas, surgiram todos os deveres que, em abstracto, a relação pré-contratual pode envolver.

A confiança, embrionária até certa altura, vai ganhando corpo, consistência e intensidade à medida que os contactos entre as partes se multiplicam, intensificam e aprofundam. E, na medida dessa intensificação dos contactos crescendo a confiança das partes na probabilidade da conclusão do contrato e na idoneidade deste para satisfazer os seus interesses, assim evoluem crescentemente os deveres pré-contratuais na sequência processual das negociações. A sua *ratio*, elemento determinante da respectiva identificação, é, por um lado, a confiança na conformidade da representação preventiva do contrato e dos efeitos jurídico-patrimoniais dele com o produto negocial a ser obtido, e, por outro, a tutela da lealdade na própria fase negociatória.

Se há autores, como Francesco Benatti, que julgaram poder inventariar os deveres pré-contratuais em *numerus clausus*, como deveres de informação, de custódia e de segredo [113], isso parece ser insuficiente. Como assinala Mota Pinto [114], ao comentar a posição de alguns autores alemães, como Hildebrandt, que reconduzem os deveres pré-negociais a um dever de declaração (subdividido numa obrigação de informar e numa obrigação de verdade), «a responsabilidade 'in contrahendo'

---

[112] A existência de acordos interlocutórios, ainda que destituídos de eficácia vinculativa própria, constitui um decisivo elemento de suporte da confiança e, por isso, de fundamento da intensidade das obrigações *in contrahendo*.

[113] *A responsabilidade pré-contratual*, op. cit., p. 55.

[114] *A responsabilidade pré-negocial...*, op. e loc. cit., pp. 157-158.

abrange uma multiplicidade de fenómenos demasiado complexa para se compaginar com o sintetismo dum dever único», existindo, na verdade, «inúmeros deveres bem individualizados, diferentes uns dos outros».

Aqueles de que a doutrina se ocupa não são mais do que «figuras sintomáticas, expressões do conceito de boa fé pré-contratual», que o julgador utilizará como tais para apreciar a conduta das partes à luz da «boa fé como canône ou critério de valoração» [115]. A título exemplificativo, e apenas, pois, pode falar-se de alguns desses deveres:

a) Deveres de comunicação, de informação e de esclarecimento, que abrangem, por um lado, a viabilidade da celebração do contrato e os obstáculos a ela previsíveis, e, por outro, os elementos negociais e a própria viabilidade jurídica do contrato projectado.

Assim, se — independentemente da valoração do motivo da ruptura das negociações, que pode ser puramente subjectivo e não tem forçosamente de ser comunicado à outra parte — uma das partes, sabendo da improbabilidade de as negociações chegarem a bom termo, incitar a outra a confiar na conclusão do contrato ou, por omissão, permitir que ela, confiantemente, realize despesas ou pratique actos em função desse desfecho, viola a obrigação de a prevenir lealmente da improbabilidade, podendo, consequentemente, vir a ser responsabilizada pelos danos quando as negociações se gorarem [116].

O dever de informação respeita a todos os elementos negociais relevantes quer para a decisão de contratar [117], quer para a conformação

---

[115] ANNA DEL FANTE, *Buona fede prenegoziale...*, *op. e loc. cit.*, p. 151.

[116] V., sobre este aspecto do dever de informar, *infra*, alínea *e)*.

[117] Um senso comum não mais do que elementar impõe que não se extraia da formulação enunciada que, por exemplo, o vendedor tenha de informar o comprador da possibilidade de este adquirir o bem, que vai vender-lhe, por preço inferior a um outro comerciante, ou a existência de obrigações de informação congéneres, muito embora, na despida consideração da letra da fórmula, se trate, naturalmente, de elementos relevantes para a decisão de contratar. Por isso me não parece muito justificada a crítica ou reserva de DIETER MEDICUS, *Culpa in contrahendo, op. e loc. cit.*, p. 578, relativamente a formulações muito amplas, que «vão muito para além de quanto se pode razoavelmente pretender».

É ensinamento que remonta já ao direito romano o de que «[...] *in pretio emptionis et venditions naturaliter licere contrahentibus se circunveniere*» (D., 4, 10, 4). Como dizia MANUEL DE ANDRADE, *Teoria Geral da Relação Jurídica*, vol. II, *op. cit.*, pp. 258-259, nota 1, «sem dúvida que o vendedor não está obrigado a informar que a mercadoria se vende mais em conta noutra parte, nem que o seu preço não tardará a descer no próprio local do contrato, pela chegada doutros fornecimentos. Assim, como não está obrigado o comprador a revelar que

concreta do contrato a celebrar, quer ainda para a completa funcionalidade do contrato para servir os interesses que a parte com ele quer ou pode ver prosseguidos [118]: características da coisa ou actividade, seus vícios, sua prestabilidade para os objectivos do contraente, sua prestabilidade para fins para que a parte desconhece que ela possa servir, qualidades jurídicas do sujeito susceptíveis de influir no negócio...

A violação do dever de informação pode configurar-se como um acto puramente omissivo, mas pode também apresentar-se como um acto positivo, e, ainda aqui, quer por se consubstanciar numa informação falsa, quer por consistir numa declaração «de tal modo próxima daquela que podia ser esperada que ela gera no espírito a confusão pretendida» [119]. Por outro lado, como com a generalidade dos incumprimentos obrigacionais acontece, pode a violação do dever de informação resultar da falta de tempestividade dela, isto é, pode o devedor ser responsabilizado pelos danos em situações em que, não tendo omitido a informação, a prestou em momento tardio, de tal modo que a falta de oportunidade tenha sido causa de danos, mais limitados ou até equivalentes aos de um total e definitivo não-cumprimento.

Há autores que alertam para a necessidade de uma maior exigência quanto ao conteúdo das informações e esclarecimentos a prestar por cada uma das partes à outra quando o contrato que se prepara se destina a assentar «sobre relações pessoais de confiança mais ou menos duradouras (mandato, contrato de sociedade, por exemplo)» [120].

A informação e esclarecimento devidos referem-se, desde logo, ao clausulado contratual pretendido, significando isto, para além do elementar dever de comunicação de todas as regras contratuais que se

---

a mercadoria se vende mais cara noutro sítio, ou que há outros pretendentes dispostos a pagá-la por melhor preço». V. também A. VON TUHR, *Tratado de las Obligaciones*, tomo I, *op. cit.*, p. 215.

[118] CLARA GONZÁLEZ, *La culpa in contrahendo, op. cit.*, p. 64, referindo-se ao dever de informação, caracteriza-o como existindo «relativamente àquelas circunstâncias que para uma parte são ou devem ser conhecidas e que ela sabe ou deve saber que podem ter influência na decisão da outra parte», explicando esta formulação pelo carácter indeterminado que reveste tal dever na relação pré-negocial. Adiante (pp. 183-184), a autora enuncia vários exemplos de obrigações de informação que têm sido reconhecidas, na fase pré-contratual, pelos tribunais alemães.

[119] MICHAEL DE JUGLART, *L'obligation de renseignements dans les contrats, in* «Revue Trimestrielle de Droit Civil», Tome quarante-troisième, Année 1945, p. 8.

[120] PIERRE ENGEL, *Traité des Obligations..., op. cit.*, p. 136. V. também A. VON TUHR, *Tratado de las Obligaciones*, tomo I, *op. cit.*, p. 215.

pretende venham a integrar o contrato, também o esclarecimento do exacto significado jurídico-económico de cada uma delas. Isto é, cada uma das partes tem de dar a conhecer à outra, especificadamente, cada uma das cláusulas que pretende ver incluídas no contrato, explicando, se necessário, o sentido que elas comportam, por forma não só a habilitar a contraparte a decidir esclarecidamente sobre a aceitação da cláusula, mas também a evitar que venham sucessivamente a produzir-se equívocos e dúvidas interpretativas do regulamento contratual. Deste último ponto de vista, os comportamentos, mormente os declarativos, das partes no período negociatório assumem grande relevância, pois o «sentido que o declaratário normal, colocado na posição do real declaratário, possa deduzir do comportamento do declarante» (artigo 236.º, n.º 1) terá, naturalmente, como elemento informador decisivo a conduta pré-negocial do declarante [121]. Esta conduta, particularmente a informativa — por acção ou omissão —, é, pois, decisiva para apurar da existência de consenso das partes relativamente aos elementos do regulamento contratual, já que, relativamente a cláusulas de que uma das partes não tomou conhecimento ou não apreendeu no seu significado jurídico, pode, em alguns casos, haver de concluir-se pela sua supressão do conteúdo do contrato, por sobre elas não ter havido o indispensável acordo. Por outro lado, na interpretação do negócio, desempenhará papel de parâmetro ou critério hermenêutico essencial o comportamento pré-contratual, em particular o declarativo ou informativo, dos contraentes, pois que é dele que se poderá extrair, em caso de dúvida ou divergência interpretativas, o sentido que, nos termos do artigo 236.º, n.º 1, deve ser atribuído à disposição negocial obscura ou controvertida.

Os deveres de informação e de esclarecimento, designadamente os relativos ao conteúdo contratual, sua composição e seu significado, assumem particular relevância quando se esteja perante dois sujeitos cujo poder negocial se apresente desequilibrado, revestindo então essas obri-

---

[121] Cfr., K. LARENZ, *Metodologia da Ciência do Direito, op. cit.*, p. 344; EMILIO BETTI, *Teoria general de las Obligaciones*, tomo I, *op. cit.*, p. 103; MOTA PINTO, *A responsabilidade pré-negocial...*, *op. e loc. cit.*, p. 170; *id.*, *Notas sobre alguns temas...*, *op. cit.*, p. 173; PIERRE ENGEL, *Traité des Obligations en droit suisse, op. cit.*, pp. 134 e 137; · JACQUES GHESTIN, *Les Obligations. Le contrat: formation, op. cit.*, p. 250. Já se referiu (cfr. *supra*, nota 109) a posição de von Tuhr, que parece ser generalizável no sentido de atribuir relevância para efeitos de interpretação do negócio a informações pré-negociais de uma das partes que podem reconduzir-se a actividade publicitária.

gações maior amplitude para aquela das partes que detenha uma posição negocial susceptível de lhe permitir impor à contraparte cláusulas, que esta, em consequência da sua debilidade contratual, não aperceba no seu integral significado ou de que, mais simplesmente, nem sequer tome conhecimento [122].

A maleabilidade da regra da boa fé [123] é, aliás, característica que torna o instituto da responsabilidade *in contrahendo* um instrumento particularmente adaptado para operar a protecção do contraente débil: dado que a relação intersubjectiva tem um conteúdo variável em função das circunstâncias em que se estabelece e, em particular, da condição relativa dos sujeitos nela intervenientes, sempre que a posição destes não seja de paridade, mas de desequilíbrio, tem de reconhecer-se que as obrigações pré-negociais vinculam sobretudo a parte negocialmente forte, e isto tanto porque é essa que dispõe de condições mais favoráveis ao seu cumprimento, quanto porque a contraparte se encontra numa situação de carência e dependência decorrente da sua inferioridade negocial (e, muitas vezes, também social e/ou económica). Por isso que as doutrinas e jurisprudências europeias [124] tendam a utilizar as potencia-

---

[122] Sobre a função da ampliação do dever de informação na protecção do consumidor, v. JACQUES GHESTIN, *Les Obligations. Le contrat: formation*, *op. cit.*, pp. 119, 121 e 198.

V. também, K. LARENZ, *Lehrbuch des Schuldrechts*, I. Band, *op. cit.*, pp. 93-94, que faz referência à orientação dos tribunais alemães no sentido de ampliar os devedores pré-negociais recíprocos quando se encontram em relação dois sujeitos, cujos conhecimentos e experiências negociais e jurídicos são desequilibrados, em especial quando há o risco de a parte negocialmente forte se aproveitar do seu poder para impor à outra desvantagens jurídicas e riscos económicos de que esta última não se apercebeu. Embora concordando em termos gerais com a orientação da jurisprudência, LARENZ observa que ela suscita algumas objecções, pois corresponde à detecção e solução de um erro sobre as consequências jurídicas e económicas do contrato, prescindindo do recurso ao § 123, por se não poder provar o dolo (*Arglist*). Note-se, porém, que o texto de LARENZ a que se faz referência é anterior à *AGBG* de 1976, que veio prever a particular incidência da boa fé e da responsabilidade pré-contratual nos contratos concluídos com base em condições gerais de contratação.

[123] Ao falar-se em maleabilidade, tem-se sobretudo em vista aquela característica da boa fé que E. BETTI, *Teoria general de las Obligaciones*, tomo I, *op. cit.*, pp. 102-103, designa como *«critério de reciprocidade»*, observando que dela tanto pode resultar a ampliação como a limitação das obrigações recíprocas.

[124] É uma tendência que se pode encontrar, por exemplo, na jurisprudência francesa: MICHEL DE JUGLART, *L'obligation de renseignements...*, *op. e loc. cit.*, p. 9, assinalava que os tribunais têm em conta o «estado de infe-

lidades do instituto nessa área, identificando deveres de esclarecimento mais intensos e mais amplos sempre que reconhecem a desigualdade negocial das partes, que releva frequentemente também — e aí encontram adicional justificação tais obrigações — do especial apetrechamento técnico de uma delas [125], [126].

---

rioridade» de um dos contraentes, «quando se trata, por exemplo, de uma venda de co.sas que exigem para serem apreciadas conhecimentos técnicos; eles afirmam nesse caso que o vendedor, seja ou não profissional, está obrigado a informar escrupulosamente o comprador em razão da situação especial em que se encontra este último», acrescentando que a orientação de considerar o desequilíbrio de poder negocial das partes como factor relevante para aval.ar da extensão dos deveres de informação pré-negociais se estende a outros aspectos diversos dos da informação técnica; cfr. também JOANNA SCHMIDT, *La sanction de\ la faute...*, *op. e loc. cit.*, p. 71. JACQUES GHESTIN, *Les Obligations. Le contrat: formation*, *op. cit.*, p. 326, escreve «a jurisprudência francesa põe a cargo dos profissionais uma série de obrigações contratuais de segurança, de informação, de prevenção, de conselho»; e o autor, citando Genevière Viney, acrescenta que tais obrigações «aparecem como inerentes ao exercício da profissão. Por isso, a sua ligação ao contrato é puramente ocasional, tendo o acordo celebrado entre o profissional e o seu cliente apenas por efeito desencadear, nas relações entre as partes, regras profissionais pré-existentes».

Esta é também a orientação dominante na doutrina suíça: cfr. PIERRE ENGEL, *Traité des Obligations...*, *op. cit.*, p. 136.

Parte das doutrina e jurisprudência italianas excluem a existência de um dever de informação pré-contratual para o trabalhador subordinado, com base na consideração da sua posição de debilidade contratual: v. ANNA DEL FANTE, *Buona fede prenegoziale...*, *op. e loc. cit.*, p. 137 e nota 50. Esta autora afirma expressamente, citando em seu abono A. RAVAZZONI, que «a responsabilidade pré-negocial é um instrumento por meio do qual se pode obviar à disparidade de facto, ao desequilíbrio económico-social (eventualmente) existente entre os 'contraentes', tendendo, com a colocação do acento no dever de boa fé da 'parte' mais forte com prevalência sobre o da 'parte' mais débil (exceptuando o comportamento doloso desta última), para a justiça substancial da relação» (p. 157).

Sobre o problema, v. MENEZES CORDEIRO, *Da Boa Fé no Direito Civil*, vol. I, *op. cit.*, p. 584.

[125] As particulares qualificações técnicas de um dos contraentes tanto podem referir-se às características do bem ou serviço que é objecto do negócio como ao aspecto jurídico deste último. Ou seja, pode a especial qualificação relativa de uma das partes resultar do melhor (ou exclusivo) conhecimento das qualidades, aptidões func.onais e eventual perigosidade da coisa que é objecto do contrato, ou derivar da preparação jurídica, própria ou dos respectivos assessores, para a formulação e compreensão do regulamento contratual, ou de ambos simultaneamente.

[126] Esta a principal razão por que é generalizado o entendimento de que os deveres de comunicação e informação revestem maior extensão e intensidade

53

Na nossa ordem jurídica, há que ter em conta o regime do Decreto-Lei n.º 446/85, de 25 de Outubro — cujo directo âmbito de aplicabilidade é estabelecido pelos seus artigos 1.º a 3.º — em particular o dos seus artigos 5.º e 6.º. No primeiro destes dois últimos se estabelece um dever de comunicação integral, adequada e razoavelmente antecipada das cláusulas contratuais gerais aos respectivos aderentes; tal dever de comunicação deve revestir as características necessárias para que, «tendo em conta a importância do contrato e a extensão e complexidade das cláusulas, se torne possível o seu conhecimento, completo e efectivo por quem use de comum diligência», cabendo o ónus da prova do respectivo cumprimento ao predisponente (ou utilizador) das cláusulas contratuais gerais.

Por seu lado, o artigo 6.º impõe ao contraente que utiliza cláusulas contratuais gerais o dever de informar, «de acordo com as circunstâncias, a outra parte dos aspectos nelas compreendidos cuja aclaração se justifique», prestando suplementarmente todos os esclarecimentos que razoavelmente lhe sejam solicitados. Isto é, independentemente de qualquer pedido do aderente, a lei impõe ao predisponente ou utilizador das cláusulas contratuais gerais um dever de aclaração do conteúdo e das implicações jurídico-patrimoniais de todas as cláusulas que objectivamente dela careçam para serem compreendidas por um contraente normal, aditando àquele o dever de fornecer os esclarecimentos que o

---

quando o negócio se celebra entre um profissional e um não profissional. Esta concepção, se mantém oportunidade e fundamento, não representa, porém, actualmente, senão uma unilateral perspectivação do problema, pois a acentuada diversidade de poder negocial e de informação, qualificação e apetrechamento técnico dos contraentes manifesta-se em muitos negócios celebrados entre profissionais e mesmo quando estes pertencem ao mesmo sector de actividade económica. Na doutrina francesa, surgiu a categoria dos chamados contratos de dependência, definida por VIRASSAMY como «contratos que regem uma actividade profissional, na qual uma das partes, o dominado, se encontra tributário, para a sua existência ou sobrevivênc'a, da relação regular privilegiada ou exclusiva que estabeleceu com a sua contraparte, a parte privilegiada, o que tem como efeito colocá-lo na sua dependência económica e sob a sua dominação» (*Les contrats de dépendence. Essai sur les activités professionnelles exercées dans une dépendence économique*, Paris, 1986, cit. apud JACQUES GHESTIN, *Les Obligations. Le contrat: formation*, *op. cit.*, p. 40). V., sobre estes contratos, JACQUES GHESTIN, *op. cit.*, pp. 39 a 46.

contraente real considere justificadamente indispensáveis à cabal compreensão do clausulado contratual [127].

O incumprimento destes deveres de comunicação e informação tem como directa consequência, nos termos do artigo 8.º do Decreto-Lei n.º 446/85, a exclusão do contrato celebrado das cláusulas não comunicadas nos termos do artigo 5.º e daquelas que, não tendo sido objecto de informação ou esclarecimento, não seja de esperar tenham sido efectivamente conhecidas. Sendo o objectivo legal o de garantir o preenchimento do elementar pressuposto da autonomia privada, que é o efectivo conhecimento, por cada uma das partes, do conteúdo convencional do negócio que aceita, o artigo 8.º determina ainda a exclusão dos contratos concluídos com base em cláusulas contratuais gerais das «cláusulas que, pelo contexto em que surjam, pela epígrafe que as precede ou pela sua apresentação gráfica, passem despercebidas a um contratante normal, colocado na posição do contraente real» e daquelas que se encontrem «inseridas em formulários, depois da assinatura de algum dos contratantes» [128].

A exclusão de uma ou de várias cláusulas de um contrato celebrado com base em cláusulas contratuais gerais, com fundamento no seu desconhecimento ou incompreensão, nos termos descritos, não tem, em regra, como consequência a invalidade total do negócio, antes este se manterá, com aplicação das regras supletivas pertinentes, e, se necessário, com integração dos aspectos que resultarem lacunares, de acordo com os critérios definidos pela lei para os negócios jurídicos em geral (artigo 239.º do Código Civil) ou para o tipo negocial em causa. Assim, e na falta de preceito especialmente aplicável [129], as lacunas decorrentes da supressão de cláusulas serão integradas de acordo com a vontade hipotética das partes, sempre que tal solução seja conforme à boa fé, pois, em caso diverso, esta é o parâmetro a

---

[127] Não resultando da lei o dever de responder a quaisquer questões que, por capricho, intenção de retardar ou de desnecessariamente ocupar a parte contrária, o futuro aderente decida colocar, impõe-se a obrigação de esclarecer todos os aspectos que, dada a concreta condição ou situação do contraente real, seja razoável supor que ele não tem preparação ou qualificação para efectivamente compreender, e sejam objecto de pedido de informação.

[128] Sobre o regime francês paralelo, v. JACQUES GESTIN, Les Obligations. Le contrat: formation, op. cit., pp. 118-119, e 313 a 316.

[129] Como, por exemplo, no caso de indeterminação do preço na compra e venda, em que se aplicará o artigo 883.º do Código Civil.

observar para operar a integração [130]. A afectação da totalidade do contrato pela supressão de uma parte do seu conteúdo clausular só se verificará «quando, não obstante a utilização dos elementos indicados no número anterior, ocorra uma indeterminação insuprível de aspectos essenciais, ou um desequilíbrio nas prestações gravemente atentatório da boa fé».

O regime descrito suscita, em sede de responsabilidade pré-contratual, várias observações, a primeira delas sendo a de que a sua existência não deve considerar-se significativa nem da exclusão da aplicabilidade das regras da responsabilidade *in contrahendo* aos contratos celebrados com base em cláusulas contratuais gerais — aqueles a que, nos termos dos já aludidos artigos 1.º e 2.º, se destina o regime legal do Decreto-Lei n.º 446/85 — nem da inaplicabilidade dos princípics que informam os artigos 5.º, 6.º e 8.º do diploma a outros contratos que não revistam as características legalmente definidas para lhes serem directamente aplicáveis as disposições. Quer isto dizer, por um lado, que a exclusão de um contrato da cláusula não comunicada ou esclarecida — sendo um evidente corolário da falta de consenso sobre ela — constitui uma espécie de sanção reparatória *in natura* do ilícito pré-negocial. Mas, por outro lado, o incumprimento dos deveres de comunicação e esclarecimento, enunciados nos artigos 5.º e 6.º, pode ser sancionado indemnizatoriamente, nos termos gerais do artigo 227.º do Código Civil, e isto nomeadamente nas seguintes hipóteses: já na de, tendo embora a cláusula (ou cláusulas) vindo a ser declarada judicialmente nula e consequentemente suprimida, ter o aderente sofrido danos decorrentes da demora que tal declaração necessariamente acarreta [131]; já na de, não tendo sido judicialmente declarada a supressão

---

[130] A integração das lacunas pela boa fé (directamente ou reflectida na vontade hipotética das partes) corresponde a uma forma de reparação *in natura* da violação da boa fé pré-negocial, pelo menos nos casos em que o surgimento da lacuna tenha tido origem na supressão de uma cláusula em virtude de ela não ter sido adequadamente comunicada ou explicada por um dos contraentes ao outro ou em consequência de ser declarada nula pela lei, por ser abusiva.

V., sobre a «interpretação integradora do contrato», K. LARENZ, *Metodologia da Ciência do Direito, op. cit.*, pp. 347 a 349.

[131] Ou porque a cláusula foi entretanto executada pela contraparte e o mecanismo repristinador do artigo 282.º não tem a virtualidade de, sem mais, reconstituir a situação originária, ou porque o aspecto de regime que a cláusula disciplinava, tendo ficado inteiramente lacunoso, provocou prejuízos ao aderente.

de cláusulas contratuais desconhecidas ou incompreendidas pelo aderente, vir este a sofrer danos consequentes da execução de tais cláusulas; já na de, finalmente, vindo a nulidade das cláusulas a ser judicialmente declarada e com ela a da totalidade do contrato, sofrer o aderente prejuízos decorrentes de tal invalidade.

Finalmente, sendo o exacto conhecimento do conteúdo negocial um básico pressuposto da liberdade da vontade que a autonomia privada exprime, as acrescidas cautelas — relativamente às do regime geral dos vícios da vontade — impostas pela situação de determinante poder negocial de uma das partes não podem considerar-se privativas dos contratos concluídos com base em cláusulas contratuais gerais, definidas nos restritos termos que são os dos artigos 1.º e 2.º do Decreto-Lei n.º 446/85 [132]. Em muitas outras situações contratuais se depara a possibilidade de uma das partes ter condições materiais e/ou negociais para impor à outra cláusulas, de cuja existência esta última não se aperceba ou cujo significado não possa apreender. E isto tanto pode ocorrer nos chamados contratos de adesão isoladamente celebrados — aqueles em que o desequilíbrio de poder negocial das partes retira a uma delas a possibilidade de efectivamente discutir e negociar os termos do contrato, sendo a alternativa com que se defronta a de aceitar em bloco o regulamento contratual ou desistir da celebração do contrato [133] — como em contratos em que, não obstante dispor a parte da possibilidade material de negociar os termos clausulares, a falta de informação e de preparação técnica a leva a aceitar cláusulas que não chega a conhecer, por lhe serem apresentadas de forma (gráfica, semântica ou outra) dissimulada, ou cujo alcance e implicações interpreta mal

---

[132] Não é esta a oportunidade para apreciar criticamente o âmbito de aplicabilidade legalmente definido pelo diploma, nem para analisar o problema da possibilidade da sua aplicação analógica a contratos singularmente celebrados em condições de desequilíbrio de poder negocial semelhantes às daqueles que no Decreto-Lei n.º 446/85 se prevêem.

[133] Não cabendo no âmbito deste trabalho uma análise mais detida da noção e problemas do contrato de adesão, optou-se por aquela caracterização que é mais comum na doutrina: v., por exemplo, MARCELLO CAETANO, *Manual de Direito Administrativo*, tomo I, *op. cit.*, p. 569; JACQUES GHESTIN, *Les Obligations. Le contrat: formation...*, *op. cit.*, pp. 18 e 67 a 69. Há, porém, quem — na doutrina portuguesa, v., por exemplo, SÉRVULO CORREIA, *Legalidade e autonomia contratual nos contratos administrativos*, *op. cit.*, p. 462 — caracterize o contrato de adesão pela estandardização do modelo contratual, apto a ser utilizado num número indefinido de contratos singulares.

ou de todo incompreende. É inegável que, na falta, embora, de disposição legal que especial e expressamente o disponha, também nestes casos poderão e deverão ser declaradas nulas as convenções relativamente às quais se prove não ter havido consenso das partes, nomeadamente quando isso se tenha ficado à dever a ocultação culposa das cláusulas e/ou seu significado por uma das partes e não tenha havido culpa da contraparte, caso em que a constituição de uma obrigação de indemnização *ex* artigo 227.º também pode colocar-se. É que, por um lado, a conclusão do contrato supõe o assentimento livre e informado de ambas as partes ao respectivo conteúdo, e, por outro, o artigo 227.º impõe o dever de informação e de esclarecimento desse conteúdo à parte que estiver em condições de os proporcionar, quando a contraparte deles careça.

Neste domínio, há, aliás, ainda que ter em consideração as regras enunciadas no artigo 7.º da Lei n.º 29/81, de 22 de Agosto, que determina que o direito do consumidor «à igualdade e à lealdade na contratação» se traduz, designadamente, «na protecção contra os abusos resultantes da adopção de contratos tipo e de métodos agressivos de promoção de vendas que prejudiquem a avaliação consciente das cláusulas contratuais e a formação livre da decisão de contratar» (alínea *a*)) e «na redacção de forma clara e precisa, e em caracteres facilmente legíveis, sob pena de se considerarem como não escritas, das cláusulas de contratos que tenham por objecto o fornecimento de bens ou serviços» (alínea *b*)).

As disposições que se citaram — quer as do Decreto-Lei n.º 446/85, quer as da Lei de Defesa do Consumidor — mais não são do que concretos afloramentos ou concretizações do dever de informação e esclarecimento do conteúdo do clausulado contratual, julgados necessários pela lei em casos de paradigmática debilidade contratual de uma das partes, o que, repete-se, em nada prejudica a identificação de semelhante dever em outras situações negociais, nem afasta a aplicabilidade do regime do artigo 227.º aos casos previstos nesses diplomas, isto é, a constituição do autor do ilícito pré-contratual em responsabilidade civil, se a omissão tiver sido culposa e produtora de danos para a contraparte.

O dever de informação reporta-se, por outro lado, às características do bem ou facto objecto do contrato, cabendo à parte que conhece, ou deve conhecer, tais características delas informar cabalmente o outro contraente, de forma a evitar que este venha a celebrar um contrato, sendo posteriormente surpreendido por vícios, defeitos ou falta de qua-

58

lidades do bem, ou vindo a fazer dele uma utilização inadequada e prejudicial ou uma subutilização das suas potencialidades funcionais. Também esta componente do dever de informação e de esclarecimento se apresenta como mais intensa e extensa quando uma das partes é um profissional [134] ou dispõe de uma posição negocial mais forte, em razão nomeadamente da disponibilidade de conhecimentos técnicos de que a contraparte carece [135]. A informação devida e relativa às características da coisa, que será objecto do negócio, em especial a que se refira ao modo adequado da sua utilização quando esta envolva perigosidade, é, em alguns casos, independente de vir a ser concluído o negócio; assim, por exemplo, se o bem é experimentado por um dos negociadores, que, não tendo sido pela contraparte informado dos cuidados necessários a uma segura utilização, sofre prejuízos decorrentes de um seu uso incorrecto, são tais danos indemnizáveis [136].

Neste domínio, é também de ter em atenção as disposições especiais da Lei n.º 29/81, de 22 de Agosto, cujo artigo 3.º enuncia, nas suas alíneas *a*) e *b*), como direitos do consumidor, o direito «à protecção da saúde e à segurança contra as práticas desleais ou irregulares de publicitação ou fornecimento de bens ou serviços» e o direito «à formação e à informação». Quanto ao primeiro destes direitos, esclarece o artigo 5.º, n.º 1, da mesma Lei que «os riscos de utilização normal de bens ou serviços para a saúde ou segurança do utente devem ser

---

[134] V. *infra*, n.º 6.2.2.

[135] Um critério que já foi proposto para a distribuição do dever pré-negocial de informação é o de o atribuir à parte que, com os custos mais reduzidos, pode, no período dos preliminares, obter os dados informativos. DIETER MEDICUS, *Culpa in contrahendo, op.* e *loc. cit.,* pp. 578-579, que refere esta orientação, preconizada por LEENEN, critica-a com o argumento, dificilmente compreensível, de que ela «não é adequada em todos os casos configuráveis», «já que normalmente um comerciante estará ao corrente dos preços da concorrência, enquanto quem está interessado na aquisição só pode obter essa informação com dificuldade» e «não pode apesar disso entender-se que o comerciante esteja obrigado a informar quem tem interesse em comprar de outras ofertas mais vantajosas». Muito embora não possa aderir-se, sem mais detida análise da questão, à posição preconizada, não pode deixar de observar-se que a contra-argumentação de D. Medicus não é convincente, relevando de uma obsessiva e incompreensível preocupação de não vincular o vendedor a informar o comprador das melhores condições contratuais que os seus concorrentes no mercado oferecem.

[136] Veja-se o exemplo dado por FIKENTSCHER, *Das Schuldrecht, op. cit.*, p. 64, da experimentação de uma espingarda, pelo interessado na respectiva compra, que, não tendo sido instruído sobre a forma da sua utilização, sofre em consequência danos.

59

clara e adequadamente comunicados pelo fornecedor ao consumidor anteriormente à contratação do seu fornecimento». Pelo seu lado, o artigo 9.º da Lei n.º 29/81 estabelece, no seu n.º 1, que «o consumidor tem direito a ser informado completa e lealmente, com vista à formação da sua decisão de contratar, e em qualquer caso antes da celebração do contrato, sobre as características essenciais dos bens ou serviços que lhe vão ser fornecidos, por forma a poder fazer uma escolha consciente e racional entre os bens e serviços concorrentes e utilizar com completa segurança e de maneira satisfatória esses bens e serviços», determinando, no n.º 2, que «as informações afixadas em rótulos, prestadas nos locais de venda ou divulgadas por meio de publicidade devem ser rigorosamente verdadeiras, precisas e esclarecedoras quanto à natureza, composição, quantidade, qualidade, prazo de validade, utilidade e forma de utilização, preço e demais características relevantes dos respectivos bens e serviços». Estas obrigações de informação, que não podem ser limitadas «por invocação de segredo de fabrico não tutelado por lei» (artigo 9.º, n.º 4), impendem «sobre o produtor, o fabricante, o importador, o distribuidor, o embalador, o armazenista e o retalhista ou o prestador de serviços, por forma que cada elo do ciclo produção-consumo possa encontrar-se habilitado a cumprir a sua obrigação de informar o elo imediato até ao consumidor, destinatário final da informação» (artigo 9.º, n.º 3).

Do ponto de vista que agora se considera — o da ilicitude eventualmente constitutiva de responsabilidade pré-contratual — a disposição que acabou de se citar implica que a parte que directamente negoceia com o consumidor fique constituída no dever instrumental de obter a necessária informação sobre as características do bem ou serviço daquele que, no «ciclo produção-consumo», dela disponha, a fim de a poder prestar ao consumidor. Ou seja, não pode o contraente que directamente contrata com o consumidor afastar o carácter ilícito ou culposo do seu comportamento omissivo da informação devida, alegando ignorância, por não ter recebido a necessária informação do produtor, fabricante, importador, distribuidor, embalador ou armazenista, salvo se tiver realizado debalde as necessárias diligências tendentes a obter a informação faltosa [137, 138].

---

[137] Este é um aspecto comum aos deveres de informação e comunicação pré-contratuais e cuja valoração releva em sede de apreciação da culpa do inadimplente.

[138] E, ainda em tal hipótese, não está afastado o direito indemnizatório do contraente-consumidor, pois, impendendo o dever de informação sobre cada

60

Também quanto a este aspecto do dever de informação, ele não se limita — embora aí tipicamente revista maior amplitude e intensidade — aos contratos celebrados com consumidores, antes existindo em qualquer negociação contratual, em medida variável embora, em função das concretas características da situação, isto é, e particularmente, em função da natureza do bem e das qualificação e condição relativas dos contraentes

O dever de informação tem, ainda, por objecto as condições de viabilidade jurídica do contrato, pelo que a cada uma das partes compete dar a conhecer à outra eventuais obstáculos à validade ou eficácia [139] do contrato que pretendem celebrar, bem como até, em alguns casos, informá-la das regras jurídicas a observar para que o negócio a concluir seja juridicamente válido e eficaz [140].

Este ilícito pré-contratual será particularmente evidente nos casos — como os dos artigos 16.º a 22.º do Decreto-Lei n.º 446/85, de 25 de Outubro [141] — em que uma das partes leve a outra a aceitar cláusulas legalmente proibidas, mas verificar-se-á sempre que uma das partes, conhecendo, ou devendo conhecer, proibições ou imposições legais, delas não informe a contraparte, designadamente quando esta última, pela sua inexperiência ou impreparação, as desconheça sem culpa.

---

um dos participantes no «ciclo produção-consumo», algum ou alguns deles serão responsáveis pelos danos resultantes do seu incumprimento.

[139] Reportando-se à interpretação da norma do artigo 1338.º do Código Civil italiano, FRANCESCO BENATTI, *A responsabilidade pré-contratual, op. cit.*, p. 72, sustenta que «são objecto do dever de comunicação apenas as causas de nulidade ou anulabilidade, não as causas de ineficácia». Sem se deter especialmente no tema, M. J. ALMEIDA COSTA, *Responsabilidade civil pela ruptura..., op. cit.*, p. 36, parece admitir o surgimento da responsabilidade *in contrahendo* em consequência da culposa ineficácia do negócio. Analisando a questão e concluindo pela aplicabilidade do regime da responsabilidade pré-negocial nos casos de ineficácia culposa do contrato, Parecer n.º 138/79 da Procuradoria-Geral da Repúbl.ca, *op. e loc. cit.*, pp. 19-20.

[140] Por isso que, por exemplo, a omissão da informação da forma legalmente imposta para a validade do contrato, como a errónea informação a ela relativa possam ser constitutivas de responsabilidade *in contrahendo*.

[141] Enunciam estas normas as convenções proibidas nos negócios celebrados «entre empresários ou os que exerçam profissões liberais, singulares ou colectivos, ou entre uns e outros, quando intervenham apenas nessa qualidade e no âmbito da sua actividade específica» e naqueles que sejam concluídos «com consumidores fina.s».

Há, finalmente, que acentuar — por repetição, embora — que o objecto do dever de comunicação ou de informação pode ser ainda diverso, havendo quem nele inclua, justificadamente a meu ver, por exemplo, o carácter infundado do motivo que determina a contraparte a contratar[142] ou a mera dúvida sobre a validade do negócio[143], sendo a ampliação e diversificação de tal objecto consequentes da apreciação da condição relativa e da situação relacional das partes. Desta mesma pode, ao invés, resultar a restrição ou até a exclusão de tal dever, sempre isso sucedendo quando o facto é conhecido pela contraparte e podendo ocorrer quando, apesar de o não ser, a possibilidade do seu conhecimento existe para o outro sujeito com adopção da normal diligência.

b) Deveres de guarda e de restituição

Se, no quadro das negociações preliminares, alguma coisa é entregue por uma das partes à outra para experimentação, verificação ou fim congénere, tem esta a obrigação de guardar a coisa, procedendo à sua utilização no mais curto espaço temporal razoavelmente compatível com o fim a que a entrega se destinava e restringindo, em qualquer caso, essa utilização a tal fim. Sendo o bem confiado, por sua vez, pela parte a quem foi entregue a um terceiro — perito, nomeadamente — sobre ela impende a obrigação de escolher criteriosamente esse terceiro, fornecendo-lhe precisas instruções quanto ao modo e tempo de exame e verificação do bem e vigiando a sua actividade, de forma a salvaguardar a integridade física e funcional dele[144] e a sua tempestiva restituição, podendo ver-se constituída na obrigação ressarcitória mesmo nos casos em que, não tendo havido acto culposo seu, a coisa se perca,

---

[142] VITTORINO PIETROBON, *El error en la doctrina del negocio jurídico*, tradução de Mariano Alonso Perez, Madrid, 1971, p. 134, escreve que «a boa fé exige, na minha opinião, que se avise a parte contrária, até na hipótese de se supor que esta se decide a contratar movida por um motivo determinante claramente infundado». V. também ANNA DEL FANTE, *Buona fede prenegoziale...*, *op. e loc. cit.*, p. 164.

[143] ANNA DEL FANTE, *op. e loc. cit.*, p. 164.

[144] ALMEIDA COSTA, *Responsabilidade civil pela ruptura...*, *op. cit.*, p. 59, nota 51, cita a opinião de FRANK, que «considera como pré-contratual a responsabilidade do coleccionador de moedas antigas, ocasionada pela perda de uma espécie que recebeu no decurso de negociações e que não chega às mãos de um perito a quem seguidamente a enviou para exame».

deteriore ou seja tardiamente devolvida, por força do artigo 500.º e/ou 800.º do Código Civil.

Nestes casos em que um bem — seja coisa, seja documento para consulta — é confiado por uma das partes à outra, tem, finalmente, a parte que o recebeu obrigação de prontamente o restituir logo que esgotada a função a que se destinava [145].

Como adiante [146] se observará, os deveres de guarda e restituição de coisas entregues por uma das partes à outra podem estender-se para além da celebração do negócio, designadamente nos casos em que, sendo ele inválido, as coisas foram entregues para a constituição do contrato ou para o seu cumprimento.

c) Deveres de segredo.

A parte que negoceia com outrem com vista à celebração de um negócio tem obrigação de manter em sigilo os factos relativos à contraparte, de que tome conhecimento por causa das negociações, ainda que a revelação não se configure como ofensa do bom nome ou do crédito [147]. Para saber se existe um dever pré-contratual de sigilo é indispensável conhecer as circunstâncias em que a informação foi obtida: esta deve tê-lo sido no quadro dos contactos negociatórios e por causa destes, no sentido em que, mesmo quando a informação não tenha sido prestada em conexão com eles, só porque tais contactos tiveram lugar foi possível obter a informação, já que esta não era acessível a qualquer sujeito.

Assim, por exemplo, nos casos em que, em ordem à celebração de um contrato de trabalho ou de prestação de serviços, a parte acede

---

[145] RENE DEMOGUE, *Traité des Obligations, op. cit.*, p. 166, parece ligar esta responsabilidade, derivada da perda ou deterioração de coisa entregue ou enviada no decurso das negociações, a «uma espécie de depósito anterior» ao contrato. ANNA DEL FANTE, *Buona fede prenegoziale..., op. e loc. cit.*, pp. 169-170, refere-se a este dever de custódia, dizendo que ele tem por «fim assegurar a conservação daqueles bens de cada um dos contraentes que, por causa das negociações, sejam expostas a riscos e perigos de outro modo inexistentes», afirmando que o seu «surgimento prescinde de um concreto pacto de exame, intervindo sobre coisas que tenham uma específica conexão com as negociações».

[146] V. *infra*, n.º 6.1.2. - *s*).

[147] Quando a violação desta obrigação pré-contratual de sigilo consubstancie um dos ilícitos previstos no artigo 484.º do Código Civil, estar-se-á perante uma situação de concurso de fundamentos do direito indemnizatório — responsabilidade delitual e responsabilidade *in contrahendo* — cabendo ao lesado, nos termos gerais, a escolha do regime a invocar para obter a reparação dos danos.

ao conhecimento de processos de produção, de organização ou de outros métodos empresariais da contraparte, cabe-lhe a obrigação de manter rigorosa reserva sobre esses elementos. Mas a obtenção de conhecimentos relativos a métodos de fabrico, a projectos de actividade, a formas de organização empresarial, à situação económica e financeira do outro contraente pode decorrer de negociações tendentes à celebração de contratos da mais variada natureza, particularmente quando elas implicam, como frequentemente sucede, a visita às instalações da contraparte e o fornecimento de dados informativos por esta. Uma outra hipótese paradigmática da existência do dever pré-contratual de sigilo é o da negociação de um contrato mútuo, cuja necessidade se deva a precária situação financeira de uma das partes ou a novos projectos de actividade comercial, refiram-se estes a um diverso ramo ou à expansão daquele a que a parte já se dedica. Finalmente, quando uma coisa ou documento tenha sido entregue por um dos negociadores à outra parte, para conhecimento ou experimentação, o dever de sigilo pode abranger essa coisa, que, se as circunstâncias o indicarem, não deve ser mostrada ou descrita a terceiros.

O dever de segredo pode, também, reportar-se às próprias negociações, dependentemente da natureza e situação dos contraentes e do tipo de contrato projectado: situações há, na verdade, em que a publicitação do decurso de dadas negociações é susceptível de provocar graves prejuízos a uma das partes, traduzidos nomeadamente na frustração de outras perspectivas contratuais, no agravamento das condições económicas de outros contratos, na alteração de projectos de actividade dos respectivos concorrentes.

Há, finalmente, que observar que o dever de segredo pode subsistir — e isso se verifica frequentemente — para além do encerramento das negociações, quer este se traduza na definitiva desistência do projecto contratual, quer na formação do contrato [148, 149]. É, na verdade, indiferente para a vinculação ao sigilo quanto a métodos de fabrico, a formas de organização ou outros aspectos, que o processo negociatório se tenha gorado, que prossiga ou se tenha concluído pela formação do contrato projectado. Como, sem suplementares justifi-

---

[148] V. FRANCESCO BENATTI, *A responsabilidade pré-contratual, op. cit.*, p. 54.

[149] Quando, porém, o contrato seja concluído, a fonte da obrigação de sigilo será, as mais das vezes, recondutível à boa fé contratual, isto é, à boa fé no cumprimento das obrigações emergentes do contrato, e não já à boa fé pré-negocial.

cações, se percebe facilmente, a razão da imposição do dever de segredo subsiste intacta para além do momento em que se verifica o êxito ou inêxito das negociações, não marcando, em consequência, tal momento a liberação dessa obrigação.

Também, por vezes, se justifica o entendimento de que o dever de segredo pós-negociatório abrange os motivos da ruptura das negociações: não será assim lícito, por exemplo, que uma das partes divulgue o conhecimento das dificuldades económicas experimentadas pela contraparte e que motivaram a desistência do contrato, ou dê conhecimento a terceiros das informações recebidas sobre a outra parte e que a levaram a romper as negociações ou divulgue os novos projectos daquela, que, em consequência de tal reformulação, renunciou ao projecto contratual.

Pode, na falta de melhor solução [150], enquadrar-se na obrigação pré-contratual de sigilo o dever da parte que acede ao conhecimento de informações relativas à contraparte de se abter de delas fazer uso em benefício próprio, obtendo lucros em consequência.

d) Deveres de clareza.

Tal como na fase de conclusão do negócio, também no período da respectiva preparação se exige a cada uma das partes atenção e cautela na formulação das suas posições negociais, por forma a não incorrer em erro obstativo que, não apercebido pela contraparte, seja susceptível de a levar a confiar em declaração que afinal se venha a revelar desconforme com a vontade do seu autor. É ainda exigível a cada um dos negociadores que formule os seus pontos de vista de forma clara e perceptível, que permita ao outro apreender o exacto significado de cada declaração, não lhe atribuindo razoavelmente um sentido diferente daquele que lhe é imputado pelo declarante. Assim, se, por exemplo, uma das partes — por desleixo ou com intenção de enganar a outra — se exprime em termos que permitam ao outro negociador convencer-se razoavelmente de que ele faz depender a sua decisão contratual final de certos pressupostos (materiais, económicos ou jurídicos), que o outro se apressa a preencher, verificando-se depois que não se tratava de ele-

---

[150] Assim o faz OLE LANDO, *Precontractual Liability under Danish Law*, *op. cit.*, pp. 3, 5, 6 e 9; também é este o enquadramento de JOANNA SCHMIDT-SZALEWSKI, *La période précontractuelle en droit français. Rapport au XIIIe Congrès International de Droit Comparé*, Montréal.Canada, 1990, texto policopiado, p. 6.

mentos condicionadores do processo decisional da parte, pode ela ser obrigada a indemnizar os gastos ou outros danos que o outro sujeito tenha em consequência sofrido. Como o mesmo também pode acontecer quando um dos negociadores, por falta de clareza de expressão, convence o outro de que continua empenhado no processo negociatório, quando dele já se desinteressou, ou em qualquer situação em que a formulação das posições de cada parte seja realizada em termos indutores de erro ou propiciadores de equívocos, com a consequente produção de prejuízos para a contraparte.

Por outro lado, a qualquer dos negociadores se exige a atenção que permita, designadamente, interpretar com correcção as declarações do contra-interessado, não lhes atribuindo culposamente um sentido erróneo, e aperceber qualquer erro cometido pela contraparte, dele a informando ou para ele a alertando prontamente.

e) Deveres de lealdade.

Neste ponto se considera aquele que tem sido o problema da responsabilidade pré-contratual na fase negociatória mais analisado pela doutrina: o do rompimento das negociações[151].

Constituindo a fase dos preliminares o período destinado à maturação da vontade contratual e à busca do equilíbrio de interesses que constituirá o substracto do contrato, indispensável é que as partes possam dispor de um amplo espaço de liberdade para, através de formulações aproximativas, poderem ajustar progressivamente os seus pontos de vista divergentes, sendo-lhes, do mesmo passo, possível em qualquer momento desistir do projecto contratual concebido. Esta liberdade de desistência, inerente aos preliminares de qualquer contrato, e sem a qual nenhum sujeito jurídico correria o risco de encetar negociações, tem, porém, de sofrer a medida de restrição que a legítima e razoável confiança criada na contraparte pelo avanço das negociações justificar. É que, se a salvaguarda de um amplo espaço de liberdade aos sujeitos nos contactos preparatórios de um negócio jurídico é necessária à fluidez do tráfego jurídico, o estabelecimento de limites normativos à manifestação do arbítrio lesivo é, também ele, essencial à segurança de tal tráfego, valor sem cuja tutela muitas vezes se tenderia a evitar inicia-

---

[151] Ligada a esta, como já se referiu, uma outra questão tem ocupado cs civilistas em alguns dos sistemas jurídicos ocidentais de *civil law*, particularmente em França e em Itália: a da responsabilidade pela revogação da proposta contratual que, nessas ordens jurídicas, é legalmente permitida a todo o tempo.

tivas criadoras de riscos, assim deixando de se celebrar negócios. É em resultado da busca do equilíbrio desejável entre a manifestação da liberdade e a protecção da confiança que se definem os termos da responsabilidade *in contrahendo* por ruptura dos preliminares: esta marcará a fronteira entre os danos que serão suportados pelo próprio lesado, por deverem ser considerados inerentes ao risco que qualquer negociação forçosamente envolve, e aqueles que serão imputados à contraparte por serem causalmente atribuíveis a uma sua conduta incorrecta ou desleal.

A definição de tal fronteira terá de ser resultado de uma criteriosa e equilibrada ponderação dos contrapostos interesses privados em jogo, sob pena de se afectarem os interesses supraindividuais que nesta matéria se tem em vista acautelar e promover: é que, se, de um lado, a ampla permissão de impune rompimento do processo negociatório levaria uma retracção do tráfego, dada a insegurança existente quanto ao destino das actividades e gastos investidos nesse processo [152], de outro, o generoso e indiscriminado alargamento dos casos em que a ruptura dos preliminares implica obrigação de indemnizar teria também como consequência uma retracção no mercado, pois os sujeitos tenderiam a hesitar antes de iniciar quaisquer negociações, propendendo para o fazerem apenas quando se encontrassem já seguros do bom termo delas, com receio das consequências de uma eventual desistência [153].

---

[152] Assinala ANNA DEL FANTE, *Buona fede prenegoziale...*, op. e loc. cit., p. 177, que o risco de iniciativa será mais relevante «para os operadores mais correctos ou mais débeis no plano económico-social». Também MARIO BESSONE, *Rapporto precontrattuale...*, op. e loc. cit., p. 974, assinala que «uma política do direito de garantia de um indiscriminado poder de romper as negociações sem prejuízo acabaria por privilegiar todos quantos no mercado operam de modo desleal e pouco racional», de onde resultaria «um notável prejuízo para os operadores responsáveis, em razão de um agravamento dos custos da sua gestão devido ao não ressarcimento dos danos causados pelas despesas por vezes suportadas e, em estreita conexão, uma grave deterioração do mecanismo do mercado...».

[153] MARIO BESSONE, *Rapporto precontrattuale...*, op. e loc. cit., pp. 971-972, ao apreciar as posições mais radicais de recusa da admissão de qualquer responsabilidade pela ruptura das negociações, observa que «seria simplista concluir que esta persistente orientação denuncia apenas um resíduo de conservadorismo jurídico», pois tais resistências constituem a manifestação da necessidade de preservação de um importante aspecto «do princípio da liberdade de iniciativa que está ligado às estruturas jurídicas dos sistemas com economia de mercado». E o autor observa que «não há dúvida de que directivas segundo as quais realizar um encargo de responsabilidade por ruptura seriam incompatíveis com o sistema, se o seu emprego houvesse de conflituar com aquela garantia de liberdade», ou

Estando, pois, fora de causa que qualquer das partes esteja, em regra, impedida de fazer cessar as negociações em curso, há que enunciar critérios que permitam caracterizar como ilícita a ruptura, por violação da lealdade pré-contratual [154].

Se, nos casos em que uma das partes inicia o processo negociatório sabendo de antemão que não virá a concluir qualquer contrato [155] — e isto quer a sua motivação seja a de prejudicar a outra parte, quer seja a de, com desconsideração dos interesses dela, explorar as condições de mercado, por exemplo — ou naqueles em que a própria ruptura tem por fim a produção de prejuízos ao outro sujeito, é fácil encontrar um maioritário entendimento doutrinal no sentido de fazer suportar a essa parte os danos que a sua conduta dolosa ou irreflectida provocou ao outro sujeito [156], já em outros casos a situação se apresenta como

---

seja, que «uma progressiva ampliação da série dos casos em que se sanciona a ruptura não poderia estender-se para lá dos confins que não é possível ultrapassar sem que os limites impostos à estratégia dos operadores (ou a ameaça de uma responsabilidade susceptível de onerar de modo intolerável os custos de gestão da sua actividade) acabem por desencorajar a iniciativa (ou por privá-la dos seus incentivos)».

[154] De entre tais critérios fará parte, em primeiro plano, o da natureza e condição dos negociadores, pois, como a generalidade da doutrina acentua, entre profissionais, a ruptura das negociações apresenta-se como uma ocorrência com cuja probabilidade a contraparte tem de contar com mais frequência. Não pode, porém, acompanhar-se JACQUES GHESTIN, *Les Obligations. Le contrat: formation, op. cit.*, pp. 252-253, quando este autor escreve: «Os comerciantes, e, mais latamente, os profissionais, não poderão senão excepcionalmente invocar um tal abuso nas negociações. O jogo normal da concorrência supõe com efeito que eles increvam nos seus encargos gerais as despesas que decorrem das negociações que não resultaram». É que, se é certo que a possibilidade de insucesso negocial é um elemento a tomar em conta na gestão empresarial, não é menos verdade que é, muitas vezes, entre profissionais que a violação do dever de lealdade tem mais graves consequências danosas — privadas e gerais, de ordenamento do mercado — e, finalmente, mesmo que a excepcionalidade a que o autor se refere fosse estatística, tal não relevaria para a qualificação jurídica de excepcional da responsabilidade emergente do ilícito rompimento das negociações.

[155] Ou nas hipóteses em que a probabilidade de querer ou poder vir a celebrá-lo é remota, porque, por exemplo, o sujeito que desencadeia as negociações não é titular do direito que negoceia, nem sabe se está em condições de vir a adquiri-lo, disso não avisando a contraparte.

[156] V. ASCENÇÃO BARBOSA, *Do Contrato-promessa, op. cit.*, p. 78; MOTA PINTO, *A Responsabilidade pré-negocial..., op. e loc. cit.*, pp. 187 a 189, cita vários autores para quem a responsabilidade *in contrahendo* só é admissível quando houver má fé do lesante, isto é, nos casos em que a entrada em negociações é desacompanhada da intenção de vir a concluir o contrato; VAZ SERRA,

mais melindrosa. De um modo geral, pode dizer-se que existe também quase unanimidade no entendimento de que a parte que rompe as negociações não tem, como regra, o dever de informar o outro sujeito das razões que motivam a ruptura, antes sendo legítimo, em muitos casos, a manutenção de reserva sobre tais motivos: assim, designadamente, quando ele seja o da desconfiança resultante de más informações recebidas sobre a honestidade, a solvabilidade ou a fiabilidade no cumprimento contratual da contraparte [157], ou resulte do surgimento de alternativas contratuais mais favoráveis ou da mudança de projectos empresariais do negociador.

Este direito de reserva sobre os motivos do rompimento, a subjectividade das motivações que podem justificar a desistência do projecto contratual e a consequente impossibilidade de definir critérios objec-

---

Culpa do devedor..., *op. e loc. cit.*, pp. 126 a 129, depois de equacionar o problema da restrição da liberdade contratual que a responsabilidade por ruptura dos preliminares envolve, conclui: «... não deve [...], em princípio, haver responsabilidade, a não ser que se tenha conscientemente feito crer, com carácter de certeza, à outra parte a efectiva realização do contrato, isto é, que, sem se chegar à celebração de um verdadeiro contrato-promessa [...], todavia se tenha, pelo próprio procedimento, autorizado conscientemente a outra parte a confiar, sem dúvida, nessa efectiva realização do contrato. Adoptar-se-ia, assim, uma solução cercada de cautelas para não limitar a liberdade de rotura de negociações além do que parece razoável»; JOANNA SCHMIDT, *La sanction de la faute..., op. e loc. cit.*, p. 53; PAOLO FORCHIELLI, *Responsabilità civile. Lezioni* raccolte a cura del Dott. Alberto Villani, 3.º vol., Padova, 1970, pp. 120-121; ANNA DEL FANTE, *Buona fede prenegoziale..., op. e loc. cit.*, p. 181; RENATO SCOGNAMIGLIO, *Contratti in generale, op. cit.*, p. 87; A. VON TUHR, *Tratado de las Obligationes*, tomo I, *op. cit.*, p. 143; PIERRE ENGEL, *Traité des Obligations..., op. cit.*, pp. 135, 137 e 506; JACQUES GHESTIN, *Les Obligations. Le contrat: formation, op. cit.*, pp. 251 a 253; CLARA GONZÁLEZ, *La culpa in contrahendo, op. cit.*, p. 224; L. DÍEZ-PICASO e ANTONIO GULLON, *Sistema de Derecho Civil*, vol. II, 2.ª edição, Madrid, 1980, p. 75. CHRISTINE SOUCHON, *Rapport, in La formation du contrat, op. e loc. cit.*, p. 43, escreve que «a ruptura das negociações pode implicar a responsabilidade do seu autor se for acompanhada de dolo ou culpa grave *(faute intentionelle ou lourde)*»; também THIERRY SCHMIDTZ, *Rapport, op. e loc. cit.*, p. 59, diz que a responsabilidade por ruptura dos preliminares implica deslealdade ou uma «*faute caractérisée*»; OLE LANDO, *Precontractual Liability under Danish Law, op. cit.*, pp. 3 e 5; PIERRE LEGRAND JR., *Precontractual Relations in Quebec Law: Towards a Theoretical Framework, National Report*, Canada, XIIIth International Congress of Comparative Law, Montréal-Canada, 1990, texto policopiado, p. 8.

[157] Entendendo que, ainda quando os motivos da ruptura são deste tipo, há o dever de os comunicar, RENE DEMOGUE, *Traité des Obligations, op.*

tivos de apreciação dessa conduta[158, 159] são, de par com a invocação da necessidade de salvaguarda da mais ampla liberdade das partes nos preliminares, os argumentos que alguns sectores da doutrina[160] têm utilizado para defender a exclusão — ou, ao menos, a grande restrição — de qualquer responsabilidade pelo rompimento das negociações preparatórias de um contrato[161].

---

cit., p. 169, que chama também a atenção para que, mesmo em casos destes, pode o autor do rompimento ser responsabilizado pré-contratualmente se se verificar que ele não obteve as informações anteriormente, quando podia e devia tê-lo feito.

[158] Diz MOTA PINTO, *A responsabilidade pré-negocial...*, *op.* e *loc. cit.*, pp. 192-193, que «não se pode conferir ao magistrado o papel de estabelecer, por análise do conteúdo das proposições recíprocas, se estas devem ou não ser aceites e, por conseguinte, se há ou não um motivo justo e atendível de rotura»; sobre as dificuldades sentidas na jurisprudência italiana, em que a questão da responsabilidade por ruptura das negociações é tradicionalmente colocada em termos de «justa causa», v. MARIO BESSONE, *Rapporto Precontrattuale...*, *op.* e *loc. cit.*, pp. 1017 a 1021.

[159] É, porém, avisado ter presente que haverá casos em que o invocado motivo da ruptura pode, ou até deve, com grande razoabilidade, ter de ser apreciado judicialmente. Veja-se o ilustrativo exemplo, aliás submetido à apreciação dos tribunais italianos, referido por M. BESSONE, *Rapporto precontrattuale...*, *op.* e *loc. cit.*, pp. 968-969: A rompeu as negociações em curso para o arrendamento de um imóvel, invocando a opinião de um seu perito no sentido de que ele não se mostrava idóneo para o fim tido em vista e dizendo, acessoriamente, que, em qualquer caso, B não lho poderia entregar em tempo útil; verifica-se que, anteriormente, o imóvel fora já inspeccionado por A, que se declarara inteiramente satisfeito com as condições do local, isto é, que é falso o motivo invocado como principal pelo autor da ruptura; prova-se, por outro lado, que nunca A tinha indicado qualquer prazo para a entrega do imóvel como essencial em ordem à celebração do contrato e que o atraso invocado é insignificante e irrelevante para a satisfação do seu interesse.

[160] V. FRANCESCO BENATTI, *A responsabilidade pré-contratual*, *op. cit.*, pp. 67 a 71; DIETER MEDICUS, *Culpa in contrahendo*, *op.* e *loc. cit.*, pp. 587-588; A. VON TUHR, *Tratado de las Obligaciones*, tomo I, *op. cit.*, p. 143.

[161] Nas ordens jurídicas em que, como na italiana, o direito de revogação da proposta contratual está expressamente enunciado na lei, esse é o principal argumento da recusa de uma responsabilidade por ruptura das negociações. V. FRANCESCO BENATTI, *A responsabilidade pré-contratual,* *op. cit.*, p. 69; PAOLO FORCHIELLI, *Responsabilità civile, Lezioni*, 3.º vol., *op. cit.*, p. 119; A. DE CUPIS, *Il danno*, p. 54, *cit. apud*, VAZ SERRA, *Culpa do devedor*, *op.* e *loc. cit.*, p. 127, nota 204. V. também ANNA DEL FANTE, *Buona fede prenegoziale...*, *op.* e *loc. cit.*, pp. 175-176, que, aliás, discorda dessa posição; igualmente, M. BESSONE, *Rapporto precontrattuale...*, *op.* e *loc. cit.*, pp. 1000 a 1003, expondo o argumento e as razões da sua discordância dele, chamando o autor, mais adiante (pp. 1004 e 1016 a 1026), a atenção para o facto de a insu-

Uma orientação abertamente restritiva do quadro de emergência da responsabilidade *in contrahendo* por ruptura das negociações tinha expressão no articulado proposto por Vaz Serra para o Código Civil, estabelecendo-se no n.º 3 do seu artigo 8.º que: «Incorre em responsabilidade, no caso de rotura de negociações, aquele que entrou ou prosseguiu nelas com o único fim de as romper ou aquele que conscientemente fez com que a outra parte acreditasse, sem dúvida, em que o contrato se realizaria e depois, sem motivo justificado, rompe as mesmas negociações» [162].

Não tendo esta formulação transitado para o texto definitivo da lei, nem nela aflorando sequer qualquer seu vestígio ou resquício, é livre o intérprete de analisar e equacionar a questão nos termos que se afigurem, do ponto de vista dogmático e do da prossecução do objectivo legal de ponderação do equilíbrio de interesses em jogo, mais adequados.

Pode dizer-se que é actualmente entendimento maioritário [163] o de que, revestindo o dever de lealdade pré-contratual configuração progressivamente alargada em razão da crescente confiança gerada pela evolução dos contactos pré-negociais, impõe ele que a parte, que saiba — ou deva saber com a normal diligência — que algum risco ameaça o sucesso do processo negociatório, o comunique à contraparte, advertindo-a, em particular, da necessidade de adequada prudência na realização de gastos ou na privação de ganhos. A violação do dever pré--contratual de lealdade pode consubstanciar, pois, uma conduta omissiva — e, frequentemente, assim será —, mas pode também traduzir-se num positivo comportamento de incitamento da contraparte a praticar actos ou a abster-se de iniciativas no pressuposto da futura celebração do contrato, quando se sabe que a probabilidade desta é escassa [164].

---

ficiente elaboração de critérios e de técnicas de controlo da justeza dos motivos da ruptura usados pelos tribunais ter constituído um poderoso argumento das correntes que se opunham ao reconhecimento de qualquer responsabilidade por rompimento das negociações.

[162] Cfr. *Culpa do devedor...*, op. e loc. cit., p. 145.

[163] Nos sistemas de *common law*, sendo mais recente a aquisição do princípio da responsabilidade *in contrahendo*, há autores que afirmam, sem mais, que «as negociações não vinculam as partes de forma alguma» (ROBERT MUNDAY, *Rapport national (Angleterre et Irlande), in La Formation du contrat*, op. cit., p. 87.

[164] Já, ao invés, não pode colocar-se qualquer problema de responsabilidade quando uma das partes, por sua iniciativa temerária e sem que a contraparte,

A lealdade pré-negocial implica o dever de advertir a contraparte da medida da probabilidade de as negociações chegarem a bom termo, em particular quando ela é diminuta, em ordem a evitar a ocorrência de prejuízos injustificados, e impõe, por outro lado, a abstenção da exigência, ou até da sugestão, da realização de gastos ou da perda de ganhos, sempre que não seja praticamente certa a futura celebração do negócio [165].

Por outro lado, pode a ilicitude pré-contratual consubstanciar-se na própria ruptura das negociações, e isso assim será quando o motivo dela, atento o equilíbrio dos contrapostos interesses das partes, haja de ser considerado insuficiente para justificar o dano que o abortamento do processo negociatório provoque à parte contrária [166, 167]. Porque

---

por acção ou omissão, para tal contribua, decida realizar despesas ou privar-se de ganhos em vista da ainda remota e quiçá pouco provável celebração de um dado contrato, vindo este a frustrar-se por se decidir afinal a contraparte pela sua não conclusão. É que, em tal hipótese, não será identificável qualquer ilícito pré-contratual, pois a desistência do projecto negocial por parte de um dos negociadores não é, sem mais, acto susceptível de ser considerado violador da boa fé. Sendo esta a hipótese enunciada por ALMEIDA COSTA, *Responsabilidade civil pela ruptura...*, *op. cit.*, p. 53, parece incontestável a sua conclusão de afastamento de qualquer responsabilidade, só não podendo aceitar-se que o respectivo fundamento resida na ausência de nexo causal entre a ruptura das negociações e o dano verificado. Nà verdade, o que então está em causa é a ausência de um essencial requisito da constituição da obrigação indemnizatória, a prática do acto ilícito; não se verificando este, não tem cabimento a colocação e análise do problema da relação causal, pois falta um dos polos desta.

[165] Isto é, quando — como muitas vezes sucede — uma das partes exige, como condição da conclusão do contrato, que a outra introduza, por exemplo, no bem a vender, modificações ou melhoramentos onerosos, ou que a outra altere a sua estrutura produtiva ou se abstenha da realização de negócios com empresas concorrentes, tais comportamentos traduzir-se-ão quase inevitavelmente em responsabilidade sua, se sua for a iniciativa de, tendo tais gastos sido realizados, romper as negociações.

Cfr. ORLANDO GOMES, *Contratos*, Rio, sem data, p. 62.

[166] Como escreve M. J. ALMEIDA COSTA, *Responsabilidade civil pela ruptura...*, *op. cit.*, p. 62, «o problema da legitimidade da ruptura não se reconduz, com efeito, à indagação sobre se o seu motivo determinante é ou não justificado do ponto de vista da parte que a efectuou, mas, antes, importa averiguar se, independentemente dessa valoração pessoal, ele pode assumir uma relevância objectiva e de per si prevalente sobre a parte contrária».

Já CUNHA GONÇALVES, *Tratado de Direito Civil*, vol IV, *op. cit.*, pp. 246-247, em considerações em que era transparente a preocupação de circunscrever a responsabilidade *in contrahendo* por ruptura dos preliminares, em ordem a não cercear a liberdade dos sujeitos, depois de afirmar que «não há que distin-

esta é a hipótese mais melindrosa, dado implicar a consideração do motivo do rompimento para valorar a sua capacidade justificativa do prejuízo sofrido pela contraparte [168], importa assinalar que o que está em causa é, por um lado, a ponderação dos interesses das partes e a sua avaliação relativa e, por outro, a apreciação da conduta do autor da ruptura, pois, na ausência de culpa deste, não pode ele ver-se constituído em qualquer obrigação indemnizatória. Essa ponderação de interesses tem de ter em consideração quer a medida da confiança que as

---

guir entre *ruptura arbitrária* e *ruptura por motivo legítimo*, como faz Demogue, pois o que a uma das partes parece arbitrário pode à outra parecer legítimo, e para isso basta que esta alegue *não lhe convir o negócio*», dizia que o sujeito que tivesse «procedido com culpa ou deslealdade» podia ser responsabilizado, «mesmo em caso de ruptura justificada das negociações».

[167] JOANNA SCHMIDT, *La sanction de la faute..., op. e loc. cit.,* p. 53, refere decisões jurisprudenciais francesas em que a responsabilidade foi reconhecida em consequência da recusa de celebrar o contrato «por puro capricho» ou da interrupção das negociações «sem razões legítimas, brutal e unilateralmente».

HANS STOLL, *Tatbestände und Funktione der Haftung für culpa in contrahendo, in Festschrift für Ernst von Caemmerer,* Tübingen, 1978, p. 450 (*cit. apud,* CLARA GONZÁLEZ, *La culpa in contrahendo, op. cit.,* p. 156, nota 503), entende que o motivo de rompimento só deve considerar-se fundado quando concorram circunstâncias que, no caso-de o contrato já estar concluído, permit'ssem à parte não cumprir o mesmo sem incorrer em responsabilidade; por seu lado, NIRK, *Culpa in contrahendo — eine richterliche Retchsforbildund — quo vadis?, in Festschrift für Philipp Möhring,* München, 1975, p. 84 (*cit. apud* CLARA GONZÁLEZ, *op. e loc. cit.*), é de opinião que não podem ser reconhecidas como justificativas da interrupção do processo negociatório motivações subjectivas, inclinando-se para o entendimento de que só se admita a ruptura quando se verifique uma situação que possa qualificar-se como equivalente ao desaparecimento da base do negócio.

[168] Como observa VINCENZO CUFFARO, *Responsabilità precontrattuale, op. e loc. cit.,* p. 1272, se o carácter arbitrário e, por isso, ilícito do rompimento tem uma directa relação com a medida da confiança suscitada pelo processo negociatório no sujeito, não pode dizer.se que, em caso de ruptura, existência de confiança e arbitrariedade do rompimento constituam «duas faces da mesma moeda, já que, enquanto uma ruptura (*recesso*) injustificada não teria relevância relativamente a situações nas quais não tenha sido gerada qualquer confiança, ao invés existindo uma real confiança poderia ser justificado o rompimento (*recesso*)». Estas observações esclarecem a necessidade, por vezes existente, de apreciar o motivo do rompimento, pois, sem a sua valoração e ponderação no quadro dos interesses das partes e do dos riscos que a cada uma devem caber, não será possível qualificar como lícita ou ilícita tal ruptura, não sendo, em consequência, também possível afirmar ou negar a existência de responsabilidade do respectivo autor.

negociações criaram no lesado, quer a vantagem que o autor da ruptura visava obter com ela, quer o tipo de negócio projectado e a inerente distribuição de riscos pré-negociais no tráfego contratual, devendo a conduta do lesante ser apreciada «em termos de racionalidade de comportamento» [169].

Pode ainda a lealdade pré-negocial impedir que um dos sujeitos, que elaborou um modelo de contrato e obteve para ele a concordância da contraparte — mormente nos casos em que esse acordo substancial implicou alterações ou ajustamentos no programa económico ou de actividade deste último sujeito — subitamente altere o projecto de clausulado do contrato a celebrar. Nesta hipótese, o ilícito pré-contratual consistirá na inesperada e objectivamente infundamentada alteração do projecto contratual, já negociado e acordado, e a responsabilidade constituir-se-á tanto nos casos em que a motivação da alteração tenha sido a de, pela gravosidade e carácter surpreendente das novas exigências, levar a contraparte à desistência do contrato, como naqueles em que tenha sido a imponderação ou incúria do negociador a explicar que só nesse momento se tenha apercebido da vantagem de reformular o clausulado contratual [170].

Variando a medida da vinculação das partes na razão da confiança produzida pelo processo preliminar, pode chegar-se a um momento em que tenha de considerar-se ilícito o inesperado rompimento das negociações ou, mesmo mais, ilegítima a recusa de conclusão do contrato, isto é, em que da boa fé haja de considerar-se emergente o dever pré-contratual do prosseguimento das negociações ou da própria celebração do negócio. Ou seja, dependentemente do estádio e consistência das conversações negociatórias, do volume e extensão dos acordos parcelares interlocutórios alcançados, assim o dever de lealdade imporá a necessidade de aviso da possibilidade de inêxito das negociações, determinará o dever de as prosseguir, explorando todas as hipóteses de acordo, ou justificará mesmo a obrigação de formar o contrato. Esta última hipótese de obrigação de contratar decorrente da boa fé na fase negociatória apresenta-se como particularmente nítida nos casos em que todo o conteúdo contratual se encontra já acordado, restando apenas

---

[169] VINCENZO CUFFARO, *Responsabilità precontrattuale, op.* e *loc. cit.*, p. 1272.

[170] Nestas hipóteses, a mais frequente situação de responsabilidade *in contrahendo* verificar-se-á quando a parte a quem são exigidas, súbita e inesperadamente, as alterações desista do contrato, sofrendo com isso danos.

a sua formalização em obediência às regras legalmente impostas [171, 172], mas pode veriifcar-se também em outras situações: assim, nas hipóteses em que uma das partes foi convencida pela outra de que a única condição da conclusão do contrato — cujos termos essenciais se encontravam já acordados — era a de introduzir melhoramentos ou alterações no bem ou na sua estrutura empresarial, o que realizou, ou naquelas em que, sendo uma das partes um profissional e estando os elementos contratuais essenciais acordados, a contraparte não podia razoavelmente contar com a frustração do negócio [173], ou ainda naquela outra — rela-

---

[171] Não está aqui em causa a situação em que se celebrou um contrato-promessa, pois, nessa, a obrigação de contratar não tem natureza pré-contratual, não se funda na confiança intersubjectiva gerada pelos contactos negociatórios, antes tendo carácter contratual, por emergir do contrato preparatório entre as partes concluído.

Uma formulação particularmente pouco feliz, por indutora de dúvidas sobre o seu significado, é a de ALBERTO MANZANARES SECADES, *La naturaleza de la responsabilidad precontractual..., op. e loc. cit.*, p. 980, que, ao enunciar as situações geradoras desta responsabilidade, escreve: «Os casos de incumprimento da promessa realizada [...] o facto de realizar uma promessa pode produzir no destinatário da mesma a conf ança em que tal promessa se cumprirá, levando-o a realizar uma série de gastos e previsões».

[172] A nitidez a que se faz referência não significa, segundo alguns autores, a forçosa e automática conclusão de que um acordo substancial, desprovido de forma legal, gere sempre obrigação de celebrar validamente o contrato, antes sendo indispensável a análise das circunstâncias que caracterizam a situação: observa a este propósito, por exemplo, ANNA DEL FANTE, *Buona fede prenegoziale..., op. e loc. cit.*, p. 181, que «não é vedado reconsiderar subjectivamente a conveniência do negócio e desistir, seja mesmo *in extremis,* da relação pré-negocial».

Sendo, talvez, prudente evitar formulações peremptórias que, em certas situações, possam conduzir a resultados indesejáveis, porque injustificados pela boa fé, sempre se dirá, porém, que a obtenção de um completo acordo negocial, a que apenas falte a observância dos requisitos formais para de válido negócio jurídico se tratar, só em hipóteses muito raras e dificilmente concebíveis não determinará a obrigação de celebrar (ou reproduzir) o contrato em obediência à forma legalmente imposta.

[173] Independentemente da natureza profissional de qualquer dos intervenientes no processo negociatório, a conclusão de acordos pré-contratuais, ainda que sem eficácia vinculativa específica mas apenas formalizadores dos pontos de consenso alcançados, constitui, como já se assinalou, importante elemento de avaliação da medida da confiança justificada, podendo revelar que todo o conteúdo contratual, ou a sua parte essencial, se encontra já adquirido. Sobre a importância da existência de uma minuta para avaliar da ilicitude da ruptura, ANNA DEL FANTE, *Buona fede prenegoziale..., op. e loc. cit.*, pp. 134-135, referindo-se a autora (nota 43) à posição de L. RICCA, que, qualificando a minuta como «negócio

tivamente frequente — em que todo o conteúdo contratual foi acordado, tendo-se incluído no contrato uma cláusula, nos termos da qual alguns dos seus termos, nomeadamente o preço, haveriam de ser determinados por peritos a nomear pelas partes, recusando-se posteriormente um dos contraentes a realizar tal nomeação [174].

Se a responsabilidade por ruptura das negociações em regra aproveita àquela das partes que foi dela vítima, a situação pode apresentar-se diversamente, sendo o beneficiário da responsabilidade o sujeito que operou o rompimento: assim acontecerá, tipicamente, nos casos em que a razão da ruptura tenha residido num comportamento ilícito do outro contraente. Se, por exemplo, uma das partes descobre, em certo momento das negociações, terem-lhe sido omitidas decisivas informações sobre o objecto negocial ou terem-lhe sido prestadas informações falsas, sendo esse o motivo do rompimento, a ela caberá o direito à indemnização, desde que, naturalmente, se encontrem reunidos os restantes requisitos da responsabilidade civil; igualmente, quando o motivo da desistência seja a intempestiva, inesperada e injustificada alteração do conteúdo clausular já acordado, o direito à reparação dos danos sofridos em consequência da ruptura pertencerá ao autor desta.

Tem, finalmente, de ser colocada a hipótese de o rompimento das negociações ser provocado por um terceiro, com intenção de vir, ele

---

jurídico», lhe atribui como efeitos um «dever de boa fé específico», consistente na irrevogabilidade unilateral dos pontos acordados, e um «dever de boa fé genérico», com base no qual «não se poderá recusar o prosseguimento das negociações [...] e não se poderá interrompê-las senão em virtude de um real e justificado conflito de interesses».

Também PIERRE ENGEL, *Traité des Obligations...*, *op. cit.*, p. 138, alude à importância da existência de uma minuta, chamando a atenção para a dificuldade que, muitas vezes, se encontra em determinar se as partes devem considerar-se já vinculadas contratualmente ou «se se limitaram a concretizar [...] os pontos que definiram e acordaram como devendo circunscrever ou fundar o seu acordo se este viesse a ser concluído».

[174] Nesta hipótese, habitualmente colocada pela doutrina no quadro da responsabilidade pré-contratual (v., por exemplo, RENE DEMOGUE, *Traité des Obligations, op. cit.*, p. 169, e jurisprudência e doutrina aí citadas), é, pelo menos, legítima a dúvida sobre tal qualificação: sendo a nomeação uma obrigação assumida convencionalmente — muito embora dela e da consequente determinação pelos terceiros, peritos, do elemento contratual em falta possa depender a conclusão do contrato — a recusa de nomeação parece configurar-se como um incumprimento obrigacional da convenção, ao qual o respectivo credor poderá reagir através dos comuns instrumentos de tutela do crédito que a lei faculta.

próprio, a concluir o contrato com uma das partes, ou sem ela, isto é, no intuito de, em seu benefício ou em prejuízo das partes ou de uma delas, evitar que o contrato se celebre. Neste caso, não parece ser admissível fundar a responsabilidade do terceiro no artigo 227.º, só podendo ele vir a ser obrigado a indemnizar o lesado pela ruptura se se encontrarem reunidos os pressupostos da responsabilidade delitual[175].

Se a intervenção do terceiro tiver sido provocada por um dos negociadores ou tiver sido realizada com o acordo dele, a responsabilidade será deste e fundar-se-á no artigo 800.º ou no artigo 500.º, consoante estejam preenchidos os requisitos respectivos, podendo fundar-se tanto num como no outro, caso em que ao lesado caberá a escolha do fundamento a invocar.

Se a intromissão do terceiro e o seu propósito — não tendo sido da iniciativa ou não tendo tido a cumplicidade de qualquer das partes — forem conhecidos por uma delas, tem esta o dever de advertir a contraparte, evitando assim possíveis danos, podendo então haver responsabilidade pré-contratual daquele que não cumpriu o dever de aviso e esclarecimento face à parte que sofreu os danos.

f) Deveres de protecção e conservação.

A doutrina e a jurisprudência alemãs vêm, desde o início do século, defendendo que, na fase pré-contratual, as partes estão vinculadas a deveres cujo fim é a protecção da pessoa e do património da contraparte.

A primeira vez que esta ideia encontrou expressão e aplicação foi o célebre caso do linóleo, em sentença do *Reichsgericht* de 7 de Dezembro de 1911[176]: uma senhora estava a examinar tapetes de linóleo, num armazém, quando dois rolos de tapetes, mal arrumados pelo empregado, se desprenderam, caindo-lhe em cima e ferindo-a numa perna, e também ao filho que a acompanhava. O *Reichsgericht* decidiu que o proprietário do estabelecimento estava obrigado a indemnizar os danos sofridos, a título de responsabilidade contratual: tal decisão foi fundamentada na afirmação de que da proposta de exame dos bens e da sua aceitação nasce uma relação jurídica preparatória, com natureza

---

[175] Neste sentido, ANNA DEL FANTE, *Buona fede prenegoziale...*, *op. e loc. cit.*, p. 136, nota 48.

[176] CLARA GONZÁLEZ, *La culpa in contrahendo*, *op. cit.*, p. 41, notas 62 e 63, cita duas decisões anteriores do *RG*, uma de 1905 — em que se reconheceu a responsabilidade de um banqueiro, por informações falsas relativas a um investimento, fornecidas negligentemente a um cliente — e uma de 1906 —

semelhante à contratual, que é fonte da obrigação de observar todas as cautelas a fim de que a contraparte, ou os seus bens, não sofram qualquer dano [177].

A doutrina acolheu favoravelmente a decisão, sustentando que a relação preparatória da celebração de um contrato tem ela própria natureza contratual — *Erhaltungsvertrag* ou *vorbereintender Vertrag* [178]. Apesar das críticas que esta construção suscitou, principalmente fundadas no seu carácter artificial e ficcioso, a doutrina alemã não abandonou a ideia de introduzir entre os deveres *in contrahendo* os de conservação e protecção [179], sendo numerosas as decisões do *Bundes-*

---

em foi reconhecida responsabilidade por lesões sofridas durante uma prova de exame de um automóvel, conduzido por um terceiro, auxiliar do vendedor. Nestes casos, porém, o *RG* recorreu, para fundamentar tal responsabilidade, ou à construção da existência de um pré-contrato pelo qual uma das partes garantia à outra a sua segurança, ou à atribuição ao conteúdo do negócio celebrado da obrigação de prestação da informação: isto é, em ambos os casos, não se tratou de admitir a existência de uma relação jurídica pré-negocial de natureza obrigacional ou sequer de ficcionar um acordo funcionalmente dirigido à preparação do contrato futuro.

[177] Sobre o *Linoleumfall,* v. CLARA GONZÁLEZ, *La culpa in contrahendo, op. cit.,* pp. 49 a 51 e 91 a 95.

[178] Numa fase inicial, a doutrina — e, em particular, JHERING e depois LEONHARD — e a jurisprudência do *Reichsgericht* reconduziram a fonte dos deveres *in contrahendo* ao contrato a concluir subsequentemente, orientação que veio a ser sucessivamente abandonada em benefício do entendimento de que tais deveres se fundavam numa relação convencional tácita constituída antes da conclusão do contrato; esta orientação tradicional de construção de acordos contratuais prévios à celebração do contrato, como forma de fundamentar a responsabilidade *in contrahendo* e a sua natureza contratual, não foi, aliás, nas jurisprudência e doutrina alemãs, processo restrito à explicação dos deveres de protecção, tendo constituído, ao invés, a mais marcante via para construir a responsabilidade pré--contratual em geral. Cfr. KARL LARENZ, *Metodologia da Ciência do Direito, op. cit.,* p. 486; *id.*, *Lehrbuch des Schuldrechts,* I Band, *op. cit.,* p. 92, nota 3; FRANCESCO BENATTI, *A responsabilidade pré-contratual, op. cit.,* pp. 97-98; MARIO BESSONE, *Rapporto precontrattuale..., op. e loc. cit.,* pp. 1012 e 1013; VAZ SERRA, *Culpa do devedor..., op. e loc. cit.,* pp. 123 a 125; MOTA PINTO, *A responsabilidade pré-negocial..., op. e loc. cit.,* pp. 225 a 228; MENEZES CORDEIRO, *Da boa fé no direito civil,* vol. I, *op. cit.,* pp. 537-538; ALEX WEILL e FRANÇOIS TERRE, *Droit Civil. Obligations, op. cit.,* p. 384; A. MANZANARES SECADES, *La naturaleza de la responsabilidad..., op. e loc. cit.,* pp. 988 a 990.

[179] V., por exemplo, K. LARENZ, *Lehrbuch des Schuldrechts,* I. Band, *op. cit.,* pp. 89-90 e 92, nota 3; JOSEF ESSER e EIKE SCHMIDT, *Schuldrecht, Allgemeiner Teil,* Teilband 1, 5., völlig neubearbeitete Auflage, Heidelberg-Karlsruhe, sem data, mas 1976 p. 41.

foram avançadas para fundar a existência destes deveres de protecção: sustentou-se, por exemplo, que quem entra em negociações expõe a sua própria esfera jurídica a riscos agravados, entra numa zona de insegurança que implica especiais deveres para a contraparte, justificando-se por isso que a boa fé seja chamada a reforçar e a completar a tutela dos direitos absolutos. *gerichtshof* que dela fazem aplicação [180]. Novas formulações e explicações

Uma das principais dificuldades da doutrina e jurisprudência alemãs nesta matéria residiu desde o início na determinação do momento em que tais especiais deveres se hão-de ter por constituídos, e isto porque, se, nos casos em que as negociações se rompem ou naqueles em que se conclui um negócio inválido, ineficaz ou perturbado na sua configuração, uma directa relação pré-negocial ou negocial entre as partes já estava em curso no momento em que teve lugar a actuação contrária à boa fé, naquelas hipóteses em que estão em causa danos pessoais ou patrimoniais atribuídos ao não cumprimento dos deveres de protecção, pode ainda não se ter estabelecido qualquer directo contacto entre os negociadores com vista à conclusão do negócio. Na verdade, se o dano se produz num estabelecimento comercial em que o lesado entrou e antes que ele se tivesse dirigido sequer a qualquer pessoa manifestando um intenção negocial, não pode dizer-se que está já iniciado o processo negociatório. A primeira orientação do *Reichsgericht* neste domínio foi a de recorrer, como já se disse, à ficção de um acordo contratual prévio, posição que foi abandonada no *Linoleumfall* em benefício do entendimento de que entre as partes se estabelece uma relação preparatória do contrato semelhante à contratual; nesta fase o *RG* entende que, para que tal relação se possa ter como constituída, não basta a entrada de uma pessoa num estabelecimento comercial, mas, a partir do momento em que peça para examinar certas mercadorias, deve considerar-se iniciada a fase negociatória e, por isso, de aplicabilidade dos deveres pré-contratuais de protecção e de consequente responsabilidade por incumprimento [181]. Posteriormente, o âmbito da tutela pré-contratual consubstanciada nos deveres de protecção foi-se alargando, na doutrina e na jurisprudência, de forma a abran-

---

[180] V. referência a alguns casos decididos pelo *BGH* em MENEZES CORDEIRO, *Da boa fé no direito civil*, vol. I, *op. cit.*, pp. 548-549.

[181] Cfr. FRANCESCO BENATTI, *A responsabilidade pré-contratual*, *op. cit.*, p. 99; CLARA GONZÁLEZ, *La culpa in contrahendo*, *op. cit.*, p. 92; J. ESSER e E. SCHMIDT, *Schuldrecht...*, Teilband 2, *op. cit.*, p. 96.

ger situações em que nenhum contacto propriamente negociatório se podia ainda identificar entre as futuras partes: para incluir tais situações no domínio da responsabilidade *in contrahendo*, dizem alguns autores [182] que a aplicabilidade desta se inicia logo que haja um contacto no plano negocial, podendo este contacto esgotar-se na entrada da pessoa num estabelecimento comercial, e sendo a sua qualificação de negocial resultante de ele ser idóneo a proporcionar a futura realização de um negócio. Isto é, bastará o mero facto da entrada no estabelecimento, com intenção de vir a celebrar (naquela ocasião ou futuramente) um negócio, para que entre as partes se possa considerar criada uma situação susceptível de gerar responsabilidade *in contrahendo;* por outro lado, essa intenção negociatória presume-se, de tal modo que, verificada a entrada e alegado o propósito negociatório, caberá ao responsável a prova de que a intenção do lesado não era a de celebrar (naquela ocasião ou posteriormente) qualquer negócio, mas outra (como a de furtar um bem, de se abrigar de uma chuvada ou qualquer outra diferente da negocial) [183].

A preocupação de alargamento da tutela *in contrahendo*, que a identificação destes deveres de protecção e conservação exprime, manifestou-se em etapas sucessivas na jurisprudência alemã: o seu primeiro

---

[182] KARL LARENZ, *Lehrbuch des Schuldrechts,* I. Band, *op. cit.*, pp. 90, 92-93 e nota 3, dizendo que se pode falar de encetamento de relações negociais mesmo em situações em que estas não evoluíram até ao estádio em que é rigoroso falar de negociações propriamente ditas, como acontece, por exemplo, quando alguém, embora sem uma decisão firme de comprar, entra num grande armazém, ou quando alguém, dentro de um restaurante, se encontra ainda de pé à procura de lugar. Nestes casos, diz LARENZ que existe um contacto negocial preparatório das negociações, contacto que é considerado idêntico ao negocial por força do direito costumeiro.

[183] Desde a formulação, em 1941, por HAUPT da teoria das relações contratuais de facto, o problema dos deveres precontratuais de conservação e de protecção e, em certa medida, o da responsabilidade *in contrahendo* foram, em grande parte, absorvidos por aquela teoria, que, aliás, está longe de se esgotar neste problema. A contribuição desta doutrina para a elaboração dos fundamentos da responsabilidade *in contrahendo* traduz-se essencialmente em identificar, na génese da obrigação pré-negocial, uma relação jurídica provinda do contacto social entre as futuras partes no negócio. Porém, nem sempre os autores alemães, ao construir teoricamente os fundamentos dos chamados deveres de conservação e protecção, recorrem à doutrina das relações contratuais de facto, antes persistindo, muitas vezes, na sua recondução a supostos acordos contratuais ou para-contratuais entre as partes, ou preferindo, como já se viu, falar de um contacto negocial sem referência às relações contratuais de facto.

momento é o da decisão do *RG* de 1911, um segundo o de uma decisão do *BGH* de 1961, que, pela primeira vez, reconheceu que o início da protecção conferida pela boa fé pré-contratual era marcado pelo acesso a um estabelecimento comercial com um propósito negocial, sem dependência de qualquer efectivo e directo contacto negociatório entre as futuras partes, e, finalmente, um terceiro o da decisão do *BGH* de 1976 que estendeu os efeitos da protecção *in contrahendo* a alguns terceiros, alheios à relação pré-negocial[184].

A razão por que o tema na Alemanha suscitou o interesse e a adesão que se verificaram resulta, essencialmente, de no *BGB* inexistir um princípio geral de responsabilidade delitual[185] e da consequente dificuldade em fundamentar a tutela indemnizatória em muitos casos em que uma pessoa ou os seus bens sofrem danos, sendo o problema particularmente grave quando o facto lesivo tiver sido praticado por um terceiro, já que a responsabilidade do comitente depende, no direito civil alemão, de ter havido culpa própria, e ainda assim pode ser excluída pela prova de uma causa virtual do dano[186, 187].

---

[184] V. CLARA GONZÁLEZ, *La culpa in contrahendo, op. cit.*, pp. 105 a 110, sobre as mais recentes posições da doutrina e da jurisprudência no sentido de fazer reentrar as lesões atribuídas ao incumprimento dos deveres de protecção no campo delitual, sem perda essencial das vantagens de tutela do lesado conferidas pelo regime contratual. V. também WERNER LORENZ, «*Le processus précontractuel*»: «*Precontractual Liability*» *in the Law of the Federal Republic of Germany, op. cit.*, pp. 4 e 5.

[185] O § 823 do *BGB* enuncia o princípio segundo o qual «quem dolosa ou culposamente lesar ilicitamente a vida, o corpo, a saúde, a liberdade, a propriedade ou um direito de outrem, é obrigado a indemnizar o outro do dano daí reslutante».

[186] Para a orientação exposta concorreram outros motivos, como o do recurso ao prazo de prescrição de 30 anos, em lugar do curto prazo de 3 anos da responsabilidade delitual, e o da maior tutela do lesado em razão da inversão do ónus da prova da culpa.

V., sobre estas motivações, WERNER LORENZ, «*Le processus précontractuel*»: «*Precontractual Liability*» *in the Law of the Federal Republic of Germany, op. cit.*, p. 3.

[187] DIETER MEDICUS, *Culpa in contrahendo, op. e loc. cit.*, p. 575, diz que, tendo sido esta a motivação histórica para a deslocação para a responsabilidade pré-contratual destas hipóteses, ela deixaria de existir em caso de reforma do direito das obrigações, pois as carências do regime extraobrigacional teriam oportunidade de ser eliminadas, permitindo a correcta colocação do problema no âmbito da responsabilidade aquiliana. DIETER MEDICUS é, aliás, autor dos estudos sobre a reforma do direito das obrigações em matéria de responsabilidade

Em Portugal, não reveste o problema importância sequer aproximada, dado o princípio geral do artigo 483.º e a regra do artigo 500.º, nada resultando do artigo 227.º que indicie o acolhimento da inclusão destes deveres de protecção e conservação entre as obrigações pré-contratuais. O anteprojecto de Código Civil, da autoria de Vaz Serra[188], continha, ao invés, clara referência a tais deveres, estabelecendo o artigo 8.º, n.º 1, do articulado proposto[189]: «Quem entra em negociações com outrem, para a conclusão de um contrato, deve, nessas negociações e na formação do contrato, proceder de acordo com a boa fé para com a outra parte, devendo, em especial, fazer-lhe comunicações, dar-lhe explicações e conservar os seus bens jurídicos, na medida que a boa fé exigir. Se assim culposamente o não fizer, é obrigado a indemnizar os danos causados à outra parte».

O desaparecimento da alusão ao dever de «conservar os seus bens jurídicos» do articulado do Código Civil não pode ser tomado como significativo da eliminação dele do quadro pré-negocial, até porque a técnica legislativa, que informava a proposta de Vaz Serra, de enunciar exemplificativamente algumas das obrigações emergentes da boa fé foi abandonada no texto definitivo da lei, nela não surgindo referência a qualquer dever pré-contratual. Por isso que nem sequer possa invocar-se o elemento histórico para justificar uma interpretação do artigo 227.º que dele afaste os chamados deveres de protecção.

Naquilo que é, pois, o total silêncio da lei, e num quadro de essencial desnecessidade de recurso ao instituto da responsabilidade *in contrahendo* para tutelar a posição do lesado, nas situações em que a sua

---

pré-negocial, cuja iniciativa de elaboração é do Ministério Federal da Justiça. Das suas propostas está ausente a consideração, no âmbito da responsab'lidade *in contrahendo,* dos deveres de protecção, que entende caberem no domínio extra-contratual. V. as propostas de MEDICUS em CLARA GONZÁLEZ, *La culpa in contrahendo, op. cit.,* pp. 197-198.

A redacção proposta para o § 831 do *BGB,* no projecto do Ministério da Justiça, encontra-se em HANS-JOACHIM MERTENS, *Münchener Kommentar,* Band 3, 2. Halbband, München, 1980, p. 1436.

[188] Este autor propendia para a aceitação da tese de que os chamados deveres de protecção e conservação integravam o quadro da vinculação pré-contratual, escrevendo: «e deve também conservar os bens jurídicos da outra parte, se a boa fé o ordenar (como, por exemplo, o possuidor de um armazém ou o hoteleiro, obrigados pela boa fé a conservar em estado não perigoso os locais, que com a abertura e manutenção do seu estabelecimento, convidam a visitar)» – *Culpa do devedor..., op. e loc. cit.,* p. 126.

[189] Anexo ao estudo *Culpa do devedor..., op. e loc. cit.,* p. 145.

pessoa ou bens sofrem danos em resultado de condutas dolosas ou negligentes da outra parte ou de terceiro, que actua por iniciativa e/ou por conta dela, poderá dispensar-se uma mais detida análise da questão, concluindo-se pela observação de que não deve admitir-se a autònomia dos chamados deveres pré-contratuais de protecção quando, como frequentemente ocorre, eles não nasçam das negociações nem visem a preparação do futuro negócio, isto é, não tenham uma directa conexão com o contrato projectado [190].

Já é, em contrapartida, admissível enquadrar na boa fé pré-contratual a emergência de um direito de ruptura das negociações em resultado de uma actuação negligente da contraparte causadora de danos à pessoa ou aos bens do autor do rompimento; como também é possível reconhecer uma responsabilidade *in contrahendo* se os danos forem causados por bens ou produtos facultados ou enviados pela contraparte, no quadro do processo negociatório, para exame ou experimentação [191].

---

[190] MENEZES CORDEIRO, *Da boa fé no direito civil*, vol. I, *op. cit.*, p. 553, diz que «os deveres de protecção das partes, nas suas pessoas ou nos seus patrimónios, não têm a ver com o contrato projectado, sendo algo forçado defender que protejam uma 'contratação em geral'».

Também MOTA PINTO, *A responsabilidade pré-negocial...*, *op:* e *loc. cit.*, pp. 155-156, depois de assinalar que não têm «validade, no nosso sistema, as considerações teleológicas, que na Alemanha concorrem para justificar a colocação da pretensão do lesado no terreno contratual», diz que, nestes casos, «há uma conexão meramente acidental entre os danos produzidos e o contrato por ocasiãc de cuja projectada celebração eles tiveram lugar», sendo por isso «preferível considerar a protecção da integridade pessoal e patrimonial das partes, já suficientemente assegurada pelos deveres universais humanos, cuja contravenção importa responsabilidade extra-contratual».

Esta objecção também encontra expressão em alguns autores alemães: v. CLARA GONZÁLEZ, *La culpa in contrahendo, op. cit.*, pp. 111 a 120. Sobre a divisão da doutrina suíça a este propósito, v. FRANZ SCHENKER, *Precontractual Liability in Swiss Law. A report to the International Academy of Law,* [XIII][th] International Congress of Comparative Law, Montréal-Canada, 1990, texto policopiado, p. 7 e notas 32 e 33.

[191] Embora, neste último caso, possam concorrer os pressupostos da responsabilidade delitual, daí não decorre a eliminação do recurso à responsabilidade *in contrahendo*, dada a específica ligação da produção dos prejuízos ao processo de preparação do contrato, estando-se então em presença — como em tantas outras situações — de um duplo fundamento do direito indemnizatório, pelo que caberá ao lesado a escolha do regime a invocar.

Poderia, pois, talvez admitir-se, no nosso direito, a qualificação de pré-contratual para a responsabilidade em que incorre o futuro senhorio de um imóvel que,

Finalmente, parece ainda admissível reconduzir à responsabilidade *in contrahendo* os direitos de indemnização que a uma das partes caiɔam por danos causados pela outra na pessoa ou bens da primeira, quando tais prejuízos tenham resultado de condutas realizadas em execução do negócio invalidamente celebrado entre elas [192].

6.1.2. *Fase decisória*

Se não existiram, entre as partes, quaisquer contactos prévios à conclusão do contrato, os deveres que têm por fonte a boa fé aparecem no próprio momento da emissão da proposta (e/ou da aceitação). Não é, porém, em regra, a proposta (ou a aceitação) que consubstancia, simultaneamente, a declaração integradora do contrato e a violação do dever, isto é, a proposta (ou a aceitação) não é um acto que haja de, contraditoriamente, ser qualificado como lícito e ilícito. Salvo em casos — a que adiante se fará referência [193] — em que a boa fé impõe ao sujeito que se abstenha da iniciativa da celebração do contrato, isto é, que não emita a proposta contratual (ou a aceitação quando, formalmente, a parte que desencadeou o processo conducente à conclusão do negócio nele figura como aceitante de proposta alheia), não é a declaração negocial integradora do contrato o ilícito pré-negocial. Se a proposta (ou aceitação) não for acompanhada de acções ou declarações que, positivamente, constituam actos violadores dos deveres na fase de formação do contrato — e pode sê-lo — ela, para que haja responsabilidade pré-contratual, é coexistente e contemporânea de um acto ilícito, as mais das vezes omissivo — o silêncio de informações que deveriam ser prestadas [194]. É, na generalidade dos casos, este o comportamento ilícito que fundamenta a responsabilidade pré-contratual, comportamento que, apesar de cronologicamente poder ser quase simultâneo da proposta (ou da aceitação), dela é sempre um acto autónomo. Muito embora o ilícito pré-negocial na fase decisória possa revestir caracterís-

---

na ocasião em que ele é visitado pelo candidato ao arrendamento, não avisa este da existência de um degrau defeituoso na escada da casa, em consequência do que o futuro locatário cai e sofre danos pessoais. O exemplo é de K. LARENZ, *Lehrbuch des Schuldrechts, op. cit.,* pp. 90 e ·98.

[192] V. infra, n.º 6.1.2. – s).

[193] Cfr. *infra,* alínea c).

[194] Neste sentido, FRANCESCO BENATTI, *A responsabilidade pré-contratual, op. cit.,* p. 33.

ticas diversas da conduta omissiva, apresentando-se como um acto positivo, os casos em que ele tende a não ser identificado e a passar desapercebido na sua existência e autonomia são especialmente aqueles em que ele consubstancia uma omissão.

Como para a fase negociatória, também na fase decisória, a identificação dos deveres pré-contratuais só pode ser realizada casuisticamente, com ponderação de todas as circunstâncias, atinentes às partes e ao contrato, isto é, de todos os elementos subjectivos e objectivos relevantes, e perspectivados no quadro histórico, económico-social em que a celebração do negócio tem lugar. Quanto aos critérios de relevância dos elementos a ponderar, remete-se para o que, a título exemplificativo, se disse quanto à fase negociatória.

Far-se-á, de seguida, sem pretensão de exaustividade, mas com carácter deliberadamente ilustrativo, a análise das situações em que tipicamente se pode suscitar um problema de responsabilidade pré-contratual na fase de formação do contrato [195].

a) Deveres relativos ao processo formativo do contrato.

Nos casos, designadamente, em que o contrato é celebrado entre ausentes, isto é, em que entre as declarações negociais que o integram medeia um espaço temporal juridicamente relevante, o artigo 229.º, n.º 1, determina que, «se o proponente receber a aceitação tardiamente, mas não tiver razões para admitir que ela foi expedida fora do tempo, deve avisar imediatamente o aceitante de que o contrato se não concluiu, sob pena de responder pelo prejuízo havido». Representa esta

---

[195] Como já se observou, tomam-se, como ponto de partida, as principais situações em que o negócio realizado sofre de um vício que conduz, ou pode conduzir, à sua invalidade ou ineficácia, o que tem como consequência que, diversamente do que aconteceu quanto à fase negociatória, não se analisem autonomizadamente vários tipos de obrigações pré-negociais, e o respectivo incumprimento, antes elas apareçam identificadas a propósito das várias situações em que o seu inadimplemento pode ocorrer. Note-se, como já do que antes ficou dito se pode deduzir, que o instituto da responsabilidade *in contrahendo* pode representar um imprescindível instrumento de solução de novos problemas numa ordem jurídica envelhecida, problemas que, em bom rigor, e em grande medida, deveriam ser colocados e resolvidos no quadro de uma renovada elaboração da teoria dos vícios da vontade: cfr., sobre esta perspectiva, JACQUES GHESTIN, *Les Obligations. Le contrat: formation, op. cit.*, pp 82 a 84, 116-117 e 198.

disposição uma evidente aplicação do princípio geral do artigo 227.º [196], que sempre imporá, independentemente de específica norma que concretamente o determine, que cada uma das partes no negócio previna oportunamente a outra de qualquer motivo de ineficácia de uma sua declaração, quando o seu autor não possa razoavelmente contar com ele, antes esteja fundadamente convencido da eficácia. Consequência mais vincada ainda da boa fé pré-negocial é, aliás, a regra n.º 2 do artigo 224.º, que determina que a declaração negocial recipienda não veja a sua eficácia prejudicada por não ter sido oportunamente recebida pelo respectivo destinatário, quando tal não recepção se deva exclusivamente a culpa deste último. Como também resultante da boa fé é a norma do n.º 3 da mesma disposição, que estabelece que «a declaração recebida pelo destinatário em condições de, sem culpa sua, não poder ser conhecida é ineficaz» [197]. Enquanto, na primeira destas disposições, se tutela, em razão da boa fé, a posição do declarante, que razoavelmente conta com a eficácia da sua declaração, no n.º 3 do artigo 224.º tutela-se, em consideração da boa fé, a posição do destinatário da declaração, em ambos os casos revestindo tal tutela uma forma específica. No primeiro caso, depende a aplicabilidade do preceito legal da verificação de uma conduta culposa do declaratário, enquanto, no segundo, a tutela pré-ordenada é independente de a situação ter sido criada, intencional ou culposamente, pelo declarante. Quanto a esta última hipótese, cabe

---

[196] DIETER MEDICUS, *Culpa in contrahendo, op. e loc. cit.,* p. 583, reconduz a correspondente regra do *BGB,* o § 149, à responsabilidade *in contrahendo:* neste se determina que, não tendo, culposamente, o destinatário da aceitação tardia avisado o aceitante, a aceitação vale como tempestiva e o contrato tem-se por celebrado. Manifesta-se contra a recondução do regime do § 149 ao quadro da responsabilidade *in contrahendo,* com o (discutível) argumento de que ele não tem como objecto a reparação do dano, mas a sua prevenção, CLARA GONZÁLEZ, *La culpa in contrahendo, op. cit.,* p. 154, nota 497.

O artigo 1326.º, *comma 3,* do Código Civil italiano contém, a este respeito, a regra inversa: «O proponente pode considerar eficaz a aceitação tardia, desde que disso dê imediatamente aviso à outra parte»; a doutrina (por exemplo, RENATO SCOGNAMIGLIO, *Contratti in generale, op. cit.,* p. 99) entende que este dever de aviso, inspirado pela necessidade de tutela do aceitante, decorre da boa fé.

[197] Em comentário à norma paralela da lei italiana (artigo 1335.º do respectivo Código Civil), C. MASSIMO BIANCA, *La nozione di buona fede...,* op. e loc. cit., p. 212, nota 27, escreve: «Entendendo as férias fora da sede como modo de exercício do direito ao repouso, a falta de conhecimento do acto não seria imputável a negligência do destinatário».

observar que, se é certo que a comunicação de um acto receptício a alguém, que se encontre impossibilitado de tomar dele conhecimento, pode constituir um ilícito, por violação da boa fé, sempre que o declarante saiba — ou deva saber — da situação do destinatário, a lei prescinde do apuramento desse ilícito e do respectivo carácter culposo para tutelar o destinatário da declaração.

Se a aplicabilidade da regra do n.º 2 do artigo 224.º não sofre dúvidas em todos os casos em que a declaração tenha sido efectivamente emitida e dirigida ao respectivo destinatário por meios de transmissão razoáveis e não inesperados, e também não há margem para dúvidas sobre a sua inaplicabilidade sempre que o meio utilizado para fazer chegar a declaração seja inidóneo (em abstracto ou dada a situação do destinatário), coloca-se, contudo, o problema de saber qual o regime a aplicar nos casos em que, furtando-se o declaratório à recepção da declaração, o que ele prejudica é a própria existência da declaração. Assim acontecerá quando, por exemplo, entre as partes tenha ficado acordado que uma delas responderia à proposta contratual da outra telefonicamente, em certo dia e em determinado horário para local que também ficou determinado, e a outra se ausenta desse local, não deixando ninguém que possa receber a declaração do destinatário da proposta[198]. Se é inequívoco que, numa situação deste tipo, tem a parte o dever pré-negocial de se manter na situação de poder receber a declaração ou de assegurar que, em sua substituição, alguém o esteja, não parece, porém, que em tais situações possa aplicar-se a regra do n.º 2 do atrigo 224.º, assim considerando eficaz, por exemplo, uma aceitação da proposta que não foi recebida por culpa do proponente, já que, nesta hipótese, não é apenas de falta de recepção que se trata, mas sim de falta de declaração. Pelo que, em situações deste tipo, não podendo dizer-se que o contrato está concluído antes de ter havido aceitação, tem o aceitante o ónus de fazer chegar por outro meio a declaração ao proponente, a este se impondo a sua eficácia conclusiva do contrato, apesar de o tempo e o meio utilizado não corresponderem aos acordados entre as partes. Isto é, a parte, que foi impedida de aceitar pelo proponente, concluirá o contrato, independentemente da vontade da contraparte, se, pela forma mais expedita razoavelmente compatível com a diligência exigível, fizer chegar à outra parte a sua aceitação. Isto sem prejuízo de ter direito a ser indemnizada pelos danos que a conduta da outra parte lhe tenha causado: perda de tempo em ordem a

---

[198] O exemplo é de FIKENTSCHER, *Das Schuldrecht, op. cit.*, p. 64.

estabelecer o contacto telefónico frustrado, maiores despesas envolvidas pelo recurso a outro meio de transmissão da sua aceitação, atraso na conclusão do contrato, etc.. Porém, se o proponente, antes da recepção, celebrar com terceiro contrato incompatível com a validade daquele que fora proposto, parece que ao aceitante não restará senão o direito de ser indemnizado pelos prejuízos que a não conclusão do contrato para si envolva [199].

Alguns autores [200] sublinham que da boa fé pode emergir a obrigação de responder, seja positiva seja negativamente, à proposta contratual, pelo que o respectivo destinatário, quando, podendo tê-lo feito, mantenha o silêncio, pode ser responsabilizado *in contrahendo*. Não sendo a regra a de que, perante uma qualquer proposta, tenha o respectivo destinatário o dever de lhe responder, também não a é a de que o silêncio mantido revista qualquer significado declarativo. Quanto a este segundo aspecto, deve-se, porém, ter em consideração que, de acordo com o artigo 218.º, «o silêncio vale como declaração negocial, quando esse valor lhe seja atribuído por lei, uso ou convenção», pelo que, se específicas circunstâncias do caso concreto e, em particular, uma reiterada prática anterior entre as partes for susceptível de ser considerada como uso ou, até, como o resultado executivo de uma tácita convenção nesse sentido, pode o silêncio valer como aceitação, e isto nos casos, designadamente, em que tal anterior prática seja no sentido de só haver resposta expressa a propostas quando, por parte do destinatário, haja vontade de proceder à respectiva rejeição [201]. Em tal hipótese, valendo o silêncio como aceitação da proposta, o contrato haveria

---

[199] E que não serão, forçosamente, os danos negativos, como adiante melhor se verá: v. *infra*, n.º 6.3. Observa-se, desde já, que, de par com o direito potestativo de aceitação da proposta e de consequente celebração do contrato, haverá o direito creditório instrumental de exigir que o proponente se abstenha de actos que inviabilizem o exercício daquele direito potestativo; ou seja, sobre o proponente impende, não apenas a sujeição à aceitação, como a obrigação (que, em regra, será negativa) de proporcionar as condições da válida conclusão do contrato, obrigação que pode — atento o conteúdo da relação pré-negocial — ser mesmo a de celebrar o contrato. Se o for, então o prejuízo sofrido em razão do ilícito pré-negocial é o da frustração do contrato, sendo, pois, indemnizável o dano correspondente às vantagens que do contrato o lesado esperava obter, o dano positivo ou interesse de cumprimento.

[200] V., por exemplo, RENATO SCOGNAMIGLIO, *Contratti in generale*, op. *cit.*, p. 99.

[201] Este é o quadro configurado por MANFRED LÖWISCH, *Das Rechtsgeschäft*, München, 1971, p. 31.

de se ter por concluído, pelo que uma subsequente recusa de cumprimento, com o fundamento na manutenção do silêncio e na inexistência de negócio, consubstanciar-se-ia num não cumprimento obrigacional do negócio, sendo-lhe aplicáveis as regras pertinentes.

Um problema de responsabilidade *in contrahendo*, emergente de um ilícito silêncio do destinatário de uma proposta contratual, só pode colocar-se em situações em que as circunstâncias, em particular as caracterizadoras da anterior relação entre os sujeitos, permitam conceber a existência de um dever de responder à proposta, constituindo a ausência de resposta um acto ilícito e susceptível de causar danos ao proponente em razão do estado de incerteza que é idóneo para gerar [202]; tal situação, contudo, repete-se, só parece concebível em hipóteses em que uma prévia relação entre os sujeitos tenha sido produtora do dever de resposta à proposta, de tal modo que a sua omissão, dado o proponente com ela contar razoavelmente, sendo ilícita, é também capaz de explicar causalmente danos para o proponente.

Quando estão em causa situações de vincada debilidade contratual de uma das partes, e em particular quando esta é um consumidor, para impor a observância da boa fé intersubjectiva, a lei recorre, por vezes, a uma técnica algo diversa da da imposição de deveres ao contraente cuja posição é dominante, optando pela atribuição de direitos irrenunciáveis ao contraente débil, cujo exercício pode constituir requisito de validade do contrato. É o que sucede, designadamente, com os chamados prazos de reflexão, períodos temporais mínimos que, por imposição legal, têm de decorrer entre a recepção da proposta contratual e a sua aceitação pelo destinatário. No direito francês, nomeadamente, são vários os exemplos de diplomas legais que determinam que será ineficaz a aceitação do «contrato» ou da proposta contratual se não mediar entre a recepção desta e a emissão daquele um período mínimo, de duração variável [203].

---

[202] M. LÖWISCH, *Das Rechtsgeschäft, op. cit.,* p. 31.

[203] Assim, por exemplo, a Lei de 12 de Julho de 1971 sobre o ensino por correspondência impõe, sob cominação de nulidade de contrato, um prazo mínimo de 6 dias entre a data da recepção do contrato e a sua assinatura pelo cliente; também a Lei de 10 de Janeiro de 1978, sobre crédito ao consumo, e a Lei de 13 de Julho de 1979 sobre crédito imobiliário determinam a ineficácia da aceitação da proposta pelo mutuário se intervier antes do decurso de 10 dias, contados da data da recepção da proposta.

Cfr. JACQUES GHESTIN, *Les Obligations. Le contrat: formation, op. cit.,* pp. 121 e 249.

A lei procura, assim, assegurar imperativamente ao contraente débil as condições materiais de reflexão e informação, indispensáveis ao exercício de uma vontade livre e esclarecida [204].

b) Vícios da coisa — vícios de facto ou de direito — ou, mais amplamente, vícios da prestação (se do contrato emergir uma obrigação de *facere* e o devedor não tiver, ou não tiver todas, as qualificações pessoais, profissionais ou outras para a realização da prestação debitória).

Há o dever de informação de tais vícios, que, em termos amplos, podem ser definidos como características ou qualidades da coisa (ou da prestação) que a tornam inidónea para realização do fim a que se destina, lhe diminuem a aptidão ou o valor. Instrumental e por isso acessório desta obrigação de informação dos vícios da coisa é naturalmente o dever de atenção e diligência no sentido de obter a necessária informação para a transmitir à contraparte.

O problema dos vícios da coisa (ou da prestação) não é objecto de tratamento unitário na nossa lei, que, designadamente, não contém um regime geral, comum a todas as hipóteses de cumprimento defeituoso. Há, pois, que contar, neste domínio, com o regime próprio da compra e venda (artigos 905.º e segs., quanto aos vícios do direito, e 913.º e segs., quanto aos defeitos da coisa), com o da locação (artigos 1032.º a 1035.º) e com o da empreitada (artigos 1218.º e segs.). Se, nesta última, nenhum elemento de perturbação se insinua no sentido de distorcer o regime de um inexacto cumprimento, e na locação também se encontra essencialmente qualificada como de não cumprimento a prestação de coisa (física ou juridicamente) defeituosa ou a impossibilidade originária subjectiva do objecto negocial, já na compra e venda o regime se apresenta como menos linear.

---

[204] O mesmo objectivo pode ser legalmente prosseguido através da atribuição de um direito de retractação ou desistência do contrato concluído, durante dado prazo subsequente à sua celebração, e antes do decurso do qual não é permitido o início da execução contratual. Como observa JACQUES GHESTIN, *Les obligations. Le contrat...*, op. cit., p. 147, «se se afastar a espécie de vínculo místico que resultaria do acordo das vontades, já não há grande diferença entre o prazo de reflexão e o prazo de retractação. Em ambos os casos, trata-se de tornar a vontade impotente para fazer nascer uma vinculação obrigacional definitiva antes da expiração de um certo prazo».

V., sobre a utilização da mesma técnica legal no direito alemão, *infra*, nota 299.

Antes de se abordarem muito sumariamente aqueles que parecem ser os problemas nucleares do regime da compra e venda de bens defeituosos, observar-se-á que, tanto quanto à empreitada ou locação, como quanto a qualquer contrato cujo objecto, e o da respectiva obrigação, sofra de vícios, põe-se o problema de saber se o regime aplicável se esgota no do respectivo incumprimento ou se a este acresce o de uma tutela *in contrahendo,* ou seja, dito por outras palavras, se toda a protecção do credor reside no direito de indemnização por inexacto cumprimento da obrigação contratual ou se ele também pode prevalecer-se de um direito indemnizatório fundado em responsabilidade pré-negocial. A oportunidade ou cabimento da colocação do problema resulta do seguinte: se a coisa (ou a prestação) apresentava vícios, defeitos ou falta de qualidades para o fim a que contratualmente se destinava, no momento da conclusão do contrato, e se tais vícios (sejam de facto, sejam de direito) não são previsivelmente elimináveis, de forma a que o cumprimento pontual seja viável aquando do vencimento da obrigação, poder-se-á estar perante uma situação de impossibilidade originária parcial (qualitativamente). Se, então, o devedor omitir a obrigação de informar o respectivo credor do risco (ou da certeza) de tal parcial impossibilidade, este último poderá sofrer danos suplementares, relativamente aos advindos do incumprimento ou defeituoso cumprimento, consequentes, nomeadamente, do retardamente no conhecimento do incumprimento e na possibilidade de accionar os efeitos que legalmente a este último estão associados. Porque tais danos decorrem, não exactamente do incumprimento da obrigação contratual, mas do daquela obrigação pré-contratual, que era a de o devedor prevenir o credor dos riscos de impossibilidade, tais danos serão, eventualmente, ressarcíveis autonomamente com fundamento em responsabilidade *in contrahendo.* Deste problema me ocuparei mais de espaço de seguida [205], ao tratar dos problemas da responsabilidade pré-contratual quando há impossibilidade ou ilicitude do objecto negocial. Por ora, tratou-se apenas de chamar a atenção para o quadro de emergência do problema quando a coisa sofre de vícios que lhe diminuem o valor ou retiram a aptidão funcional para o fim contratual.

---

[205] Cfr. *infra,* alínea *c).*

Como se assinalou, o problema dos vícios ou defeitos da coisa tem um regime legal que apresenta especialidades quando ela é objecto de um contrato de compra e venda.

Na compra e venda, parece que, por força dos artigos 905.° e 913.°, o regime de tutela do comprador de bem onerado ou defeituoso estaria dependente da verificação de erro (simples ou qualificado por dolo) caracterizado nos termos em que ele constitui fundamento de anulação do contrato. A verdade é que, como explicou Baptista Machado, por um lado, se encontram nesse regime direitos atribuídos ao comprador (direito à reparação ou substituição da coisa, direito à redução do preço, direito de indemnização em caso de simples erro) «que não podem de forma alguma ter o seu fundamento no erro (da verificação de cujos pressupostos de relevância aliás não dependem, salvo o último)» [206]. Por outro lado, como o mesmo autor exaustivamente demonstrou, «em toda a medida em que as qualidades da coisa vendida devam considerar-se abrangidas pelo acordo, não se põe um problema de erro na formação do contrato», pelo que «lógica e dogmaticamente o problema da responsabilidade por defeitos da coisa vendida deveria qualificar-se como problema relativo à fase ou aspecto executivo do negócio, possivelmente até como problema de inadimplemento (parcial), conexo porventura com um problema de impossibilidade originária»; porém, como a vontade negocial se exprime «por meio da própria coisa designada», isto é, como é a coisa individual que «funciona como meio ou instrumento da declaração negocial — e, portanto, com um significado que transcende os limites da sua individualidade concreta», sempre que «a entidade do acordo é especificada pelas qualidades que competem às coisas do género da coisa individual designada [...] teremos, portanto, um erro na declaração» [207]. É, em primeiro lugar, pois, necessário separar um primeiro grupo de hipóteses, aquelas em que há erro, em sentido técnico-jurídico (qualificado por dolo ou não), ou seja, aquelas em que o comprador exprime uma vontade relativa ao dever-ser da coisa, às suas características e qualidades, que é diversa daquela que teria se não estivesse em erro quanto às qualidades de que a coisa carece para o fim que tem em vista (erro sobre os motivos). Um segundo grupo de casos

---

[206] *Acordo negocial e erro na venda de coisas defeituosas, in* «Boletim do Ministério da Justiça» n.° 215, pp. 8-9.

[207] *Acordo negocial e erro, op. e loc. cit., passim* e em especial pp. 17 a 29 e 46 a 68.

é constituído pelas situações em que, identificada correctamente a coisa no seu dever-ser, o comprador erra na expressão ou declaração dessa vontade, indicando dada coisa concreta como exemplar portador daquelas características e qualidades, que afinal se verifica não as ter: há erro na declaração que, também ele, pode ser simples ou qualificado por dolo do vendedor. Num terceiro grupo reentrarão, finalmente, as hipóteses em que, tendo o comprador formado correctamente a sua vontade negocial e tendo-a também exprimido adequadamente (a coisa específica foi identificada por indicação das qualidades da coisa pretendida e não através da referência a uma concreta coisa tomada como exemplar portador de tais qualidades), não há qualquer problema de erro, mas tão-só de incumprimento, ou de parcial (qualitativamente) ou defeituoso cumprimento.

Exceptuando o primeiro grupo de casos, em ambos os restantes, se coloca um problema de cumprimento inexacto. E, se entre eles um aspecto de diversidade se insinua — enquanto, no caso de a coisa que serviu de instrumento de declaração ser inadequada a essa função declaratória, por não ter, ela própria, as características que a coisa devida deve ter, o vendedor está, a um só tempo, obrigado a entregar coisa provida daquelas características e aquela coisa que foi identificada por se ter suposto que ela as reunia —, em ambos se encontram dois aspectos comuns: a coisa (ou o direito) vendida não é qualitativamente idónea para o fim a que se destinava, por sofrer de vícios ou carecer de qualidades, isto é, o contrato não pode considerar-se pontualmente cumprido; e, porque tal defeito ou vício é (ou pode ser) contemporâneo da celebração do contrato, verifica-se uma impossibilidade originária (qualitativamente parcial), que pode revestir os requisitos necessários para fundar a nulidade do negócio ou não. Aqui, como nos casos anteriormente mencionados, designadamente no da locação, pode, pois, colocar-se, de par e cumulativamente com um problema de responsabilidade contratual, uma questão de responsabilidade pré-contratual, de forma a proporcionar ao comprador lesado, não apenas o ressarcimento dos danos advindos do não cumprimento exacto, mas também o daqueles que adicionalmente sofreu por ter confiado razoavelmente na possibilidade de cumprimento, que veio a revelar-se inexistente.

Nas hipóteses em que os defeitos da coisa (ou da prestação), existentes à data da constituição da obrigação, e não comunicados pelo devedor ao respectivo credor, venham a fundar nulidade do negócio (por impossibilidade originária) ou a sua anulação (por erro ou dolo), a constituição do devedor em responsabilidade *in contrahendo* verifica-se

93

nos termos gerais em que, em qualquer dessas hipóteses, ela é susceptível de se constituir. E, como em todos esses casos ocorre, o incumprimento da obrigação pré-negocial de informação tanto pode relevar, para efeitos de constituição do contraente em responsabilidade civil, no caso de tais vícios virem efectivamente a fundamentar a invalidade do contrato, como naquele outro de o contrato celebrado ser ou dever ser tido como válido — por não estarem preenchidos os pressupostos da respectiva anulação, por não existirem ou por não se ter podido fazer a prova de todos os requisitos do erro que fundamenta a anulação, por se ter deixado esgotar o prazo para arguir a anulabilidade, por exemplo —, desde que estejam, concorrentemente, preenchidos os restantes pressupostos da responsabilidade civil.

Pode, finalmente, acontecer que, atenta a conformação do objecto negocial ao tempo da conclusão do contrato, o cumprimento tenha de se considerar como pontual, não obstante os vícios da prestação, caso em que só a responsabilidade *in contrahendo* poderá fornecer remédio ao contraente lesado.

A questão da relevância dos vícios da prestação em sede de responsabilidade *in contrahendo* pode também colocar-se a propósito de um contrato de prestação de serviços ou de outro de que emerja uma obrigação de *facere*. Se um sujeito assume a obrigação de realizar uma dada actividade ou tarefa para que não tem a necessária qualificação ou aptidão, prestando informações falsas sobre a sua experiência ou formação, pode o contrato concluir-se, vindo a ser ulteriormente deficientemente cumprido. Também nestas hipóteses, a insatisfação do credor, resultando da prestação defeituosa, é, em última análise, recondutível à falsa informação prestada na fase pré-contratual e que o determinou a uma celebração a que não teria dado o seu acordo, se conhecesse as qualificações da outra parte; e, também nestas hipóteses, ao dano resultante dos vícios da prestação executada acrescem (ou podem acrescer) os prejuízos derivados da falsa convicção da competência da contraparte e, designadamente, os do retardamento da obtenção de uma solução contratual satisfatória do seu interesse ou da perda de uma outra oportunidade contratual idónea para esse fim. Também, pois, nestes casos, pode haver lugar a uma responsabilidade pré-contratual, constituída de par com a responsabilidade contratual fundada no cumprimento do defeituoso [208].

---

[208] Sobre a colocação destes problemas na Alemanha, v. CLARA GONZÁLEZ, *La culpa in contrahendo, op. cit.*, pp. 178 a 182.

c) Impossibilidade ou ilicitude do objecto negocial.

Sendo o objecto do negócio afectado originariamente de uma causa de impossibilidade, física ou legal, entende generalizadamente a doutrina que deve o contraente, que a conhece ou pode conhecê-la, informar a contraparte desse facto, alertando-a para a consequente invalidade do negócio a concluir. E tal obrigação tanto existe nos casos em que a impossibilidade atinge a totalidade do objecto do negócio como naqueles em que ela o afecta apenas parcialmente, decorrendo, por exemplo, da proibição legal de certas cláusulas ou convenções, ou seja, verifica-se quer a consequente invalidade seja total, quer seja parcial.

O incumprimento da obrigação de informação referida é susceptível de fazer incorrer o inadimplente em responsabilidade *ex* artigo 227.º.

Quando, porém, a doutrina considera o problema do surgimento de responsabilidade *in contrahendo* em caso de impossibilidade originária do objecto negocial, tem ela apenas em vista a impossibilidade que, nos termos dos artigos 280.º e 401.º, provoca a nulidade do negócio, isto é, a impossibilidade objectiva. Esta última compreende, como se sabe, tanto as hipóteses em que, relevando a razão da impossibilidade de uma circunstância atinente à pessoa do contraente, *maxime* do devedor, tal circunstância não é característica privativa sua, antes é comum à generalidade dos sujeitos, pelo que a subjectividade do motivo se dilui no carácter objectivo que lhe advém de ser impossível a qualquer sujeito a realização desse objecto, em especial quando ele se consubstancia numa prestação debitória. E este regime de nulidade do negócio, por impossibilidade do respectivo objecto, deve ainda estender-se, em especial nos negócios jurídicos obrigacionais [209], às hipóteses em que, sendo o motivo da impossibilidade pertinente à pessoa do devedor,

---

[209] Mas não só: atente-se, por exemplo, na impossibilidade legal que resulta dos artigos 579.º e 876.º do Código Civil, que, sendo uma impossibilidade subjectiva, compromete irremediavelmente a eficácia jurídica do negócio proibido; o negócio pretendido e impossível é o concluído entre aqueles sujeitos e, sendo possível a sua válida conclusão entre sujeitos diversos, não é do mesmo negócio que se trata.

Em termos idênticos se configura a situação quando, sendo o contrato de alienação, o bem é alheio e o alienante oculta ao adquirente essa alienidade, comportando-se como se o bem fosse próprio dele. Estas últimas situações dispõem de regimes especiais, previstos nos artigos 892.º e segs., e 956.º, aplicáveis, respectivamente, à compra e venda e outros contratos onerosos com eficácia real (artigo 939.º), e ao contrato de doação.

este não possa — dada a natureza da obrigação ou em razão de convenção das partes nesse sentido — fazer-se substituir no cumprimento por terceiro: é que, aí, sendo embora a impossibilidade subjectiva, por o motivo que a determina apenas respeitar à pessoa do devedor, a realização do objecto negocial, em particular a realização da prestação debitória, não é possível por ninguém diverso do devedor, já que, não o sendo por este, também o não é por um terceiro *solvens,* por a isso se opor ou a natureza da obrigação ou a convenção das partes.

Em todos estes casos — aqueles a que a doutrina se reporta, em regra, quando se ocupa da responsabilidade pré-contratual neste domínio — estar-se-á perante a conclusão de um negócio inválido.

Factualmente próxima deles, como o evidencia a hipótese de impossibilidade originária subjectiva de prestação infungível, está uma outra situação: aquela em que, não sendo impossível a prestação, o devedor não dispõe originariamente de condições para vir a cumprir, não revelando ao credor tal inviabilidade, nem assumindo a obrigação sob condição (em sentido técnico) ou sob reserva de vir a criar a viabilidade da realização da prestação debitória. Neste caso, não se ocupa a maior parte da doutrina do eventual problema da responsabilidade *in contrahendo* do vendedor, antes tendendo para o reconduzir ao regime jurídico da impossibilidade de cumprimento (ou do definitivo incumprimento) superveniente, isto é, para o entendimento de que o devedor será (ou não) obrigado a indemnizar o respectivo credor dos danos derivados do não cumprimento, consoante tenha havido (ou não) culpa sua na criação da situação de impossibilidade ou no incumprimento [210].

Não é indiscutível a justeza de tal solução, antes se afigurando que ela não se mostra, muitas vezes, adequada à situação existente, e isto pelas seguintes razões: em primeiro lugar, se o devedor conhecia já no momento da constituição da obrigação a razão que iria subsequente-

---

[210] Cfr., sobre esta questão, K. LARENZ, *Lehrbuch des Schuldrechts,* I. Band, *op. cit.,* pp. 85 a 88. Adiante (p. 98), o autor afirma que, nos casos em que se chegou à celebração do contrato, a relação jurídica pré-negocial, os seus deveres e a eventual responsabilidade pelo respectivo incumprimento passa para o âmbito da relação contratual, mais abrangente. Esta opinião de Larenz tem, porém, de ser considerada, julga-se, no contexto da crítica da posição de Canaris, que o autor expõe a pp. 99-100: segundo Canaris, a válida conclusão do negócio não extingue os deveres pré-contratuais, que subsistem autonomamente ao lado dos deveres contratuais, não se integrando no conteúdo obrigacional do negócio, opinião que Larenz critica vivamente.

mente inviabilizar o seu cumprimento, ao ilícito obrigacional consubstanciado no inadimplemento contratual acresce um ilícito autónomo, este pré-contratual, que é a omissão de informação ao credor da probabilidade de tal inviabilidade, com a consequente criação neste da convicção de que o negócio concluído é um instrumento apto para a satisfação do seu interesse, isto é, de que está vocacionado para ser cumprido; este ilícito pré-negocial é, ele próprio, susceptível de gerar danos para o outro contraente, autónomos relativamente aos do incumprimento da obrigação contratual, e resultantes designadamente da demora na verificação do incumprimento e na decorrente possibilidade de accionar os efeitos jurídicos que lhe correspondem; finalmente, as razões que determinam, para o devedor, a inviabilidade do cumprimento podem não lhe ser imputáveis, caso em que, aplicando o regime da responsabilidade obrigacional ao inadimplemento da obrigação contratual, a consequência poderá ser a de, ilidida a presunção de culpa pelo devedor, este ficar exonerado da obrigação de indemnizar, solução que, não sendo justa de um ponto de vista material, também não se coaduna com o recorte jurídico da situação em que é identificável um ilícito pré-contratual culposo e danoso, esse desprovido de sanção indemnizatória.

Por tudo isto se afigura que, sabendo uma das partes de antemão que não vai ter condições para cumprir a obrigação que do contrato para·ela resulta, disso não informando a contraparte, deve tal omissão ser considerada constitutiva de responsabilidade *in contrahendo,* justificando uma obrigação indemnizatória autónoma, que será cumulada com a indemnização devida pelo não cumprimento contratual, desde que os danos dela resultantes não reentrem no círculo de prejuízos causalmente atribuíveis a tal não cumprimento [211].

O dever de comunicação de uma causa de impossibilidade é, por outro lado, extensivo àquela que não for originária, mas superveniente, para aquela das partes que a conhece ou deve conhecer na fase pré-contratual. Se essa parte for o devedor da obrigação que contratualmente se constitui, põe-se o problema essencialmente nos termos que acabaram de se expor para a inviabilidade do cumprimento. Se o facto impossibilitador do cumprimento, de cuja probabilidade uma das partes

---

[211] Não se tratará, pois, de uma cumulação de direitos de indemnização dos mesmos prejuízos, mas tão-só de proporcionar ao lesado uma reparação integral dos danos sofridos em consequência dos dois ilícitos.

tenha conhecimento, vier a incidir sobre a obrigação da contraparte, isto é, se for o credor a saber do motivo impossibilitador do cumprimento, a apreciação do seu comportamento pré-contratual omissivo da informação ao outro contraente pode conduzir à conclusão de que o seu direito de indemnização deve ser excluído, ou mesmo que sobre ele deve impender o encargo económico consequente do incumprimento contratual. A sanção do ilícito pré-contratual deverá então revestir a forma da exclusão do direito que ao credor caberia a ser indemnizado e/ou a repetir a sua própria prestação (se já a tivesse realizado) ou a não a realizar (se ainda o não tivesse feito), podendo a este regime acrescer, se tal se justificar — isto é, se o devedor cuja obrigação se impossibilitou estiver inocente e sofrer danos —, uma obrigação de indemnizar.

Do mesmo modo que quanto à impossibilidade originária, também se o objecto negocial for, total ou parcialmente, ilícito — isto é, se se consubstanciar num facto legalmente proibido — ,sobre a parte que conheça ou deva conhecer essa ilicitude impende a obrigação de dela prevenir o outro contraente. Sem discordar da existência desta obrigação pré-contratual de informação e aviso, creio, porém, que, mais do que isso, sobre a parte que conhece — ou deve conhecer — a impossibilidade ou ilicitude originárias recai a vinculação de se abster da emissão da proposta contratual do negócio ou da cláusula inválidos. Isto é — e com particular evidência no caso de ilicitude — a própria proposta contratual pode haver de ser considerada como expressão do exercício abusivo de um direito, quando se refira a um contrato cujo objecto a lei proíba, quer estatuindo a sua invalidade (impossibilidade legal), quer punindo a sua prática (ilicitude). Nestas hipóteses, será, pois, a própria proposta de contrato [212] um ilícito pré-contratual [213], constituindo-se o declarante em responsabilidade se verificada a cumulação dos respectivos pressupostos.

---

[212] Ou a sua aceitação, se a parte que tomou a iniciativa da celebração do negócio com aquele objecto nele figura na posição de aceitante da proposta alheia.

[213] Parece ser este também o entendimento de ALMEIDA COSTA, *Responsabilidade civil pela ruptura...*, *op. cit.*, p. 32, quando alude ao dever «de se abster de propostas de contratos nulos por impossibilidade do objecto»; *id.*, *Direito das Obrigações*, *op. cit.*, pp. 224-225.

d) Erro-vício — erro de facto[214].

Qualquer erro de facto cometido por um dos contraentes — se apercebido ou susceptível de o ser pela contraparte — impõe a esta o dever do seu esclarecimento [215, 216]. Não está em causa exigir para a relevância do erro, em sede de responsabilidade pré-contratual, a recognoscibilidade da sua essencialidade, nos termos em que os artigos 247.º (por remissão do 251.º) e 252.º, n.º 1, do Código Civil, a exigem para que o erro seja fundamento de procedente pedido de anulação. O dever de esclarecimento existe desde que, independentemente do conhecimento ou cognoscibilidade da sua essencialidade, haja ou possa haver, com a diligência exigível, conhecimento do erro[217]. Isto é, desde que seja perceptível para uma das partes, usando da comum diligência, que a outra formou a sua vontade contratual com base num pressuposto erróneo — e independentemente do carácter essencial do elemento ou do motivo sobre que o erro incidiu, e menos ainda da recognoscibilidade de tal essencialidade, quando ela se verifica — tem essa parte o dever de alertar o errante, esclarecendo a situação. Não se exigindo, para a constituição desta obrigação *in contrahendo,* que o obrigado conheça ou não deva ignorar o carácter essencial do elemento sobre que o erro incide, nem sequer tal essencialidade, bem se compreende que a res-

---

[214] Analisar-se-á separadamente do erro o dolo, mas importa ter presente que, se nem todos os casos de não esclarecimento do erro constitutivos de responsabilidade *in contrahendo* se podem reconduzir ao dolo, a maior parte deles consubstanciarão dolo, ao menos omissivo.

[215] Está-se aqui a tratar da situação que tipicamente caracteriza o dolo omissivo (ou a má fé, na designação de alguns autores, designação que era também a do nosso anterior Código Civil).

[216] Afirmando que a contraparte tem, não apenas o ónus de descobrir o erro, como o dever, decorrente da boa fé, de o dissipar, EMILIO BETTI (*Teoria general de las Obligaciones,* tomo I, *op. cit.,* p. 93) entende que a sanção do incumprimento deste dever «consiste na possibilidade dada à contraparte de exigir a anulação do contrato». JACQUES GHESTIN, *La notion d'erreur..., op. cit.,* pp. 124 a 126 e 132, referindo esta orientação, observa que não há razão para recusar o direito à indemnização em todos os casos em que a anulação não suprima todos os danos, assinalando que a jurisprudência francesa nesta matéria, sendo flutuante, propende para a recusa da atribuição da indemnização. V. também VINCENZO CUFFARO, *La responsabilità precontrattuale, op. e loc. cit.,* p. 1271.

[217] E isto mesmo que o não esclarecimento não consubstancie dolo, tal como ele é caracterizado pelo n.º 1 do artigo 253.º, Código Civil. Sobre o âmbito do *dolus bonus* em sede de responsabilidade pré-negocial, v. *infra,* alínea g).

ponsabilidade fundada neste ilícito pré-contratual não se restrinja às hipóteses em que o negócio venha a ser anulado com fundamento no erro [218].

Em conclusão: o não esclarecimento do erro apercebido (ou perceptível com a diligência do *bonus pater familias*) pode constituir o declaratário em responsabilidade *in contrahendo* tanto no caso de o erro ser essencial como no de ele ser incidental. Quando esteja em causa erro deste último tipo, a melhor solução será a de o *errans* poder obter a modificação dos termos negociais, pois ela corresponderá à reparação *in natura* dos danos [219].

No domínio do erro de facto, importa assinalar que sobre cada um dos contraentes impende o dever de actuação diligente, por forma a evitar o surgimento de qualquer erro próprio, susceptível de viciar a

---

[218] No sentido de que a responsabilidade *in contrahendo* não depende da relevância do erro para efeitos de anulação do negócio, RENATO SCOGNA-MIGLIO, *Contratti in generale, op. cit.,* p. 49: este autor refere-se à hipótese (diferente) de o declaratário conhecer o erro que não é, porém, objectivamente reconhecível; neste caso, entendendo que não há há direito à anulação («perante a clara letra da norma citada [artigo 1431.º do Código Civil italiano], e considerando que de outro modo a eventual maior diligência da contraparte a prejudicaria»), Scognamiglio afirma a existência de *culpa in contrahendo* se o declaratário não advertiu o declarante do erro.

Igualmente dizendo que a responsabilidade não depende da anulação do contrato, ALEX WEILL e FRANÇOIS TERRE, *Droit Civil. Obligations, op. cit.,* p. 207; A. VON TUHR, *Tratado de las Obligaciones,* tomo I, *op. cit.,* pp. 225-226.

V. também CLARA GONZÁLEZ, *La culpa in contrahendo, op. cit., p.* 167.

[219] MOTA PINTO, *Notas sobre alguns temas..., op. cit.,* p. 138, defende, em princípio, idêntica solução, mas com diversa fundamentação, dizendo: «Neste sentido pode invocar-se o argumento de analogia, a partir do artigo 911.º (redução do preço na compra de bens onerados)». Acrescenta, no entanto, o autor que «deverá, porém, ter lugar a anulabilidade quando se não possa ajuizar desses termos com segurança, ou, pelo menos, com bastante probabilidade e, ainda, se a outra parte os teria acolhido». Contra o argumento de analogia, utilizado por Mota Pinto a partir do artigo 911.º, se pronuncia BAPTISTA MACHADO, *Acordo negocial e erro..., op. e loc. cit.,* p. 85, porque, como o autor demonstra no texto citado, «o artigo 911.º cura [...] de decidir a hipótese a que talvez possamos chamar de inexecução parcial (conexa de algum modo com uma impossibilidade originária parcial) e não — isso de modo algum — de resolver um problema de impugnação do contrato com fundamento em erro».

formação da respectiva vontade negocial [220]. A verificação da omissão da diligência exigível na constituição do sujeito em erro terá como consequência a atenuação ou exclusão da responsabilidade da contraparte, nos termos do artigo 570.º, se o errante for o lesado, ou fundará responsabilidade própria do *errans*, se, com fundamento no erro cometido, vier ele a obter a anulação do negócio, assim causando prejuízos ao outro contraente[221]. Será admissível mesmo, nesta última hipótese, entender que a responsabilidade do *errans* se poderá traduzir na exclusão do direito a obter a anulação do negócio [222], constituindo tal exclusão a sanção do ilícito pré-contratual, ou seja, uma espécie de indemnização específica (preventiva) do lesado [223]. Parte da doutrina [224] interpretava

---

[220] A questão da responsabilidade pré-negocial em caso de erro era tradicionalmente analisada na exclusiva perspectiva do *errans*, isto é, considerava-se apenas a hipótese de este vir a ser obrigado a indemnizar a contraparte pelos danos decorrentes para ela da invalidade do negócio.

[221] JACQUES GHESTIN, *La notion d'erreur...*, *op. cit.*, p. 133, escreve que «a responsabilidade do requerente da anulação, quando o seu erro foi a consequência da sua própria culpa (*faute*), foi afirmada por uma jurisprudência quase unânime».

[222] Neste sentido, ALEX WEILL e FRANÇOIS TERRE, *Droit Civil. Obligations*, *op. cit.*, p. 203; P. LEGRAND JR., *Pre-contractual Relations in Quebec Law...*, *op. cit.*, p. 19; v. também JACQUES GHESTIN, *La notion d'erreur...*, *op. cit.*, pp. 159 a 166, que, depois de escrever que, em caso de erro indesculpável, «a reparação mais adequada do dano pode consistir mais simplesmente na manutenção do contrato», analisa a questão de saber se pode falar-se aqui com propriedade em responsabilidade e consequente reparação, e termina concluindo que esta solução «constitui, em definitivo, uma aplicação particular do princípio da boa fé que domina toda a matéria».

[223] Sobre esta forma reparatória, v. *infra*, n.º 7.2.

[224] I. GALVÃO TELLES, *Manual dos Contratos em geral*, *op. cit.*, pp. 78 e 90, nota 1; PAULO CUNHA, *cit. apud* CASTRO MENDES, *Teoria geral do direito civil*, vol. II, *op. cit*, p. 87; BELEZA DOS SANTOS, *Simulação*, I, pp. 55-56, e CABRAL DE MONCADA, *Lições de direito civil*, 2.º vol., p. 291 e nota 1, citados *apud* A. FERRER CORREIA, *Erro e Interpretação...*, *op. cit.*, p. 299, nota 2, e *apud* MANUEL DE ANDRADE, *Teoria Geral da Relação Jurídica*, vol, II, *op. cit.*, p. 240, discordando este último autor de tal interpretação, por entender que o erro referido naquele artigo 695.º era o dolo, «pretendendo a lei significar apenas que ele não pode ser invocado pela parte que foi autor ou cúmplice nas manobras fraudulentas que o caracterizam». MOTA PINTO, *Notas sobre alguns temas...*, *op. cit.*, pp. 139 a 141, analisando o problema face ao novo Código, afirma que «se deve reputar consagrada a solução, segundo a qual tal requisito [desculpabilidade ou escusabilidade do erro] é indispensável,

o artigo 695.º do Código Civil de 1867 — que dispunha que «nenhum contraente pode socorrer-se à nulidade, resultante da incapacidade do outro contraente, nem alegar erro ou coacção para que haja contribuido» — no sentido de ver nele a exclusão da invocabilidade do erro culposo para obter a declaração de invalidade do negócio.

Não pretendendo afirmar-se que se tenha por certo que a verificação da natureza culposa do erro baste para afastar o direito do *errans* a obter a anulação do negócio, está apenas a observar-se que, sendo o erro culposo e a anulação causadora de danos à outra parte, a exclusão do direito à anulação se configura então como a forma reparatória *in natura* dos danos, mais adequada, porque preventiva da sua ocorrência [225]. Será, no entanto, de ponderar a restrição de tal solução às

---

que é, aliás a melhor 'de jure condendo'». J. CASTRO MENDES, *Teoria geral...*, vol. II, *op. cit.*, p. 92, depois de ponderar que a imposição ao declarante, «através da exigência da desculpabilidade do erro», de «um ónus de diligente esclarecimento» representaria «*de jure condendo* a melhor solução de direito», reconhece que a lei não fornece apoio para o requisito da desculpabilidade do erro, pelo que conclui que o direito à anulação existe sempre, quer haja ou não culpa do declarante, consistindo, nesta última hipótese, a protecção da outra parte no direito à indemnização *ex* artigo 227.º.

[225] Como observa FERRER CORREIA, *Erro e Interpretação...*, *op. cit.*, p. 298, a defensabilidade desta posição está intimamente ligada à solução que se dê ao problema da natureza dos danos reparáveis no quadro da responsabilidade pré-negocial: sejam eles os positivos e o afastamento do direito a obter a anulação é obviamente a melhor solução; já para quem entenda que tais danos são os negativos, fará então sentido que se permita a anulação do negócio, com a constituição do *errans* em responsabilidade face à contraparte.

MOTA PINTO, *Notas sobre alguns temas...*, *op. cit.*, p. 141, propõe a seguinte solução: na hipótese de o declaratário ignorar e nem sequer dever ter suspeitado da existência do erro do declarante, «quando [...] a aplicação do artigo 247.º lese clamorosamente os interesses do declaratário, pode obstar-se à anulação, por força da cláusula geral do abuso do direito (artigo 334.º); quando se não at njam esses extremos e, consequentemente, o negócio possa ser anulado, não obstante a falta de culpa do declaratário na formação da sua confiança, haverá lugar à obrigação de indemnizar o interesse negativo». J. BAPTISTA MACHADO, *Acordo negocial e erro...*, *op. e loc. cit.*, p. 81, afirma que «no nosso sistema jurídico não se impõe ao errante o dever de indemnizar o dano da confiança a que se refere o § 122.º do *BGB*», mas talvez não deva a afirmação, produzida marginalmente no contexto da análise de um problema diverso, ser tomada como uma verdadeira tomada de posição sobre a questão. Aliás, a obrigação indemnizatória nunca poderia, no nosso direito, apresentar a configuração que reveste no § 122.º do *BGB*, pois, como se sabe, ela aí não só tem como objecto apenas o dano negativo, como está limitada pelo valor do dano positivo, e ainda, e sobre-

hipóteses de erro grave ou grosseiro do declarante, dado, por um lado, o carácter agravado da sua responsabilidade que, dispensando a prova dos requisitos da indemnização em espécie, enunciados no n.º 1 do artigo 566.º, pode apresentar-se como muito onerosa para o declarante, e, por outro, que o requisito da recognoscibilidade do elemento sobre que incidiu o erro representa já, de alguma forma, um meio de tutela do declaratário [226, 227].

A verificação de culpa de ambas as partes — uma delas incorreu, por negligência, em erro, dele se apercebendo e não o dissipando a contraparte, ou o erro foi bilateral e resultante para cada um dos sujeitos de falta de cuidado, por exemplo —, não excluindo liminarmente a obrigação indemnizatória para qualquer delas, impõe que, dependentemente de quem alegue e prove danos, seja apreciada a culpa de uma delas enquanto lesante e da outra enquanto lesada, nos termos gerais [228].

Uma hipótese particular de erro tem lugar quando ele se refere à natureza do contrato concluído entre as partes [229]: «um retalhista

---

tudo, prescinde de culpa do declarante, o que, como adiante melhor se verá, não pode acontecer no nosso regime geral da responsabilidade *in contrahendo*. Sobre estas questões, v. *infra*, n.º 6.2. e n.º 6.3.

[226] No sentido da restrição desta solução aos casos de erro indesculpável, por exemplo, JACQUES GHESTIN, *La notion d'erreur...*, *op. cit.*, pp. 159 a 166.

[227] Se a nossa lei exigisse a recognoscibilidade do erro como requisito da sua relevânc'a anulatória, seria por certo injustificado admitir uma forma reparatória tão gravosa para o lesante como a da manutenção do negócio, devendo então a indemnização limitar-se à pecuniária, com consideração do disposto no artigo 570.º, mas, não constituindo essa recognoscibilidade qualidade do erro relevante como fundamento anulatório, tem cabimento a consideração desta modalidade de reparação.

[228] A. VON TUHR, *Tratado de las Obligations*, tomo I, *op. cit.*, p. 212 e nota 2, pronuncia-se no sentido da exclusão da responsabilidade do declarante em erro quando haja culpa do declaratário, afirmando que, «quando a negligência afecte ambas as partes, deverá suportar o dano a parte que recebe a declaração». Esta é, como se sabe, a posição tradicional, consagrada, aliás, no § 122.º do *BGB*.

[229] O chamado *error negotii* ou *circa indolem negotii*. Este erro é abrangido pela previsão do artigo 251.º, segundo MOTA PINTO, *Notas sobre alguns temas...*, *op. cit.*, p. 146.

CASTRO MENDES, *Teoria geral...*, vol. II, *op. cit.*, p. 108, usa a qualificação de *error in negotio* ou de *error circa indolem et naturam* para o erro de direito acerca dos efeitos jurídicos do negócio, dando o seguinte exemplo: «*D* doa *y* a *E* supondo que a doação não transfere irrevogavelmente (em princípio) a propriedade de *y*, mas é sempre livremente revogável pelo doador».

Não é esta última hipótese aquela a que se faz referência no texto.

julga receber em depósito um lote de mercadorias que pretendem vender-lhe, um artista supõe dar apenas autorização para reproduzirem a sua fotografia, é entendido que ele encomendou a fotografia» [230]. Sempre que, em situações destas, o equívoco seja devido a culpa de uma das partes, haverá responsabilidade *in contrahendo,* opinando René Demogue que a reparação pode «aliás consistir se necessário na execução do contrato no qual a contraparte confiou contra aquele que cometeu o erro culposo» [231].

O mesmo género de erro se verifica quando ele respeita, não ao tipo contratual, mas à natureza, gratuita ou onerosa, do contrato: nestes casos, entende René Demogue que, tendo o contrato sido celebrado com um profissional, na sua específica área de actividade, a convicção da contraparte da natureza gratuita do negócio se deve, em princípio, a culpa sua, por não se ter informado como era necessário, pelo que a remuneração será devida» [232].

e) Erro vício — erro de direito [233].

Quando o erro seja de direito [234], o entendimento tradicional [235] é o de que ele tem de ser considerado sempre culposo, pelo que, não

---

[230] Exemplos de RENE DEMOGUE, *Traité des Obligations, op. cit.,* p. 251.

[231] · *Ibid.*

[232] *Op.* e *loc. cit.,* pp. 251-252, e decisões jurisprudenciais citadas nas notas 1 a 3.

[233] Neste ponto se consideram as hipóteses que, no essencial, a doutrina qualifica como de erro impróprio, muito embora também aqui se incluam casos do chamado erro próprio; como observa MOTA PINTO, *Notas sobre alguns temas..., op. cit.,* pp. 138-139, nota 75, «já será um erro próprio, a integrar na hipótese do artigo 251.° (erro sobre as qualidades da pessoa do declaratário), o desconhecimento da incapacidade do outro contraente. Nesta hipótese, o erro versa sobre uma circunstância — incapaciade do declaratário — que não é, *para o errante,* um fundamento de anulação, visto que a incapacidade só pode ser invocada pelo incapaz ou pelos seus representantes. O errante poderá, portanto, anular o negócio *com fundamento em erro,* uma vez verificados os restantes requisitos gerais (essencialidade) e especiais de relevância. O erro sobre a capacidade só será impróprio, quando incidir sobre a capacidade do próprio errante». No mesmo sentido, J. CASTRO MENDES, *Teoria geral...,* vol. II, *op. cit.,* p. 90.

É porque a constituição da responsabilidade *in contrahendo* não depende da invalidade ou ineficácia do negócio, nem da respectiva causa, que pode tratar-se,

104

havendo direito à anulação do negócio com fundamento nele [236], não se colocaria qualquer problema de responsabilidade pré-contratual do errante, também esse problema não podendo surgir por omissão do seu esclarecimento pela contraparte [237]. E isto com fundamento em que, tendo cada uma das partes o dever de conhecer as normas jurídicas, não seria admissível a nenhuma delas, se lesada em consequência de erro de direito alheio, invocar um direito indemnizatório, pois não poderia beneficiar de uma tutela da boa fé face a um erro que devia ter apercebido; por outro lado, também não caberia a nenhum dos contraentes o dever de esclarecer o erro de direito da contraparte, pois que, relevando o erro de direito sempre da existência de culpa, não poderia nunca o *errans* beneficiar de tutela face a um erro que não devia ter cometido.

Esta ideia resulta de uma «concepção imperativista do direito, que é constrangida a superar a insanável contradição entre a irrelevância da 'ignorantia iuris' e o carácter preceptivo das normas, configurando a existência de um dever de conhecimento delas a cargo dos destinatários e, por consequência, considerando a sua ignorância sempre indes-

---

neste quadro, conjuntamente o problema do erro de direito próprio e impróprio, isto é, que constitua motivo específico de invalidade ou não.

Sobre o critério da distinção entre erro de facto e erro de direito, v. CASTRO MENDES, *Teoria geral...*, vol. II, *op. cit.*, pp. 107-108.

[234] Consubstanciando-se no desconhecimento ou errada convicção da existência, interpretação ou aplicação de um regime jurídico.

[235] Esta concepção encontra-se expressa em POTHIER, *Traité de procès civil*, tomo IV, p. 175, *cit. apud* JACQUES GHESTIN, *La notion d'erreur...*, *op. cit.*, p. 146, nota 130. Este último autor sublinha (p. 147) que, pelo menos até aos anos cinquenta, se encontra uma formulação mais moderada, nos termos da qual «o erro de direito não pode viciar o contrato quando é grosseiro».

[236] Pelo que respeita ao regime anulatório, «hoje, a lei civil sujeita ao mesmo regime erro de direito e erro de facto, e não faz uso da respectiva distinção» (CASTRO MENDES, *Teoria geral...*, vol. II, *op. cit.*, p. 109). JACQUES GHESTIN, *La notion d'erreur...*, *op. cit.*, p. 147, diz que «é unanimemente admitido hoje que o erro de direito justifica, da mesma maneira que o erro de facto, a anulação do contrato».

[237] V. referência a esta orientação em FRANCESCO BENATTI, *A responsabilidade pré-contratual*, *op. cit.*, p. 75 e nota 55. VINCENZO CUFFARO, *Responsabilità precontrattuale*, *op. e loc. cit.*, p. 1271, refere, também criticamente, «a difundida estatuição jurisprudencial que peremptoriamente exclui a invocabilidade do disposto no artigo 1338.° do c. c. quando a invalidade do contrato seja consequência da violação de normas imperativas».

culpável» [238]. Este entendimento tem sido questionado, prevalecendo hoje o de que a ignorância da lei não pode ser considerada automaticamente culposa: o princípio da irrelevância da *ignorantia iuris* apenas significa que as normas legais são aplicáveis aos sujeitos jurídicos independentemente do seu conhecimento ou desconhecimento do respectivo conteúdo [239]. Não podendo afirmar-se que a ignorância da lei ou o erro de direito implicam ou sequer indiciam inequívoca culpa do sujeito, também não se julga haver razão para acompanhar a Procuradoria-Geral da República, quando afirma [240] que «é de exigir uma especial severidade de critérios na avaliação da atitude da contraparte quando o vício resulte da violação de normas de acção impostas pela lei». Não se vê, na verdade, razão para qualquer *especial severidade:* trata-se da apreciação da diligência de um sujeito jurídico integrado numa determinada comunidade quanto às normas que compõem o sistema jurídico dela; tal diligência há-de ser apreciada, como sempre, segundo o critério geral do artigo 487.°, n.° 2, isto é, pelo confronto da conduta do agente com aquela que teria o bom pai de família que dispusesse de idênticas qualificações culturais e profissionais e que se encontrasse em situação semelhante à do agente [241]. Relevante é, pois, e como sempre que de apreciação de culpa se trate, o apuramento da condição do sujeito. Se este, em razão das suas qualificações, da sua cultura, da situação em que se encontrava, das circunstâncias relevantes para apreciação da sua conduta, em suma, pudesse ter apercebido e, assim, evitado o erro, com o uso da diligência exigível, tal erro deve considerar-se culposo [242];

---

[238] FRANCESCO BENATTI, *A responsabilidade pré-contratual, op. cit.,* p. 75.

[239] Neste sentido e no de que, consequentemente, o erro de direito pode relevar nas relações entre as partes num contrato, MANUEL DE ANDRADE, *Teoria Geral da Relação Jurídica,* vol. II, *op. cit.,* p. 243; I. GALVÃO TELLES, *Manual dos Contratos em geral, op. cit.,* pp. 81 e 91-92; ALEX WEILL e FRANÇOIS TERRE, *Droit Civil. Obligations, op. cit.,* p. 205; G. STOLFI, *Il principio di buona fede, op. e loc. cit.,* pp. 173-174.

[240] Parecer, *op. e loc. cit.,* pp. 21-22.

[241] O excesso de expressão do citado Parecer é, aliás, prontamente atenuado pela afirmação de que a avaliação do conhecimento pela contraparte da imposição legal — no caso, a obrigatoriedade do visto do Tribunal de Contas — «só pode logicamente fazer-se, em definitivo, em imediação com os factos».

[242] JACQUES GHESTIN, *La notion d'erreur..., op. cit.,* p. 157, chamando a atenção para a necessidade de «tomar em conta a idade, a profissão e a experiência da vítima do erro», conclui que «a culpa (*faute*) da vítima do erro é apreciada de maneira concreta».

por outro lado, estando em causa o problema de saber se entre as partes no negócio algum dever de informação ou esclarecimento existia, decisivo é o conhecimento da situação própria de cada um para conhecer a situação relativa de ambos. O erro de direito pode, pois, fundar responsabilidade pré-contratual, sempre que, dada a condição recíproca dos contraentes, haja de se entender que sobre um deles impendia o dever de evitar o erro ou de avisar a contraparte da necessidade de observar dada conduta ou de preencher certo requisito, imposto legalmente[243].

Este é um domínio em que a condição das partes é aspecto que reveste decisiva importância, pois a existência do dever de conhecimento do direito e da obrigação de informação e esclarecimento da outra parte depende em grande medida da verificação de que um dos contraentes — pela sua natureza profissional, experiência negocial ou preparação cultural — está particularmente habilitado tecnicamente quanto ao contrato em causa, enquanto o outro — por carência daquelas qualidades — se encontra especialmente exposto a cometer erros por desconhecimento do direito[244].

O erro de direito pode, portanto, fundar responsabilidade *in contrahendo* daquele que o cometeu, quando se apure que foi culposo, como da contraparte, quando haja de concluir-se que esta, tendo-se dele apercebido ou podendo aperceber-se, dele não preveniu o errante.

f) Erro obstáculo ou erro na declaração.

Também este erro pode fundar responsabilidade quer daquele que o cometeu[245, 246] — por desleixo ou descuido — como da contra-

---

[243] Exemplo particularmente frequente de existência — e inobservância — desta obrigação de suprir a *ignorantia iuris* ou de esclarecer o erro de direito da outra parte encontra-se em matéria de forma de um contrato-promessa: quando um dos contraentes, experiente nesse tipo de contratos, não avisa o outro da necessidade de subscrever o documento formalizador do contrato ou de proceder ao reconhecimento presencial da sua assinatura nos termos do artigo 410.º, n.º 3, entende-se generalizadamente que a sua conduta consubstancia incumprimento de uma obrigação pré-contratual.

[244] Diversa e mais restritiva das condições de emergência deste último dever parece ser a opinião de DIETER MEDICUS, *Culpa in contrahendo, op. e loc. cit.,* pp. 584 a 586, que exige um específico «dever de assistência» de uma das partes relativamente à outra para que se possa admitir um dever de informação.

[245] A. VON TUHR, *Tratado de las Obligaciones,* tomo I, *op. cit.,* p. 212, afirma que, havendo erro na declaração, «quase sempre há negligência». CASTRO

parte, se esta dele se apercebeu e não o deu a conhecer àquele que nele incorreu.

Se o ilícito pré-contratual for o do errante, que culposamente tenha cometido o erro declarativo, a forma privilegiada da respectiva sanção

---

MENDES, *Teoria geral...,* vol. II, *op. cit.,* p. 181, diz que «pode-se falar no *ónus de adequação da declaração à vontade»* e «em certa medida mesmo no dever, a que serve de sanção especialmente o artigo 227.°». V. também KARL LARENZ, *Lehrbuch des Schuldrechts,* I. Band, *op. cit.,* p. 93.

O erro na declaração pode também ser cometido pelo declaratário: assim acontece quando, tendo a declaração sido bem formulada, o seu destinatário a interpreta mal: neste caso, de acordo com as regras do artigo 236.°, a consequência será tipicamente a de a declaração valer com o sentido que o declarante lhe atribuía, desde que esse seja o sentido que um declaratário normal, colocado na posição do declaratário real, pudesse deduzir: ou seja, se a errada interpretação da declaração provier de culpa do declaratário, a boa fé *in contrahendo* terá tipicamente como consequência a interpretação da declaração conformemente com a vontade do declarante, sendo irrelevante a interpretação errónea do destinatário. V. I. GALVÃO TELLES, *Manual dos Contratos em geral, op. cit.,* pp. 185-186.

[246] Esta responsabilidade *in contrahendo* foi inicialmente reconhecida pelos defensores da teoria da vontade, que tinha expressão na nulidade da declaração desconforme com a vontade do seu autor, como forma de limitar ou atenuar a injustiça consequente, para o declaratário, de tal invalidade. Cfr. A. FERRER CORREIA, *Erro e Interpretação..., op. cit.,* pp. 54-55. Pronunciando-se o autor contra a chamada teoria da vontade, entende que, nos casos em que o contraente em erro obtenha a anulação do negócio com fundamento nele, responda pré-contratualmente face à contraparte (*op, cit.,* p. 57 e nota 2). I. GALVÃO TELLES, *Manual dos Contratos em geral, op. cit.,* pp. 145 a 148, expõe as várias posições, acolhendo a doutrina da responsabilidade, «numa formulação correcta», segundo a qual não deve admitir-se que invoque a invalidade de um acto quem a causou culposamente, pois, nesse caso, «a ordem jurídica desinteressa-se da vontade divergente da declaração, só a esta atende, e vincula o indivíduo à palavra dada».

CASTRO MENDES, *Teoria geral do direito civil,* vol. II, *op. cit.,* p. 178, tomando posição sobre o papel da declaração e da vontade no negócio jurídico, inclina-se também para o acolhimento da chamada teoria da responsabilidade, escrevendo o seguinte: «Mas se a situação for tal que a divergência entre a vontade real e a vontade declarada seja imputável ao declarante, então a lei trata esta situação em termos de responsabilidade, isto é, procurando estabelecer aquela situação que se verificaria se a divergência entre vontade e declaração não houvesse existido (cfr. artigo 562.° do Código Civil). Ora, é fácil estabelecer tal situação, *é dar o negócio como válido.* Na verdade, é regra no nosso direito que a indemnização só deve ser fixada em dinheiro quando a reconstituição natural ou 'in natura' não seja possível, não repare integralmente os danos ou seja excessivamente onerosa para o devedor (artigo 566.°, n.° 1). Ora, em caso de divergência responsabilizante, é possível a reparação natural ou 'in natura': é a validade do contrato».

será a irrelevância jurídica da divergência, valendo o negócio com o conteúdo que resultou da declaração. Só nos casos em que, por ter sido ligeira a culpa do declarante e muito gravosa para ele a manutenção do negócio nos termos erroneamente declarados [247] seja admitida a anulação do negócio, surgirá, em regra, uma obrigação indemnizatória em dinheiro para o declarante *errans* face ao declaratário.

Tem, a este propósito, interesse ter em consideração o artigo 11.º do já citado Decreto-Lei n.º 446/85, que enuncia, em matéria de interpretação das cláusulas ambíguas, uma regra de protecção do aderente, cujo sentido é o de lhe evitar prejuízos decorrentes de uma ilegítima conduta pré-contratual do predisponente, consubstanciada na formulação pouco clara de cláusulas contratuais.

Depois de, no seu n.º 1, estabelecer, em conformidade com a regra geral do artigo 236.º, n.º 1, do Código Civil, que «as cláusulas contratuais gerais ambíguas têm o sentido que lhes daria o contratante indeterminado normal que se limitasse a subscrevê-las ou a aceitá-las, quando colocado na posição do aderente real», enuncia, no n.º 2, o princípio *contra proferentem,* isto é, determina que, «na dúvida, prevalece o sentido mais favorável ao aderente» [248].

Muito embora esta regra tenha o seu âmbito de aplicabilidade restrito aos contratos que, de acordo com os artigos 1.º e 2.º do Decreto-Lei n.º 446/85, são celebrados com base em cláusulas contratuais gerais, pensa-se que a correcta aplicação do princípio da boa fé imporá, em todos os casos em que a ambiguidade do negócio, ou de uma sua cláusula, resulte de uma conduta pré-contratual deliberada ou culposamente vocacionada para evitar que o outro contraente se aperceba claramente do sentido das cláusulas contratuais ou para a que ele as interprete erroneamente, vindo a ser posteriormente surpreendido por um sentido

---

[247] Ou naqueles em que o negócio revista configuração diversa da que seria pretendida pelo declaratário, se tivesse conhecido o erro do declarante, pois, também nessa hipótese, a subsistência do negócio tal como foi celebrado não remove todos os prejuízos emergentes do erro.

[248] Como observam M. J. ALMEIDA COSTA e A. MENEZES CORDEIRO, *Cláusulas contratuais gerais, Anotação ao Decreto-Lei n.º 446/85, de 25 de Outubro,* Coimbra, 1986, p. 32, «pesam, de novo, as responsabilidades próprias daquele que se prevalece de cláusulas contratuais gerais, adstrito a deveres de clareza, agora reforçados pelo princípio da boa fé, que, segundo a doutrina moderna, dispensa uma protecção especial ao contraente fraco ou em posição desfavorecida».

que o prejudique, que a interpretação de tais cláusulas seja operada em detrimento do contraente que praticou o ilícito pré-contratual[249,250].

Já quanto à responsabilidade em que pode incorrer o declaratário, tem, desde logo, de se considerar a hipótese de ter sido sua a conduta causalmente explicativa do erro: isto é, o erro obstativo pode, tal como o erro-vício, resultar de dolo do declaratário. Esta situação terá privilegiadas condições de surgimento naqueles casos, já assinalados, em que a declaração se socorre da identificação de uma coisa, coisa que é, a um tempo, porque tomada como exemplar (ou amostra) do bem que se identifica, meio declarativo da vontade e objecto do contrato. É que, em tais casos, a convicção de que aquela concreta coisa é dotada das qualidades e propriedades que a tornam idónea para o fim contratual da parte, isto é, a convicção de que a declaração que dela se serve para identificar o bem pretendido é correcta pode ter sido criada ou mantida[251] no declarante culposa ou dolosamente pelo declaratário. Isto é, sempre que, com dolo ou mera culpa, o declaratário tenha omitido o dever de alertar o *errans* para o erro cometido, e de que se apercebeu (ou deveria ter-se apercebido se usasse a diligência exigível), ele constitui-se em responsabilidade face ao declarante — se estiverem presentes todos restantes pressupostos dela — responsabilidade que, também ela, não supõe os requisitos do artigo 247.º do Código Civil, isto é, é independente tanto da essencialidade «do elemento sobre que incidiu o erro» quanto, e sobretudo, de recognoscibilidade dessa essencialidade. Por isso que, mais uma vez aqui, a verificação da responsabilidade *in contrahendo,* não dependendo dos requisitos da anulabilidade, por maioria de razão, não dependa da anulação do negócio com fundamento

---

[249] O artigo 1366.º do Código Civil italiano contém um princípio geral de interpretação do contrato segundo a boa fé, que, permitindo, se correctamente util'zado, obter os resultados que são previstos pelo nosso artigo 237.º, autoriza ou, melhor, impõe a interpretação *contra stipulatorem,* sempre que as condições da conclusão do negócio e, designadamente, a condição relativa das partes a mostrarem adequada a salvaguardar a tutela da boa fé do contraente débil.

[250] Tratar-se-á de uma espécie de indemnização em espécie, pois corresponde o princípio *contra proferentem* à eliminação *in natura* do dano decorrente da ambiguidade da cláusula ou, melhor, do seu sentido desfavorável.

[251] Podendo o dolo ser comissivo ou omissivo e, nesta última hipótese, podendo ter tido o declaratário cònsciência do erro do declarante ou ter, apenas negligentemente, omitido informações relativas à coisa, que a boa fé lhe impunha que prestasse.

em erro obstativo. Observe-se, porém, que, não dependendo o ilícito da falta de esclarecimento do erro do conhecimento ou cognoscibilidade da essencialidade do elemento sobre que o erro incide, ele não prescinde do conhecimento ou cognoscibilidade do erro: se o declaratário não sabia nem devia saber que o declarante laborava em erro, não tinha, evidentemente, obrigação de o alertar para ele [252].

Tendo o erro resultado da conduta de um terceiro, encarregado de transmitir a declaração, haverá responsabilidade desse terceiro se o seu comportamento consubstanciar ilícito contratual ou extracontratual [253], havendo consequente responsabilidade objectiva do comitente ou da parte no negócio, nos termos dos artigos 500.º ou 800.º, consoante se verifiquem, respectivamente, os respectivos pressupostos [254]. A responsabilidade do contraente que, tendo apercebido o erro, não o corrigiu nem dele preveniu a contraparte é independente da responsabilidade do próprio terceiro; também não depende desta última a responsabilidade daquela das partes que, por má escolha do terceiro, por deficiência de expressão na comunicação a este da declaração ou por não verificação devida da transmissão realizada, tiver tido um comportamento negligente causalmente explicativo do erro ocorrido.

---

[252] MOTA PINTO, *Notas sobre alguns temas...*, *op. cit.*, pp. 125-126, apreciando o regime do artigo 247.º, opina que «devia exigir-se ao errante a prova de que o declaratário sabia ou devia saber» do erro, «pois só então a sua confiança na validade do negócio não merece protecção», e sugere: «Talvez, porém, que, pelo menos, nalguns casos em que a aplicação do artigo 247.º lese com especial injustiça os interesses do declaratário, possa obstar-se à anulação por força do princípio do artigo 334.º».

[253] J. CASTRO MENDES, *Teoria geral...*, vol. II, *op. cit.*, pp. 141-142, afirma, sem mais explicações: «Seja o caso de culpa, seja de dolo, o transmissor ou intermediário responde por perdas e danos quer perante o declarante, quer perante o declaratário, conforme os princípios da responsabilidade».

[254] A. VON TUHR, *Tratado de las Obligaciones*, tomo I, *op. cit.*, p. 213, parece só admitir a responsabilidade do declarante quando este tenha tido culpa no erro da transmissão, o que se afigura, ao menos, estranho, já que o autor assinalara antes (p. 142) a importância de configurar a responsabilidade pré-negocial como contratual para efeitos de ampliar o âmbito da responsabilidade da parte por actos de terceiros.

g) Dolo [255]

O dolo constitui sempre culposo ilícito pré-contratual [256], implicando necessariamente responsabilidade civil se concorrerem os seus restantes pressupostos [257]. Esta tanto pode fundar-se no dolo positivo (ou comissivo) como no negativo (ou omissivo), podendo ainda relevar tanto de dolo essencial como incidental [258].

A lei prevê especialmente a situação do «menor que para praticar o acto tenha usado de dolo com o fim de se fazer passar por maior ou emancipado», determinando que, nesse caso, não tem o menor «o direito

---

[255] Não constituindo o dolo, em si mesmo, vício do negócio, mas apenas uma causa (ou pressuposto) do vício que é o erro, só por razões expositivas, de adequação ao tratamento legal, se autonomiza o dolo do erro, como já se disse.

[256] Ao invés do que uma grande parte da doutrina afirma ou, ainda quando o não explicita, pressupõe, não se tem por indiscutível que o dolo pré-contratual constitua necessariamente um ilícito extra-obrigacional, nem sequer que tal dolo tenha de ser forçosamente consubstanciado numa conduta subjectiva dolosa. Quanto ao primeiro aspecto, observar-se-á que o dolo, designadamente o omissivo, só poderá considerar-se ilícito extraobrigacional quando se entenda que o dever jurídico referido no n.º 2 do artigo 485.º abrange as hipóteses, aludidas no n.º 2 do artigo 453.º, em que o dever de esclarecer o erro tem por fonte as concepções dominantes no comércio jurídico ou, para melhor se dizer, a boa fé pré-negocial. Sobre o problema de saber se ao dolo pré-negocial corresponde dolo subjectivo do agente ou se ele pode ser acompanhado de mera culpa, v. *infra*, alínea *q*).

[257] A responsabilidade pré-contratual resultante do dolo não depende da anulação do negócio com fundamento no vício. Neste sentido, ALEX WEILL e FRANÇOIS TERRE, *Droit Civil. Obligations, op. cit.*, p. 218, que citam jurisprudência concordante. No mesmo sentido, I. GALVÃO TELLES, *Manual dos Contratos em geral, op. cit.*, p. 103, afirmando que «a eficácia do dolo como *acto ilícito* não depende, perante a lógica, de ele operar como *causa de invalidade*». V. também P. LEGRAND JR., *Pre-contractual Relations in Quebec Law..., op. cit.*, p. 17.

MOTA PINTO, *Notas sobre alguns temas..., op. cit.*, pp. 149-150, parece fazer depender a emergência da responsabilidade pré-contratual da anulação do negócio, ao escrever: «... acresce a *responsabilidade pré-negocial* do *deceptor* por ter dado origem à invalidade, com o seu comportamento contrário às regras da boa fé, durante os preliminares e a formação do negócio (artigo 227.º)». Por seu turno, J. CASTRO MENDES, *Teoria geral...*, vol. II, *op. cit.*, p. 115, dizendo que «o dolo é um acto ilícito» e que o seu «agente ou autor é civilmente responsável nos termos gerais dos artigos 483.º e seguintes», afirma expressamente que tal responsabilidade existe «quer o negócio em que o dolo incidiu seja anulado, quer o não seja».

[258] O dolo incidental — aquele que não foi a causa determinante da decisão de contratar, mas implicou a conformação do conteúdo contratual por forma diversa da que seria a sua, se a parte não tivesse sido dolosamente induzida em

de invocar a anulabilidade» (artigo 126.°). Trata-se de um preceito legal que configura, sancionatoriamente, uma reparação *in natura* como consequência da responsabilidade em que o menor, pelo seu ilícito pré--negocial, se constituiu [259], [260].

---

erro — está previsto expressamente na lei civil italiana (artigo 1440.°, Código Civil), que dispõe que ele não funda a anulabilidade do negócio, mas constitui o «contraente de má fé» em responsabilidade. V. RENATO SCOGNAMIGLIO, *Contratti in generale, op. cit.,* pp. 59-60; PAOLO FORCHIELLI, *Responsabilità civile, Lezioni,* 3.° volume, *op. cit.,* p. 24. A. VON TUHR, *Tratado de las Obligaciones,* tomo I, *op. cit.,* p. 216, depois de assinalar que, «segundo a doutrina mais generalizada, a vítima do dolo pode impugnar o contrato mesmo quando se trate de dolo puramente acidental», opina que, na hipótese de *dolus incidens,* deve permitir-se à contraparte que obste à procedência da impugnação, aceitando a modificação do contrato por forma a repô-lo nos termos em que ter'a sido celebrado se não fosse o dolo.

Sobre a caracterização distintiva do dolo essencial e incidental, e posição da doutrina portuguesa anteriormente à entrada em vigor do actual Código Civil, v. I. GALVÃO TELLES, *Manual dos Contratos em geral, op. cit.,* pp. 99 a 101.

A doutrina portuguesa tende para o entendimento de que só o dolo essencial é fundamento de anulação, admitindo-se, porém, que o dolo incidental possa fundar a modificação ou anulação do negócio, nos mesmos termos em que o erro incidental o pode: v. MOTA PINTO, *Notas sobre alguns temas..., op. cit.,* pp. 149 e 150. A restrição da relevância do dolo essencial como motivo de anulação é imputada à letra da primeira parte do n.° 1 do artigo 254.°, que determina que «o declarante *cuja vontade tenha sido determinada por dolo* pode anular a declaração». Não sendo esta a sede própria para apreciar tal interpretação do preceito, sempre se dirá que o dolo incidental também é determinante da vontade do declarante, se não na sua existência, decerto na sua conformação. JAIME DE GOUVEIA, *Da Responsabilidade contratual, op. cit.,* pp. 285 a 287, considerando que ««êste dolo incidental pode ter causado prejuízo ao contraente enganado, se êste foi induzido pelo ardil a estabelecer um equilíbrio de prestações contratuais por modo diverso do que o faria», conclui que, «nestas circunstâncias, admitimos que o dolo, sem produzir nulidade, dê origem a uma reparação civil delitual...», isto é, que, «nesta imergência especial, aparece a acção de reparação civil a suprir as insuficiências da teoria da nulidade do contrato por vício de consentimento».

Em qualquer caso, e para o que agora está em causa, que é a responsabilidade *in contrahendo* do *deceptor,* não se crê que haja espaço para dúvidas sobre a suficiência do *dolus incidens* para caracterizar o ilícito pré-contratual constitutivo — em concorrência com os restantes requisitos — dessa responsabilidade; a consequência de modificação dos termos negociais será, como já se disse para o erro incidental, a forma reparatória *in natura* mais adequada, sempre que seja possível, isto é, sempre que possa ser produzida prova do teor do acordo a que o *deceptus* teria aderido, não fora o dolo.

[259] Cfr. ALEX WEILL e FRANÇOIS TERRE, *Droit Civil. Obligations, op. cit.,* pp. 218 e 387.

[260] Sobre o dolo do incapaz, v. *infra,* alínea *q).*

No que se refere ao *dolus bonus,* é necessário, em primeiro lugar, ter em consideração, na caracterização do respectivo âmbito, as normas enunciadas pelo Decreto-Lei n.º 330/90, de 23 de Outubro [261], para a disciplina da publicidade, diploma aplicável a «qualquer forma de comunicação feita no âmbito de uma actividade comercial, industrial, artesanal ou liberal, com o objectivo de promover o fornecimento de bens ou serviços, incluindo direitos e obrigações» ou «que vise promover ideias, iniciativas ou instituições», «independentemente do suporte utilizado para a sua difusão» (artigos 1.º, n.º 1, e 3.º, n.ºs 1 e 2). Para o efeito que neste momento está em causa [262], especialmente relevantes são as regras do artigo 7.º, disposição que explicita o princípio da licitude, e que, depois de, no seu n.º 1, proibir «a publicidade que, pela sua forma, objecto ou fim, ofenda os valores, princípios e instituições fundamentais constitucionalmente consagrados», enuncia concretas proibições no respectivo n.º 2 e só autoriza, no n.º 3, «a utilização de idiomas de outros países na mensagem publicitária quando esta tenha os estrangeiros por destinatários exclusivos ou principais»; as dos artigos 8.º e 9.º, que se ocupam das regras de identificabilidade da publicidade, proibindo a publicidade oculta e dissimulada; as do artigo 10.º, que concretiza o princípio da veracidade da publicidade, determinando, no n.º 1, que a actividade publicitária «deve respeitar a verdade, não

---

[261] Diploma que revogou e substituiu o anterior Código da Publicidade, constante do Decreto-Lei n.º 303/83, de 28 de Junho.

[262] A referência ao regime definido pelo Dec.-Lei n.º 330/90, de 23 de Outubro, tem cabimento especialmente para esclarecer alguns aspectos em que «sugestões ou artifícios usuais», que poderiam ser «considerados legítimos segundo as concepções dominantes no comércio jurídico», devem considerar-se vedados nos termos da lei aplicável à actividade publicitária. O novo diploma legal, informado por uma técnica legislativa diversa da do anterior, não contém a especificação exemplificativa das proibições, pelo que o seu texto se apresenta como mais genérico, podendo a sua aplicação resultar mais abrangente ou mais restritiva, consoante as orientações administrativas e jurisprudenciais que vierem a ser adoptadas.

É, em qualquer caso, pertinente salientar que, diversamente do que sucedia com o n.º 3 do artigo 12.º do Dec.-Lei n.º 303/83, não se excepciona das proibições constantes da lei «a utilização das fórmulas e sugestões consideradas legítimas de acordo com as concepções dominantes do tráfego comercial», o que, bem podendo não ser mais do que uma consequência da diversa técnica legislativa utilizada, representa, objectivamente, um progresso, dado que priva de suporte legal, no domínio da actividade publicitária, uma atitude de tolerância para com condutas susceptíveis de lesar valores e interesses pessoais e patrimoniais, que devem ser tutelados.

deformando os factos» e, no n.º 2, que «as afirmações relativas à origem, natureza, composição, propriedades e condições de aquisição dos bens ou serviços publicitados deverão ser exactas e passíveis de prova, a todo o momento, perante as instâncias competentes»; a do artigo 11.º, n.º 1, que interdita a publicidade que, por qualquer forma, «induza ou seja susceptível de induzir em erro os seus destinatários»; a do artigo 13.º, n.º 1, que proíbe «a publicidade que encoraje comportamentos prejudiciais à saúde e segurança do consumidor, nomeadamente por deficiente inforn.ação acerca da perigosidade do produto ou da especial susceptibilidade da verificação de acidentes em resultado da utilização que lhe é própria», acrescentando, no n.º 2, que «a publicidade não deve comportar qualquer apresentação visual ou descrição de situações onde a segurança não seja respeitada, salvo justificação de ordem pedagógica»; a do artigo 14.º, que se ocupa das acrescidas cautelas a adoptar na publicidade dirigida a menores, preocupação que já havia sido especialmente salientada pelo n.º 3 do artigo 13.º, a do artigo 15.º, relativo à idoneidade e veracidade da publicidade testemunhal; a do artigo 16.º, que proíbe a publicidade comparativa enganosa; a do artigo 23.º, relativo à clareza e veracidade da publicidade domiciliária, proibindo o n.º 2 desta disposição a publicidade domiciliária que se refira a artigos de que não existam «amostras disponíveis para exame do destinatário», e acrescentando, no n.º 3, que «o destinatário da publicidade abrangida pelo disposto nos números anteriores não é obrigado a adquirir, guardar ou devolver quaisquer bens ou amostras que lhe tenham sido enviados ou entregues à revelia de solicitação sua» [263].

A violação das normas contidas neste diploma, quando concorrerem os restantes pressupostos, constituirá o infractor em responsabilidade civil, estabelecendo o artigo 30.º, n.º 1, que é solidária a responsabilidade dos anunciantes e agências de publicidade, dos «titulares dos suportes publicitários utilizados» ou «respectivos concessionários», e determinando o n.º 2 da mesma disposição que «os anunciantes eximir-se-ão da responsabilidade prevista no número anterior caso provem não ter tido prévio conhecimento da mensagem publicitária veiculada», e, segundo parece, independentemente da averiguação do carác-

---

[263] Outras disposições do Decreto-Lei n.º 330/90 se reportam ao acautelamento da veracidade e esclarecimento da publicidade, ou determinam a sua proibição, total ou em certas condições, quanto a certos tipos de bens, designadamente os artigos 17.º a 22.º, relativos, respectivamente, a «bebidas alcoólicas», «tabaco», «tratamentos e medicamentos», «jogos de fortuna ou azar» e «cursos».

ter culposo da ignorância [264]. Se esta responsabilidade é, aparentemente [265], uma responsabilidade delitual, consubstanciando-se o ilícito civil na violação de uma «disposição legal destinada a proteger interesses alheios», não parece de excluir a aplicabilidade do regime do artigo 227.º ao menos nos casos em que o agente do ilícito seja simultaneamente a parte que negociou ou celebrou o contrato [266]. Em tal hipótese, verificar-se-á concurso de regras fundamentadoras do direito de indemnização, cabendo, nos termos gerais, ao lesado a escolha do regime a invocar.

---

[264] O que, além de estranhável, é lamentável, pelas consequências nocivas que pode acarretar.

O regime é idêntico ao que resultava do artigo 34.º, n.º 2, do anterior Dec.-Lei n.º 303/83, de 28 de Junho, e não sendo esta a ocasião de apreciar valorativamente a oportunidade e vantagem das profundas alterações introduzidas pelo novo diploma no anterior, não pode deixar de, neste ponto, se repetir, agravada, a crítica que o anterior regime justificava.

[265] Será legítima a dúvida sempre que o interesse lesado não seja o da saúde, segurança ou outro que seja comum à generalidade dos sujeitos jurídicos destinatários potenciais da mensagem publicitária, mas seja um interesse especificamente ligado ao contrato celebrado e à aptidão do seu objecto para satisfazer o contraente.

[266] Nos ordenamentos jurídicos em que não haja regras claras sobre a actividade publicitária, cuja infracção consubstancie ilícito constitutivo de responsabilidade civil, como naqueles outros em que, como no nosso, elas existem, mas os danos podem configurar-se como específica e exclusivamente conexos com o contrato celebrado, tem oportunidade a hipótese de, configurando a mensagem publicitária como convite para contratar, nela fundar responsabilidade *in contrahendo*. Sobre a questão, v. VINCENZO FRANCESCHELLI, *Pubblicità ingannevole e «colpa in contrahendo»*, in *«Rivista di Diritto Civile»*, Ano XXIX, 1983, Parte seconda, pp. 268 e segs.; DIETER MEDICUS, *Culpa in contrahendo*, op. e *loc. cit.*, p. 580. JACQUES GHESTIN, *Les Obligations. Le contrat: formation*, op. *cit.*, pp. 318 a 320, escreve: «Hoje [...] os documentos publicitários contêm muitas vezes as informações mais preciosas e em qualquer caso as mais inteligíveis. Eles destinam-se a determinar o acordo daquele a quem são remetidos. É por isso normal reconhecer-lhes um valor contratual. A solução contrária permitiria uma publicidade mal-sã, em contradição com o papel de informação que os seus próprios defensores lhe atribuem hoje em dia»; e acrescenta: «A solução parece impor-se mesmo quando o documento publicitário precisa que não tem senão um valor indicativo e que não constitui um documento contratual, desde que ele contenha informações suficientemente precisas e pormenorizadas. Uma tal reserva encontra-se, com efeito, em contradição com o conteúdo e fim do documento; e o princípio de coerência, expresso pelo adágio *protestatio non valet contra factum*, impede de dela se prevalecer eficazmente»; e o autor informa que «a jurisprudência se fixou actualmente neste sentido», não sendo a regra aliás «limitada aos contratos de adesão».

Em segundo lugar, cabe observar que, enquanto, para efeitos de anulação do negócio, o *dolus bonus* é irrelevante, já quanto à constituição de responsabilidade *in contrahendo,* ele pode ter de ser considerado[267].

Isto é, «as sugestões ou artifícios usuais, considerados legítimos segundo as concepções dominantes no comércio jurídico» ou «a dissimulação do erro, quando nenhum dever de elucidar o declarante resulte da lei, de estipulação negocial ou daquelas concepções», não constituindo, nos termos do n.º 2 do artigo 253.º do Código Civil, fundamento de anulação do negócio, podem haver de ser considerados ilícitos pré-contratuais, constitutivos de responsabilidade civil, se, dadas a condição relativa das partes e as demais circunstâncias do negócio, a boa fé exigir a abstenção dos primeiros ou a vinculação ao esclarecimento do erro[268]. Deve entender-se, na verdade, que, no quadro da

---

[267] Há quem pretenda atribuir à irrelevância do *dolus bonus* para efeitos de invalidade do negócio a explicação de uma sanção da culpa pré-contratual do contraente que se deixou sugestionar pelos artifícios da contraparte. V. JOANNA SCHMIDT, *La sanction de la faute..., op* e *loc. cit.,* p. 67; PIERRE LEGRAND JR., *Pre-contractual Relations in Quebec Law..., op. cit.,* p. 19; MICHEL DE JUGLART, *L'obligation de renseignements..., op.* e *loc. cit.,* pp. 6 e 8 a 10. Ainda que pudesse aderir-se a tal justificação explicativa, ela não prejudicaria c entendimento de que o *dolus bonus* pode constituir o respectivo autor em responsabilidade pré-negocial. Na verdade, mesmo que a explicação da sua irrelevância para efeitos de anulação do negócio fosse a de não justificar o *deceptus,* em razão da sua especial fragilidade psicológica ou ligeireza ou credulidade, uma tão vincada tutela como é aquela que se exprime na invalidade do negócio, sempre restaria a possibilidade de apreciar a conduta do *deceptor* para os efeitos menos graves — porque não colidentes com o valor da segurança e certeza do tráfego jurídico — da sua responsabilidade, havendo então que apreciar a culpa da contraparte, nos termos gerais do artigo 570.º.

[268] Relativamente aos termos em que o n.º 2 do artigo 253.º caracteriza o *dolus bonus,* escreve CASTRO MENDES, *Teoria geral...,* vol. II, *op. cit.,* pp. 112-113: «Pronunciamo-nos abertamente, 'de jure condendo', contra esta disposição. Na verdade, cremos que a lei deve reter o poder de lutar contra as concepções dominantes do comércio jurídico (ética ou moral positiva), não aceitando pautar-se ou reger-se por ela. Num período que porventura é de declínio de valores morais, o artigo 253.º, n.º 2, não virá combater esse declínio, mas favorecê-lo.

Preferíamos o dispositivo do artigo 667.º do Código Civil de 1867: [...].

Ficará confiado sobretudo à jurisprudência o traçar o limite entre 'dolus bonus' e 'malus', esperando que neste ponto a jurisprudência seja rigorosa. Designadamente, só por excepção admitindo não haver o dever de elucidar o erro, conhecido, da contraparte».

responsabilidade pré-contratual, se justifica maior exigência quanto à lealdade da conduta dos contraentes do que no âmbito do regime dos vícios da vontade, dado o valor da segurança no comércio jurídico que neste último está implicado e no primeiro não se verifica. A completa independência entre o direito de indemnização e o direito de anulação do negócio, por um lado, e a diversidade de *ratio* e valores implicados por cada um dos regimes, por outro, explicam que um acto positivo ou omissivo que não seja qualificável como dolo para os efeitos do artigo 253.º, n.º 1, possa e deva ser considerado como ilícito pré-contratual e, por isso, justificativo da obrigação de indemnizar nos termos do artigo 227.º [269, 270]. Foi, aliás, pelo recurso à responsabilidade civil que se procurou, desde o princípio do século, alargar a extensão dos deveres de informação, comunicação e esclarecimento na formação dos contratos para além das hipóteses em que a sua omissão era entendida como consubstanciando dolo, e dava, consequentemente, direito à anulação do negócio [271].

---

[269] Cfr. FRANCESCO BENATTI, *A responsabilidade pré-contratual, op. cit.*, pp. 83-84; ANNA DEL FANTE, *Buona fede prenegoziale..., op.* e *loc. cit.*, pp. 153 e 164-165.

DIETER MEDICUS, *Culpa in contrahendo, op.* e *loc. cit.*, p. 577, refere a tendência dos tribunais alemães para configurarem um ilícito pré-contratual na violação do dever de informação, ainda quando aquela não consubstancia dolo, observando que «isto tem de resto levado a estranhas consequências: enquanto na hipótese de dolo, só se pode impugnar dentro de um ano contado da descoberta do dolo (§ 124.º do *BGB*), a jurisprudência submeteu a acção de indemnização fundada na 'culpa in contrahendo' ao prazo ordinário de prescrição de trinta anos».

Aparentemente no sentido de que a responsabilidade *in contrahendo* supõe que o dolo não seja tolerado, isto é, que seja um *dolus malus*, M. J. ALMEIDA COSTA, *Direito das Obrigações, op. cit.*, pp. 229 a 231.

[270] E, devendo a indemnização ser prestada em espécie, pode até a responsabilidade *in contrahendo* por violação do dever de informação e de esclarecimento — que não consubstanciem dolo — resolver-se na liberação do lesado do vínculo contratualmente assumido. Esta uma tendência que pode reconhecer-se na jurisprudência e em certos sectores da doutrina alemãs. V. J. ESSER e E. SCHMIDT, *Schuldrecht..., Teilband 2, op. cit.*, p. 98; CLARA GONZÁLEZ, *La culpa in contrahendo, op. cit.*, pp. 167-168 e 186-187.

Tal orientação afigura-se-me, pelo menos, discutível quando se trate de *dolus bonus*, dado que se alcançaria, pela via indemnizatória, consequência equivalente à da anulação do contrato, repondo-se as questões de certeza e segurança em função das quais a lei não quis autorizar a anulação.

[271] Cfr. MICHEL DE JUGLART, *L'obligation de renseignements..., op.* e *loc. cit.*, p. 3.

Pode, em conclusão, dizer-se que a responsabilidade *in contrahendo* está, actualmente, vocacionada para cobrir o espaço existente entre o *dolus malus* e a omissão de informações que a boa fé impunha fossem prestadas, isto é, reentram no seu âmbito todos os casos em que nem a lei nem os usos impunham a obrigação de esclarecer ou de informar, mas da boa fé intersubjectiva tal obrigação emergia [272].

Quando o dolo provier de terceiro, ele só constitui a parte não induzida em erro em responsabilidade civil, se ela o conheceu ou teria podido conhecer com normal diligência [273], ou se se verificarem os pressupostos do artigo 800.°. Quanto à responsabilidade do próprio terceiro, ela existirá se estiverem preenchidos os requisitos do artigo 483.° [274], hipótese em que a responsabilidade da parte resultará do artigo 500.° e/ou do artigo 800.°.

Atente-se, porém, na regra da segunda parte do n.° 2 do artigo 254.°, que consubstancia uma especial sanção do ilícito pré-contratual de terceiro, *deceptor* ou conhecedor do dolo: não prejudicando a validade do negócio e, consequentemente, os interesses da outra parte, que desculpavelmente ignorava o dolo do terceiro, determina-se que, «... se alguém tiver adquirido directamente algum direito por virtude da declaração, esta é anulável em relação ao beneficiário, se tiver sido ele o autor do dolo ou se o conhecia ou devia ter conhecido».

---

[272] Sobre a orientação das doutrina e jurisprudência alemãs neste domínio, v. CLARA GONZÁLEZ, *La culpa in contrahendo, op. cit.,* pp. 187-188.

[273] Hipótese em que, nos termos da primeira parte do n.° 2 do artigo 254.°, o negócio é anulável; a este propósito escreve MOTA PINTO, *Notas sobre alguns temas..., op. cit.,* p. 149, que «existirá, não apenas dolo de terceiro, mas também dolo do declaratário, se este for cúmplice daquele, conhecer ou dever conhecer a actuação de terceiros» (v. também p. 151).

[274] MANUEL DE ANDRADE, *Teoria Geral da Relação Jurídica,* vol. II, *op. cit.,* p. 265, afirmava peremptoriamente e sem mais explicações: «Mas é claro que o *deceptus* poderá sempre agir contra o terceiro *deceptor* por perdas e danos, quer ele tenha quer não tenha interesse directo no contrato». A ideia do autor é a de que o dolo implica necessariamente um ilícito extraobrigacional (cfr. p. 206). Actualmente, de acordo com o n.° 2 do artigo 485.°, só pode dizer-se que há ilícito do terceiro — fora dos casos em que este esteja, por outro motivo, obrigado a informar o declarante, como na hipótese, por exemplo, de se tratar de um advogado ou perito contratado por ele ou naquela outra de o terceiro ser um anunciante, uma agência de publicidade, o titular do suporte publicitário ou um seu concessionário — se se admitir que, estando ele ligado ao declarante por uma relação pré-negocial justificada por do negócio para ele resultar um direito, a boa fé lhe impõe o dever de esclarecer o erro do declarante.

b) Coacção física e coacção moral [275].

Há quem [276] entenda que a coacção não funda responsabilidade pré-contratual, porque o exercício de violência física sobre outrem (artigo 246.º do Código Civil) bem como a ameaça ilícita de um mal (artigos 255.º e 256.º) são factos violadores da liberdade da pessoa e constitutivos por isso de responsabilidade extracontratual, não respeitando a direito ou interesse específico da fase de preparação ou conclusão de um negócio jurídico. Não parece que este argumento seja, por um lado, procedente, pois que a coacção física ou moral dirigidas à supressão da liberdade ou à viciação da vontade para obtenção de uma declaração negocial constituem comportamentos com directa conexão com a celebração do negócio, nem, por outro, que, consubstanciando embora qualquer dessas condutas um ilícito extraobrigacional, ele baste para excluir a aplicabilidade do regime da responsabilidade *in contrahendo*: o mais que pode acontecer é haver aqui — como em outros casos — um duplo fundamento do direito indemnizatório, cabendo ao lesado a escolha do regime a invocar.

Enquanto na coacção física não se justificam quaisquer suplementares observações sobre o carácter ilícito do comportamento, já na coacção moral importa referir que a ilicitude da ameaça tanto pode, no entendimento da doutrina, resultar da ilegitimidade dos meios utilizados como da ilegitimidade do objectivo prosseguido [277], ou, para utilizar a formulação de Mota Pinto [278], da «ilegitimidade da prossecução daquele fim com aquele meio», dando o autor, como exemplos, o da «ameaça de recurso às vias de direito (participação criminal, penhora, declaração de falência) para conseguir uma vantagem indevida» e o de «uma ameaça de exercício abusivo extrajudicial dum direito, como no caso, qualificado de coacção pela jurisprudência francesa, de uma doação consentida por um velho paralítico aos seus meeiros, numa parceria agrícola (*métayage*), que ameaçavam abandoná-lo».

---

[275] Sendo embora duas situações profundamente diversas, quer na sua configuração quer nas consequencias de invalidade do negócio que produzem, tratam-se conjuntamente por razões de simplificação e encurtamento do texto, cujo objecto não é o tratamento dos vícios da vontade e das divergências entre a vontade e a declaração.

[276] Assim, por exemplo, FRANCESCO BENATTI, *A responsabilidade pré-contratual, op. cit.*, pp. 77.78.

[277] Cfr. CASTRO MENDES, *Teoria geral...*, vol. II, *op. cit.*, p. 118.

[278] *Notas sobre alguns temas..., op. cit.*, p. 156.

Se, para efeitos anulatórios, só a coacção essencial é considerada, sempre e inequivocamente, fundamento bastante, para a constituição em responsabilidade *in contrahendo*, será relevante tanto a coacção essencial como a incidental. Nesta última hipótese — como nas de erro ou de dolo incidental — a obrigação reparatória poder-se-á consubstanciar na modificação dos termos do negócio [279], sem prejuízo de suplementar indemnização pecuniária pelos danos, designadamente morais, que tenham sido também sofridos pelo lesado [280].

Se pode admitir-se, com a maioria da doutrina [281], que não constitui coacção moral a recusa de auxílio à contraparte, quando esta se

---

[279] MOTA PINTO, *Notas sobre alguns temas..., op. cit.*, p. 156, admite a modificação dos termos do negócio ou a sua anulação, em caso de coacção incidental, nos mesmos termos em que considera tais consequências poderem provir de erro ou de dolo incidental.

[280] Saber se a prova de danos diversos dos da conformação viciada dos termos negociais, e a pretensão de indemnização deles, preclude a reparação *in natura* consistente na modificação daqueles termos é problema cuja solução releva da interpretação do n.º 1 do artigo 566.º. Se se entender que a lei, ao dizer que «a indemnização é fixada em dinheiro, sempre que a reconstituição natural [...] não repare integralmente os danos...», está a significar o afastamento da indemnização específica em tal hipótese, ter-se-ia a entender que, na situação configurada no texto, a verificação de um dano, não patrimonial por exemplo, a acrescer aos da distorcida configuração do regulamento negocial, impediria a eliminação *in natura* destes. Não parece, porém, que essa deva ser a interpretação da norma; não faria, na verdade, sentido que, fora dos casos de impossibilidade ou de excessiva onerosidade para o devedor, a lei impedisse a forma reparatória ideal, que é a eliminação do dano real, com o fundamento de que ela, por si só, é insuficiente para a reparação de todos os danos. Ao explicitar que a indemnização deve ser fixada em dinheiro quando a reconstituição natural não for, só por si, idónea para a reparação integral dos danos, está a lei a significar que a atribuição de uma indemnização em espécie deve ser complementada com uma indemnização pecuniária quando se revelar insuficiente para tornar indemne o lesado. Isto é, diversamente do que acontece quando a reconstituição natural é impossível — em que a atribuição de uma indemnização em dinheiro corresponde à garantia de uma reparação que é a possível — e dos casos em que a lei entende que a tutela da boa fé intersubjectiva justifica a preclusão para o lesado da reparação *in natura*, dada a *excessiva* onerosidade que ela comportaria para o lesante, no caso de insuficiência da indemnização específica para a integral reparação dos danos, a lei está a salvaguardar a indemnizabilidade da totalidade dos danos, dizendo que, na parte em que a reconstituição natural os não repare, deve a indemnização ser fixada em dinheiro.

[281] V. MANUEL DE ANDRADE, *Teoria Geral da Relação Jurídica*, vol. II, *op. cit.*, p. 269; RENATO SCOGNAMIGLIO, *Contratti in generale, op. cit.*, pp. 52-53.

encontre em situação de perigo [282], e que nem pode dizer-se que tal recusa constitua ilícito pré-negocial — em todos os casos em que não haja nem dever de prestar o auxílio [283] nem conexão da necessidade de socorro com a celebração do negócio —, há que reconhecer que a recusa e a situação de temor ou perturbação da contraparte têm de ser consideradas no quadro da responsabilidade *in contrahendo,* pois a celebração do negócio em tais condições pode ter de ser considerada contrária à boa fé [284], como pode esta impor, em razão da situação de fragilidade psicológica da parte em perigo, mais extensos deveres pré-contratuais à parte contrária. E esta conclusão poderá ser comum aos casos em que, dada a situação de necessidade da parte, e o seu consequente aproveitamento nos termos do artigo 282.º, se esteja perante um negócio usurário, e àqueles em que, não estando preenchidos os requisitos daquela

---

[282] V., porém, o artigo 1638.º, que, depois de, no seu n.º 1, se ocupar da celebração do casamento sob coacção moral, estabelece, no n.º 2, que «é equiparado à ameaça ilícita o facto de alguém, consciente e ilicitamente, extorquir ao nubente a declaração da vontade mediante a promessa de o libertar de um mal fortuito ou causado por outrem».

[283] Havendo «*dever jurídico (legal ou contratual) ou, mesmo apenas, um imperativo moral de auxílio*», MOTA PINTO, *Notas sobre alguns temas...,* *op. cit.,* pp. 159-160, entende que «poderão surgir [...] dúvidas» e que, «nesta hipótese, se o contraente não presta o auxílio a que estava obrigado, a não ser depois de exigir uma retribuição a que não tinha direito, não há dúvida que a situação de perigo em que se encontra o necessitado é causalmente imputável à recusa de actuação daquele e pode, assim, dizer-se provocada, a partir da omissão do agir, com o intuito de extorquir o negócio». E o autor conclui que, não havendo «qualquer diferença entre os pressupostos desta hipótese e os da coacção», «tais hipóteses (aquelas em que havia obrigação de socorrer o necessitado) são, todavia, objecto de um tratamento mais drástico e mais justo, por parte do direito, do que seriam se as qualificássemos, pura e simplesmente, de coacção»; pois «os negócios referidos devem ter-se por *nulos,* com fundamento em contrariedade à lei ou ofensa aos bons costumes (artigo 280.º)», porque «a exigência de remuneração viola a norma que impunha a prestação daquele auxílio noutras condições ou, pelo menos, deve ter-se como ofensiva dos bons costumes».

CASTRO MENDES, *Teoria geral...,* vol. II, *op. cit.,* pp. 123-124, parece considerar irrelevante, para efeitos de qualificação e de regime jurídico, a existência do dever de auxílio ou socorro, reconduzindo as situações, em que alguém fez depender a intervenção de auxílio da promessa de um pagamento ou de outro benefício, ao regime dos negócios usurários.

[284] No sentido de que o aproveitamento do estado de perigo constitui comportamento sancionado pela *culpa in contrahendo,* ANNA DEL FANTE, *Buona fede prenegoziale...,* *op. e loc. cit.,* p. 153.

disposição, ainda assim a vontade de celebrar o negócio ou o acordo ao conteúdo deste derivaram da situação de necessidade em que a parte se encontrava, situação conhecida [285] pela contraparte.

Já nos casos em que a recusa de socorro corresponda ao incumprimento de um dever de o prestar ou a sua prestação seja condicionada à celebração de um dado negócio ou à conformação deste em certos termos, estar-se-á inequivocamente perante um ilícito pré-negocial, que o artigo 227.º sanciona.

Se a coacção provier de terceiro, ele só pode ser responsabilizado nos termos dos artigos 483.º e segs.; a parte, de acordo com o artigo 500º. e/ou artigo 800.º, se não concorrer acto próprio culposo dela.

Isto é, provindo a coacção de terceiro, poderá a contraparte constituir-se em responsabilidade *in contrahendo,* quer por ter sido o terceiro introduzido por sua iniciativa na formação do contrato sem que seja identificável qualquer acto culposo seu, quer por ter havido culpa sua na escolha do terceiro, nas instruções providenciadas ou na vigilância do comportamento dele, quer ainda porque a parte conheceu, ou devia ter conhecido, a conduta do terceiro, com ela colaborando, a ela não se opondo ou dela aproveitando. Enquanto, na primeira hipótese, a responsabilidade pré-contratual terá carácter objectivo, fundando-se no artigo 800.º (e/ou no artigo 500.º, se houver comissão e responsabilidade do próprio terceiro), já nos outros será subjectiva.

Conhecida ou culposamente ignorada pelo declaratário a ameaça ilícita de um mal por terceiro ao declarante, verifica-se o ilícito pré-contratual constitutivo de responsabilidade, independentemente, aliás, de o acto do terceiro fundar responsabilidade delitual própria dele, o que só em raras hipóteses poderá não se verificar. Consubstanciando o acto do terceiro ilícito extracontratual, constituindo-o em responsabilidade própria, nos termos gerais dos artigos 483.º e segs., haverá, pois, corresponsabilidade de ambos, podendo aqui concorrer dois regimes fundamentadores do direito indemnizatório do lesado: se houver entre o terceiro e a contraparte uma relação de comissão, pode o lesado socorrer-se do regime do artigo 500.º, sendo então solidária a responsabilidade da parte e do terceiro; não se encontrando preenchidos os requisitos do artigo 500.º, a responsabilidade de ambos — seja a da parte objectiva, seja subjectiva — será conjunta.

---

[285] Como a recusa de auxílio demonstra.

A restrição enunciada pela parte final do artigo 256.°, às características da coacção que provenha de terceiro, para que ela constitua procedente fundamento de anulabilidade da declaração negocial [286], não parece relevante em sede de responsabilidade pré-contratual. Na verdade, dispensando a verificação desta a invalidade do negócio, isto é, podendo existir tanto nos casos em que ele é inválido como naqueles em que, sendo válido — ou como tal se comportando —, tenha sido viciado na sua existência ou distorcido no seu conteúdo pelo ilícito pré--contratual, não parece justificar-se a acrescida cautela da exigência de qualquer especial qualificação da coacção provinda de terceiro. Enquanto, na anulabilidade, há a ponderar os interesses da outra parte, que, podendo ela ser absoluta e desculpavelmente estranha e ignorante da coacção, só devem poder ser afectados se a especial necessidade de tutela do coacto justificar tal sacrifício, na responsabilidade *in contrahendo*, deixando-se intocado o negócio na sua validade, não se justifica idêntica cautela.

Sendo culposo o medo do declarante, isto é, não sendo grave o mal de que é ameaçado, nem, sobretudo, «justificado o receio da sua consumação», haverá que apreciar a sua culpa, nos termos do artigo 570.°, de maneira idêntica se colocando o problema quando a coacção provenha da contraparte como quando ela provenha de terceiro [287, 288].

De observar ainda, nesta capítulo, é que o temor reverencial que, nos termos do n.° 3 do artigo 255.°, não constitui coacção moral, nem,

---

[286] Restrição que MOTA PINTO, *Notas sobre alguns temas...*, *op. cit.*, p. 155, qualifica como «uma ligeira diferença entre as condições de relevância da coacção como motivo de anulabilidade».

[287] Apreciando o problema do ponto de vista da invocabilidade da coacção para obter a anulação do negócio, I. GALVÃO TELLES, *Manual dos Contratos em geral, op. cit.*, p. 107.

[288] Um particular problema de culpa do coacto pode colocar-se na coacção física: é que, podendo esta «ser meramente natural ou física», pode provir de facto culposo próprio, como no caso de embriaguês. CASTRO MENDES, *Teoria geral...*, vol. II, *op. cit.*, pp. 132-133 e nota 288, diz que, «ainda que haja culpa do coagido, não há dever de indemnização», mas, «sendo dolosa, parece haver dever de indemnizar». Incompreende-se — até porque não se encontra explicitado — o fundamento que o autor utiliza para a diversidade de regimes. De acordo com o artigo 227.°, n.° 1, parece poder haver responsabilidade do coagido, tanto no caso de a situação ter sido culposamente criada como naquela de o ter sido com dolo, desde que concorram os restantes pressupostos de tal responsabilidade. A situação é muito próxima da de falta de consciência da declaração, em que CASTRO MENDES (*op. cit.*, p. 134) reconhece a possibilidade de responsabilidade do declarante cuja falta de consciência seja culposa.

por isso, funda a anulabilidade da declaração negocial [289], representa elemento relevante no quadro da responsabilidade pré-contratual, para ponderar, designadamente, o grau de confiança suscitado na parte pelas declarações do outro contraente, bem como a medida da diligência exigível ao contraente que dispõe do ascendente moral, social ou outro. Ou seja, o temor reverencial, não consubstanciando em si mesmo ilícito pré-negocial, pode constituir circunstância geradora de particulares deveres pré-contratuais ou da especial amplitude ou intensidade deles ou de um dever de acrescida diligência para o contraente que dele beneficia, devendo o aproveitamento da situação de temor reverencial ser considerado um comportamento contrário à boa fé e constitutivo — se verificados os respectivos requisitos — da parte em responsabilidade *in contrahendo* [290]. Em conclusão: a consideração da relevância do temor reverencial é sempre necessária em sede de responsabilidade pré-negocial, para apurar da existência e conteúdo das obrigações impostas pela boa fé, podendo, aliás, a sua verificação, cumulada com os restantes requisitos que enuncia o artigo 282.º, dar origem ao vício da usura [291, 292].

i) Usura [293].

Também esta fundamenta automaticamente responsabilidade pré-contratual, tanto nos casos em que o lesado não invocou tempestivamente o vício para obter a anulação ou modificação do contrato, como naqueles em que o contrato foi anulado ou a sua modificação não teve a virtualidade de eliminar os danos decorrentes da usura [294]. Na verdade, a exploração das condições de debilidade contratual a contraparte

---

[289] Quanto ao exercício de um direito, sublinhe-se que a lei não compreende nele o abuso do direito, o que explicitamente é significado pelo qualificativo de «normal» que emprega, por inspiração do direito brasileiro. Mas já, ao invés, não constitui coacção moral, por exemplo, o emprego da força no quadro da acção directa.

[290] Neste último sentido, ANNA DEL FANTE, *Buona fede preuegoziale...*, *op. e loc. cit.,* p. 153.

[291] V. CASTRO MENDES, *Teoria geral...,* vol. II, *op. cit.,* p. 119.

[292] V., sobre este, *infra,* alínea *i).*

[293] Sobre as ténues fronteiras entre a usura e o dolo e entre aquela e a coacção moral, em algumas hipóteses, v. A. VON TUHR, *Trataao de las Obligaciones,* tomo I, *op. cit.,* p. 228.

[294] Se a modif cação do negócio corresponde a uma forma reparatória *in natura,* com especialidades de regime relativamente à obrigação de indemnizar

para obter, «para si ou para terceiro, a promessa ou a concessão de benefícios excessivos ou injustificados» constitui sempre violação do dever pré-contratual de lealdade decorrente da boa fé, pelo que, estando verificados os restantes pressupostos da responsabilidade civil — e, nos termos do artigo 282.º, n.º 1, difícil será não o estarem — caberá à parte lesante a obrigação de indemnizar o lesado. Sendo a usura criminosa, haverá concurso de fundamentos de responsabilidade, cabendo ao lesado a escolha do regime a invocar, havendo então que ter em atenção as regras do artigo 284.º e do artigo 498.º, n.º 3 (aplicável por remissão do n.º 2 do artigo 227.º) quanto aos prazos de caducidade do direito de anulação ou modificação do negócio e de prescrição do direito à indemnização, respectivamente.

Para além das situações que configuram usura, tal como ela é·caracterizada legalmente — e que supõe, parece, a consciência do aproveitamento do estado de inferioridade da outra parte [295] — constitui também

---

provinda do artigo 227.º — em particular, ela dispensa a prova dos pressupostos do n.º 1 do artigo 566.º, a prova dos danos, e o prazo para a requerer é diverso do prazo prescricional da obrigação indemnizatória —, ela pode ser insuf'ciente para a eliminação integral dos danos, caso em que ao lesado caberá o direito a ser indemnizado dos suplementares prejuízos que o ilícito pré-negocial lhe tenha causado.

[295] Na doutrina italiana, é entendimento pacífico o de que o aproveitamento do estado de necessidade não implica «a específica má fé do outro contraente, que se proponha prejudicar desse modo o lesado», sendo discut'da a questão de saber se é necessário «um comportamento qualificado — o abuso que o contraente faça do estado de necessidade alheio» ou se «representa um requisito suficiente o mero conhecimento do estado de necessidade alheio, mesmo na falta de qualquer pressão sobre a liberdade de escolha da contraparte». Muito embora a doutrina dominante se incline no sentido da insuficiência do mero conhecimento do estado de necessidade, defende-se, maioritariamente, que «não se torna necessária uma actividade positiva, dirigida a forçar neste sentido a vontade do contraente necessitado, mas pode também bastar a conduta meramente passiva de quem mantém a sua oferta iníqua face à outra parte, que sob a pressão da necessidade solicita justamente a conclusão do contrato». V. RENATO SCOGNAMIGLIO, *Contratti in generale, op. cit.,* pp. 257-258.

Face ao teor literal do artigo 282.º, parece indispensável que, além do conhecimento da situação de inferioridade do outro contraente, haja consciência do aproveitamento dessa situação para a obtenção das vantagens injustificadas. Cfr. PIRES DE LIMA e ANTUNES VARELA, *Código Civil anotado,* vol. I, 3.ª edição, Coimbra, 1982, p. 259; J. CASTRO MENDES, *Teoria geral do direito civil,* vol. II, *op. cit.,* pp. 122 e 125.

ilícito pré-negocial o comportamento do sujeito que, não tendo embora passivamente consciência do aproveitamento, nem activamente explorando o estado de necessidade da contraparte, conhecendo-o, ou devendo conhecê-lo, não o atenda, celebrando um negócio que, circunstâncias diversas, nunca teria podido ser concluído, ou celebrando-o em termos diferentes daqueles que seriam os seus, não fora tal situação [296]. Isto é, o estado de necessidade de um dos sujeitos impõe ao outro deveres de cuidado e lealdade negocial acrescidos, podendo o seu incumprimento ser constitutivo de responsabilidade *in contrahendo*.

j) Os «contratos-surpresa».

Em alguns ordenamentos jurídicos, têm sido analisadas no quadro da responsabilidade *in contrahendo* as situações em que uma das partes, não sendo induzida em erro pelo outro contraente, é colhida de surpresa pelo contrato, em condições tais que ou é levada à sua celebração, que, se devidamente ponderada, omitiria, ou aceita um conteúdo contratual que, em circunstâncias diversas, rejeitaria. Paradigmáticos destes contratos são as chamadas vendas ao domicílio e os contratos que, por persuação dos respectivos guias, os turistas são levados a celebrar, em condições muitas vezes bastante desvantajosas, nos locais em que os autocarros fazem propositadas paragens durante as excursões que realizam [297].

---

[296] O artigo 1447.º do Código Civil italiano atribui o direito de rescisão (*rescissione*) do contrato, quando por ele «a parte tenha assumido obrigações em condições iníquas, pela necessidade, conhecida pela contraparte, de se salvar a si ou a outros do perigo actual de um dano grave à pessoa».

O que no texto pretende significar-se não corresponde à solução legal italiana. E a desconformidade do que se defende diverge daquela solução por duas vias: por defeito, já que não se entende que, celebrado o negócio em estado de necessidade conhecido do outro contraente, possa o mesmo ser anulado, resolvido ou por outro meio extinto; antes se pensa que, preenchidas que se encontrem as condições da sua validade, ele há-de manter-se, com a consequência da responsabilidade do lesante face ao lesado, responsabilidade que pode resolver-se numa indemnização em espécie sob a forma da modificação do contrato; por excesso, pois não se julga ser de exigir, para a constituição em responsabilidade do contraente, que este saiba da situação de necessidade da contraparte, bastando que possa conhecê-la, nem se defende que essa situação de necessidade tenha de consubstanciar-se na iminência de um dano pessoal, nem, finalmente, que o negócio tenha de ter sido concluído em «condições iníquas», bastando que os seus termos sejam lesivos do contraente que se encontrava em estado de necessidade.

[297] V. DIETER MEDICUS, *Culpa in contrahendo, op. e loc. cit.*, pp. 576 e 580-581.

Enquanto, nos chamados contratos «porta a porta», o ilícito pré--contratual estaria no aproveitamento de uma situação de precipitação e irreflexão do contraente, resultante das condições materiais em que o contrato se celebra [298], [299], no segundo caso, ele encontrar-se-ia na criação de uma situação de inexistência de alternativas contratuais [300] e «na neutralização do espírito crítico do comprador».

Situações deste tipo, correspondentes a métodos de *marketing* ditos agressivos, poderão ser constitutivas de responsabilidade para a parte que as cria, designadamente quando o seu comportamento seja revelador da intenção de diminuição das efectivas possibilidades de reflexão crítica da contraparte, com o correspondente aproveitamento da imponderação, mas também nos casos em que, não sendo manifesta aquela intenção, haja culpa. E isto tanto pode acontecer nas apressadas vendas porta a porta, como na programada deslocação do potencial comprador para local afastado daquele em que tem a sua sede

---

[298] A propósito destes contratos, escreve C. FERREIRA DE ALMEIDA, *Os direitos dos consumidores,* Coimbra, 1982, p. 91: «Nestas circunstâncias, encontra-se uma situação de vontade e esclarecimento reduzidos, pela falta de alternativas (se não pelo erro sobre as características dum bem ou serviço que é descrito tendenciosamente, mas não mostrado ou devidamente explicado), pela influência possível duma timidez ou sentido da hospitalidade que se sobrepõem à vontade de recusa, pelo desejo de libertação, por qualquer forma ou preço, da insistência dum vendedor inoportuno e persistente». E acrescenta (nota 40), a propósito das «vendas efectuadas durante reuniões sociais», que, não sendo consideradas «vendas ao domicílio, se o local de venda é a casa do próprio vendedor ou de terceiro», «parece [...] que a redução da liberdade é, nestes casos de *home parties,* tão acentuada como nas vendas ao domicílio ou ainda mais, dado que se utilizam meios subtis de pressão, ligados a ideias de cortesia e relações pessoais».

[299] Na Alemanha, nos contratos porta a porta a *Gesetz über den widerruf von Haustürgeschäften und ähnlichen Geschäften,* de 16 de Janeiro de 1986, confere ao «cliente o direito de revogar a sua declaração de vontade (i. e. na maior parte dos casos a sua aceitação) dentro de um certo período de tempo que, todavia, não começa a correr enquanto ele não tenha sido devidamente informado do seu direito de revogar». V. WERNER LORENZ, «*Le processus précontractuel*»: «*Precontractual Liability*» in the *Law of the Federal Republic of Germany, op. cit.,* pp. 14-15.

[300] O que é particularmente evidente nos casos em que o local de celebração dos contratos é um restaurante, o único em que se pode tomar uma refeição durante a excursão turística, mas também ocorre naqueles outros em que o local de paragem é um estabelecimento — o único sediado nessa zona — em que se vendem produtos locais ou funcionalmente destinados a presentes ou a recordações de viagem.

de vida, mantendo-o voluntariamente afastado [301] das condições do mercado, como ainda naqueles outros em que é programada a oportunidade (e, por vezes, a inevitabilidade) da celebração de certos contratos.

Ainda que não seja — e pode sê-lo — qualquer destas hipóteses consubstanciadora de dolo, coacção ou usura, é nelas identificável um comportamento pré-negocial violador da boa fé, pelo que ao lesado deve caber um direito a ser indemnizado pelos danos sofridos ou, se o dano for tão somente o da conclusão do contrato, o direito a resolvê-lo, constituindo então a resolução uma forma de indemnização específica do prejuízo verificado [302], a que poderá acrescer uma indemnização pecuniária se ulteriores danos subsistirem apesar da extinção do negócio.

l) Representação sem poderes.

Quem contrata como representante, sem para tal ter poderes ou excedendo os limites deles, tem obrigação de dar disso conhecimento ao outro contraente. Este, por seu turno, tem o ónus de exigir ao pseudo--representante a justificação dos seus poderes, nos termos do artigo 260.º. A consequência do não cumprimento deste ónus é o risco da eventual ineficácia do contrato face ao representado, que o não ratifique; não é a exclusão da responsabilidade pré-contratual a consequência negativa da omissão do ónus [303, 304], embora a apreciação do com-

---

[301] Não se tem aqui em vista qualquer hipótese de coacção física ou psicológica — considerando estes conceitos e, em particular, o último no seu recorte técnico — mas as hipóteses em que, por exemplo, os eventuais compradores são convidados a passar gratuitamente um período em local de veraneio, promovendo-se, na ocasião e «excepcionalmente», a celebração de contratos de compra e venda, de *time-sharing* ou de arrendamento de locais para férias.

[302] É, pelo menos, discutível a qualificação da resolução do contrato como indemnização específica, pois a liberação daí decorrente configura-se em termos que se aproximam da execução em espécie do direito a não celebrar o contrato.

[303] A ideia de que a não exigência pelo terceiro da exibição dos poderes do representante afastava para ele qualquer direito reparatório do prejuízo, que a falta ou insuficiênc`a de tais poderes viesse a causar-lhe, era comum na doutrina mais antiga: v., por exemplo, CUNHA GONÇALVES, *Tratado de Direito Civil*, vol. IV, *op. cit.*, p. 202, que afirma que, «na representação contratual, deve também presumir-se que o terceiro conhecia os poderes do representante, ora porque estes foram publicados ou registados, como acontece com os poderes estatutários ou as procurações dos directores ou gerentes das sociedades comerciais, ora porque o terceiro tem o direito de exigir ao representante a apresentação dos seus poderes; não fazendo tal exigência, deve queixar-se só de si próprio. E mesmo que tenha lido a procuração, se o terceiro interpretou erradamente os seus termos,

portamento do *deceptus* tenha de ser realizada para efeitos de aplicação do artigo 570.º, havendo então que fazer tal ponderação com recurso a todos os elementos que caracterizavam a situação e, designadamente, por exemplo, ao respeito ou consideração de que beneficiava o falso representante, quer em geral, quer na concreta relação com o lesado [305].

A verificação da prática de um ilícito pré-contratual pelo representado supõe, porém, que este tenha sabido [306] ou não devesse ter igno-

---

embora de acordo com o representante, sofrerá as consequências do seu equívoco, salvo se o mandato fôr concebido em termos devéras ambíguos e a urgência do contrato não permitia pedir esclarecimentos ao mandante».

[304] UGO NATOLI, *La rappresentanza,* Milano, 1977, p. 102, diz que, para que haja tutela daquele que celebrou o negócio com o *falsus procurator,* «é indispensável que o terceiro não esteja em culpa, isto é, não tenha agido demasiado ligeiramente, descurando controlar aquilo que podia de modo bastante fácil verificar. De outro modo ele não poderá senão imputar a si mesmo e sofrer as consequências da sua propria negligência», observando mais adiante (p. 125) que «não bastaria a mera inobservância do ónus aqui indicado para demonstrar sem mais a culpa do terceiro (mas v. Barbero). É claro, por outro lado, que caberia ao pseudo-representante, que guisesse eximir-se da responsabilidade, fazer prova da referida culpa (Cass. 31 Agosto 1948 n. 1539)».

Já FRANCESCO GALGANO, *Diritto privato, op. cit.,* p. 286, identifica claramente a inobservância do ónus de verificação dos poderes do representante com a culpa, e diz que, havendo esta, não há direito a indemnização.

L. DÍEZ-PICASO, *La representación en el derecho privado, op. cit.,* p. 215, depois de caracterizar restritivamente (por contraposição àquilo que designa por representação aparente) a representação sem poderes, dizendo que ela «supõe [...] que o *dominus* não tenha participado em absoluto na actividade do chamado *fictus procurator,* que esta não se tenha devido nem a sua iniciativa nem tenha havido relativamente a ela aquiescência», diz que, «nestes casos, a eventual protecção dos terceiros que tenham tratado com o *falsus procurator* não se situa em primeiro plano, porque esses terceiros suportaram um ónus de diligência na investigação dos poderes de representação da pessoa com quem se relacionaram».

[305] Se a não verificação dos poderes representativos constitui a inobservância de um ónus, indiciadora de negligência pré-negocial, pode tal não acontecer: sendo o falso representante pessoa que beneficie de uma imagem de particular respeitabilidade no meio social em que o negócio se celebra ou que goze de um ascendente social ou moral sobre o contraente, pode haver de se concluir que a não exigência por este da exibição dos seus poderes representativos não constitui comportamento censurável. V. FRANCESCO BENATTI, *A responsabilidade pré-contratual, op. cit.,* pp. 86-87.

[306] Podendo tal conhecimento revestir a forma de doloso acordo entre o representado e o falso representante, no propósito directo ou não evitado de enganar o lesado. Se se estiver perante uma procuração simulada, a simulação e a consequente nulidade não podem, nos termos gerais do artigo 243.º, ser opostas ao terceiro que com o *falsus procurator* contratou na ignorância da simulação.

rado a intervenção do terceiro alegadamente seu representante, que tenha provocado a intervenção deste, omitindo, culposa ou dolosamente, a concessão de poderes, atribuindo-os invalidamente, ou que ele tenha recusado culposamente a ratificação do negócio[307] ou ainda tenha produzido com culpa uma ratificação inválida ou ineficaz. Como de seguida melhor se verá — para a revogação, total ou parcial, da procuração ou para os casos de extinção desta por outra causa — a tutela *in contrahendo* do terceiro, que com o representante celebrou o negócio, pode consistir na eficácia deste último relativamente ao representado. Isso acontece, desde logo, nos casos em que o comportamento do *dominus,* que não outorgou os poderes representativos expressamente, tendo criado uma aparência de representação, consubstancie uma procuração tácita. Fora dos casos em que tal procuração seja válida, por não ser exigida para ela própria forma especial ou por a forma imposta ter sido observada quanto aos factos de que a procuração se deduz, ainda assim é admissível o entendimento de que, tendo sido o representado a criar culposamente a aparência de outorga de poderes, a sanção do seu ilícito pré-negocial revista a forma preventivo-reparadora em espécie, que é a eficácia do negócio relativamente a ele[308]. Independentemente da prática de qualquer ilícito próprio, a parte poderá ser responsabilizada

---

[307] Hipótese particularmente clara de culposa não ratificação é enunciada por CUNHA GONÇALVES, *Tratado de Direito Civil,* vol. IV, *op. cit.,* p. 203: «*a*) quando o representado considerou válidos contratos anteriores celebrados pelo representante em idênticas condições, o que, mesmo em caso de excesso de poderes, importa uma antecipada ratificação».

[308] Cfr. L. DÍEZ-PICASO, *La representación...*, *op. cit.,* pp. 215 e 303.

A jurisprudência francesa, «reconhecendo a necessidade de garantir a segurança das transacções admitiu que a representação se produz, mesmo em caso de excesso ou falta de poderes, quando os terceiros tiveram sérias razões para acreditar a sua contraparte como qualificada para tratar com eles. A jurisprudência invocava as mais das vezes as regras gerais da responsabilidade civil: o mandante cometeu uma *faute* ao dissimular aos terceiros uma limitação de poderes do mandatário, ou então ao redigir o mandato em termos que permitiam um erro de interpretação e ao não vigiar o emprego que dele fez o mandatário. Essa *faute* acarreta um dano para o terceiro que, tratando com o mandatário, julgou erradamente tornar-se credor do mandante. E a sanção mais adequada consiste numa reparação em espécie: o mandante será reconhecido como devedor do terceiro contraente exactamente como se o mandatário tivesse agido dentro do limite dos seus poderes. Uma jurisprudência mais recente reconhece a possibilidade da vinculação do mandante mesmo fora de qualquer *faute* susceptível de lhe ser censurada, com base no exclusivo fundamento da *aparência;* basta que a convicção do terceiro nos poderes do mandatário tenha sido 'legítima', fórmula que a *Cour de*

pré-contratualmente, se, tendo o falso representante intervindo por iniciativa dela na conclusão do contrato, se encontrarem preenchidos os pressupostos do artigo 800.º.

Quanto ao terceiro, que invocou a condição de representante, não tendo para tanto os necessários poderes, poderia parecer só haver responsabilidade própria se se verificassem os requisitos gerais da responsabilidade delitual do artigo 483.º [309], hipótese em que a parte poderia, aliás, ser com ele responsabilizada, nos termos do artigo 800.º ou do artigo 500.º, consoante estivessem preenchidos os pressupostos de um ou de outro [310].

A este propósito, importa, em primeiro lugar, acentuar que, embora entre o terceiro e o *falsus procurator* não se conclua nenhum contrato, é inequívoco que entre eles se estabelece uma relação [311] — que culmina na celebração do negócio — que se justifica seja submetida à boa fé, determinando, se concorrerem os respectivos· pressupostos e, em particular, a razoável confiança do terceiro na qualidade de representante do outro sujeito, a emergência de deveres pré-negociais entre

---

Cassation modificou mais tarde ligeiramente subordinando a vinculação do mandante ao erro 'comum' do terceiro» (ALEX WEILL e FRANÇOIS TERRE, *Droit Civil. Obligations, op. cit.,* pp. 84-85). V. também BORIS STARK, *Droit Civil. Obligations,* Paris, 1972, p. 391.

Também a jurisprudência italiana, em ordem a proteger o terceiro que confiou razoavelmente na aparência representativa, aceita que o negócio celebrado pelo *falsus procurator* produza efeitos relativamente ao representado, pelo menos nos casos em que é detectável culpa sua na situação de aparência. Cfr. UGO NATOLI, *La rappresentanza, op. cit.,* p. 102.

[309] No Código de Seabra, a responsabilidade do representante sem poderes face ao terceiro com quem concluísse o negócio estava expressamente prevista no artigo 1723.º para os casos em que o representante tivesse actuado voluntariamente e sem autorização do representado, isto é, como gestor de negócios.

[310] Se se verificarem os de ambos, estar-se-á perante uma situação de concurso de fundamentos do direito indemnizatório do lesado contra o representado, cabendo àquele, nos termos gerais, a escolha do regime a invocar.

[311] Não pode argumentar-se, como no quadro da lei civil italiana — artigo 1399.º, *comma* 3, do respectivo Código Civil — com a exigência de um acordo entre o contraente e o falso representante para extinguir o contrato antes de intervir a ratificação, mas não parece que tal exclua a possibilidade de se identificar uma relação jurídica entre ambos. Aliás, o artigo 1398.º do Código italiano expressamente prevê a responsabilidade do representante sem poderes «pelo dano que o terceiro contraente tenha sofrido por ter confiado sem culpa sua na validade do contrato». Sobre o regime italiano, v. LODOVICO BARASSI, *La Teoria generale delle Obbligazioni, op. cit.,* p. 188; UGO NATOLI, *La rappresentanza, op. cit.,* pp. 121 a 124.

132

eles[312]. E, entre estes, parece indiscutível que o de informação relativo à sua legitimidade representativa é um dever jurídico elementar, pelo que a sua inobservância, culposa ou dolosa, fá-lo incorrer em responsabilidade pré-contratual[313], constituindo-o, aliás, talvez também em responsabilidade nos termos do n.º 2 do artigo 485.º: a assim se entender, haverá aqui um duplo fundamento do direito de indemnização do lesado, que poderá invocar qualquer deles. Esta responsabilidade terá um quadro de emergência particularmente nítido nos casos em que, tendo a outra parte exigido a prova dos poderes do representante, este tenha utilizado, para satisfazer tal pedido, uma cópia desconforme com o original ou a procuração já caducada e não devolvida em cumprimento do artigo 267.º, n.º 1. O que também implica o entendimento de que o dever de restituição do documento de onde constem os poderes representativos, logo que a procuração tenha caducado, contrapondo-se ao direito do representado de exigir tal restituição, tem uma função conexa de protecção de interesses alheios, os dos terceiros que venham a celebrar negócios com o «representante» após a cessação dos poderes representativos[314].

---

[312] Sobre os termos em que o representante responde pré-contratualmente face ao terceiro com quem celebrou o negócio, por ilícito culposo diverso do da omissão da informação da falta ou insuficiência dos seus poderes, v. *infra*, n.º 7.1.

[313] Na doutrina italiana, é unânime a opinião de que o *falsus procurator* é pré-contratualmente responsável face ao terceiro, opinião que é facilitada pelo teor do já referido artigo 1398.º do respectivo Código Civil. V. MARIA LEONARDA LOI, *La responsabilità del rappresentante ex artigo 1337.º*, *in* UGO NATOLI, *La rappresentanza*, op. cit., p. 189.

Em França, é pacífico o entendimento de que, nos termos do artigo 1997.º do *Code Civil, a contrario*, é possível, aos terceiros de boa fé que tenham sido lesados pelo falso representante, obter deste indemnização: cfr., por exemplo, ALEX WEILL e FRANÇOIS TERRE, *Droit Civil. Obligations*, op. cit., p. 84.

[314] A. VON TUHR, *Tratado de las Obligaciones*, tomo I, op. cit., p. 245, diz que são da responsabilidade do representante os prejuízos sofridos por terceiro quando o representado tenha exigido infrutiferamente daquele a restituição da procuração; o autor admite mesmo (p. 261) que o representante responda, se actuou culposamente, em geral, «se a equidade o exigir», por «todos os outros danos, incluindo o interesse positivo que o terceiro tenha no cumprimento do contrato», excluindo tal responsabilidade se houver culpa do terceiro; ao ocupar-se da averiguação do fundamento desta obrigação de indemnizar do representante, von Tuhr radica-a na «infracção — culposa ou não — dos deveres quase-contratuais que lhe impõem as negociações do contrato, uma vez iniciadas».

L. DÍEZ-PICASO, *La representación...*, op. cit., p. 303, escreve, a este propósito: «O revogante suporta o ónus de exigir a retirada do documento e só

Sempre que a falta ou insuficiência dos poderes do representante resultem de modificação ou revogação intervindas em procuração existente, há a considerar o artigo 266.º, n.º 1, que dsipõe que elas «devem ser levadas ao conhecimento de terceiros por meios idóneos [315], sob pena de lhes não serem oponíveis senão quando se mostre que delas tinham conhecimento no momento da conclusão do negócio» [316]. Esta norma, constituindo uma aplicação do artigo 227.º, n.º 1, enquanto enuncia o dever pré-negocial de comunicação da modificação ou revogação da procuração [317, 318], determina uma sanção preventivo-repara-

---

cumprindo tal ónus leva a cabo uma revogação plenamente eficaz. Se o revogante se limita a manifestar a sua vontade revogatória, mas permite, ainda que seja por omissão, que o mandatário continue provido do documento de poder, permite imprudentemente uma situação de aparência capaz de suscitar a confiança dos terceiros, face aos quais o poder deve valer como subsistente». E o autor continua: «O problema é diferente se o outorgante dos poderes (*poderdante*) requereu ao procurador (*apoderado*) e este não cumpriu o requerimento. Não parece justo defender que a revogação não alcança plena eficácia e que o poder se considera subsistente face aos terceiros de boa fé, quando o procurador não tenha cumprido a sua obrigação de restituir o documento».

[315] Sobre o significado desta expressão «meios idóneos», idêntica à da lei civil italiana, v. UGO NATOLI, *La rappresentanza, op. cit.*, pp. 61 e 112.

[316] Sobre o regime correspondente do direito suíço, A. VON TUHR, *Tratado de las Obligaciones*, tomo I, *op. cit.*, pp. 241 e 244-245. Sobre o regime jurídico espanhol, cuja lei não impõe expressamente que aos terceiros seja comunicada a revogação da procuração, v. L. DÍEZ-PICASO, *La representación...*, *op. cit.*, pp. 292 e 300 a 304.

[317] FRANCESCO GALGANO, *Diritto privato, op. cit.*, p. 287, fala, a propósito da disposição paralela da lei italiana, do «difícil ónus (*onere*) de levar ao conhecimento dos terceiros com meios idóneos».

[318] PIRES DE LIMA e ANTUNES VARELA, *Código Civil anotado*, vol. I, *op. cit.*, p. 247, opinam que, «ao exigir-se o conhecimento por parte de terceiros, o artigo afasta-se, em alguma medida, da regra geral do artigo 224.º». Significaria esta interpretação, a ser correcta, que a declaração de comunicação da modificação ou extinção da procuração não produziria os efeitos relevantes para esta disposição do n.º 1 do artigo 266.º quando fosse recebida pelo destinatário, mas apenas quando fosse dele conhecida. É de duvidar que este seja o entendimento mais correcto da norma, porquanto, por um lado, tal significaria a eliminação para o destinatário da declaração recebida do ónus de a conhecer, podendo, ao limite, traduzir-se na protecção do desconhecimento culposo posterior à recepção, e, por outro, porque o n.º 1 do artigo 266.º não se ocupa desse problema da eficácia da declaração de comunicação, antes trata da hipótese de, apesar de ela não ter sido realizada, haver conhecimento pelo terceiro da modificação introduzida ou da revogação ocorrida. Isto é, quanto à comunicação, a lei apenas se ocupa de determinar que ela seja realizada «por meios idóneos», nada dizendo quanto ao momento do início

dora *in natura* dos danos provocados pelo ilícito, consistente na eficácia do negócio relativamente ao representado apesar da falta de poderes do representante [319, 320].

Quando a extinção da outorga dos poderes representativos resulte de outra causa não pode ela ser oposta a terceiro que, sem culpa, a ignore (artigo 266.º, n.º 2). Esta disposição não comete ao representante ou ao representado a obrigação de comunicar a causa da extinção da procuração à contraparte no negócio — o que não altera essencialmente [321] a situação, pois essa obrigação decorre do artigo 227.º, n.º 1 —,

---

da sua eficácia; como, porém, o especial regime de tutela dos terceiros instituído pela norma tem como pressuposto a boa fé deles, isto é, a sua razoável (e, por isso, desculpável) confiança nos poderes do representante, por desconhecimento da introdução de alterações ou da revogação da procuração, a lei afasta-o se se provar que o terceiro tinha tido, por outro meio, delas conhecimento. Aliás, nem sempre o meio idóneo de levar ao conhecimento de terceiro a modificação ou a revogação da procuração é uma declaração negocial, antes sendo o do registo, quando deste são objecto os actos de outorga de poderes representativos. V. UGO NATOLI, *La rappresentanza, op. cit.,* p. 112.

Porque é o regime da tutela da boa fé de terceiros que esta disposição está a definir, numa formulação muito semelhante, aliás, à do artigo 1396.º do Código Civil italiano, e porque é noutra sede que se contém aquele outro que é o da eficácia da declaração negocial — que nada aqui permite supor esteja a ser aludido — não se partilha a conclusão interpretativa acima referida.

[319] I. GALVÃO TELLES, *Manual dos Contratos em geral, op. cit.,* p. 309, entende que a inoponibilidade ao outro contraente das «instruções secretas do interessado tendentes a fazer cessar ou reduzir os poderes de representação, àquele externamente conferidos» resulta do facto de o contrato ser «produto da vontade do representante», isto é, de este não ser «simples órgão de transmissão ou exteriorização de uma vontade alheia», antes ser ele que, «em colaboração com a outra parte, [...] dá vida ao negócio na totalidade dos seus aspectos».

[320] Quanto aos problemas suscitados pela cumulação de negócios incompatíveis entre si, celebrados, respectivamente, pelo representado e pelo represéntante cujos poderes se extinguiram, quando essa extinção não seja oponível à contraparte, v. RENATO SCOGNAMIGLIO, *Contratti in generale, op. cit.,* p. 75.

Pelo que respeita, nesta hipótese de inoponibilidade ao terceiro da falta de poderes do representante, à responsabilidade deste último face ao representado, v. UGO NATOLI, *La rappresentanza, op. cit.,* pp. 62-63.

[321] A alteração limita-se à inversão do ónus da prova da culpa: enquanto, para a revogação ou modificação, a respectiva oponibilidade ao terceiro depende de o interessado provar que aquele delas tinha conhecimento, quanto às restantes causas extintivas, compete ao terceiro provar a sua ignorância não culposa como condição da inoponibilidade. Cfr. PIRES DE LIMA e ANTUNES VARELA, *Código Civil anotado,* vol. I, *op. cit.,* p. 247; UGO NATOLI, *La rappresentanza, op. cit.,* pp. 113-114: o autor observa que, «na prática, todavia, as duas hipóteses

limitando-se a estabelecer o regime de tutela do terceiro, consistente na eliminação preventiva do dano que lhe viria a ser causado pela desculpavelmente desconhecida extinção dos poderes representativos. Dado que esta disposição tem em vista, mais do que a sanção do ilícito pré-contratual, a tutela *in contrahendo* da boa fé dos terceiros [322], esta cessa sempre que o seu pressuposto — a ignorância não culposa da falta de poderes do representante — não esteja preenchido (ou se presuma não o estar). O que significa, para a questão que agora está em causa, que, não conseguindo o terceiro provar o carácter desculpável da sua ignorância da causa extintiva da procuração, não pode o negócio celebrado representativamente valer em relação ao representado, mas tal não exclui minimamente a responsabilidade *in contrahendo* do representante que culposamente tenha criado ou mantido a aparência da legitimidade representativa, de que carecia. Haverá, então, que entrar em consideração, para efeitos de decisão da atribuição do direito indemnizatório e do seu objecto, com o regime do artigo 570.º.

A responsabilidade do representante sem poderes pode, aliás, decorrer não da ocultação da falta de poderes, mas da criação, dolosa ou negligente, da convicção na contraparte de que a ratificação viria a produzir-se, quando se sabia ou devia saber, que ela era improvável.

Haverá, finalmente, de considerar-se a hipótese de o representante que actua fora dos limites dos respectivos poderes ser um representante legal [323] e não voluntário. Relativamente a esta situação, afastam alguns autores expeditamente a tutela da contraparte, com o argumento de

---

tenderão a colocar-se no mesmo plano. Já que, perante a afirmação negativa do terceiro, caberá, também no segundo caso, ao representado, produzir a prova positiva, embora não específica, mas meramente presuntiva [...], pondo em evidência a circunstância que o terceiro não teria podido ignorar, se se tivesse comportado diligentemente; e, portanto, a existência de culpa suficiente para retirar qualquer valor à boa fé pretendida por ele...».

[322] A. VON TUHR, *Tratado de las Obligaciones*, tomo I, *op. cit.*, p. 236, reconduz várias hipóteses de desconhecimento não culposo pelo terceiro da falta de poderes representativos — como, por exemplo, a exibição de falsa procuração pelo representante, o desempenho por este de uma função a que estejam normalmente associados poderes de representação segundo as práticas comerciais correntes — ao que designa por «quase-representação», que, ao que parece, tem, segundo o autor, os mesmos efeitos que a representação com poderes. Cfr. também MARIO BESSONE, *Casi e questioni...*, vol. II, *op. cit.*, pp. 44-45.

[323] Neste caso, a consequência da realização do acto pelo representante não é, tipicamente, a ineficácia relativamente ao representado, antes sendo ou a anulabilidade (artigos 1893.º e 1940.º) ou a nulidade (artigo 1939.º).

que a ignorância do âmbito dos poderes do representante é um erro de direito que não pode aproveitar ao que o cometeu [324]. Caberá aqui observar, por um lado, que o facto de a fonte dos poderes representativos ser a lei ou a decisão judicial não elimina o ilícito pré-negocial consistente em o representante invocar falsamente essa qualidade para praticar um acto ou celebrar um negócio para que não tem legitimidade representativa, nem, em consequência, exclui o dever de informar do facto a contraparte [325], e, por outro, remeter-se-á para o que sobre erro de direito ficou dito [326], isto é, salientar-se-á a necessidade de apreciar a conduta do terceiro para apurar da existência de culpa sua, e, em caso afirmativo, de ponderar esta no quadro definido pelo artigo 570.º.

Sendo a situação, não a de falta ou insuficiência de poderes do representante, mas a de abuso deles, o artigo 269.º estabelece um regime de tutela da contraparte, que desconheça e não deva conhecer o abuso, consistente na eficácia do acto relativamente ao representado. Caso haja culpa do terceiro com quem o representante celebrou o negócio — por ele conhecer ou dever conhecer, com a normal diligência, o abuso — o regime será o da representação sem poderes [327]. A única observância que então se impõe é, mais uma vez aqui, a de que, havendo culpa do lesado, ela tem de ser tomada em consideração nos termos do artigo 570.º, podendo, portanto, implicar a redução ou exclusão do seu direito indemnizatório contra o representante e/ou o representado.

m) Reserva mental.

A reserva mental, tal como ela é caracterizada pelo artigo 244.º, n.º 1, só poderá fundar, evidentemente, responsabilidade pré-contratual

---

[324] V. CUNHA GONÇALVES, *Tratado de Direito Civil*, vol. IV, *op. cit.*, p. 202.

[325] No sentido da responsabilidade *in contrahendo* do representante legal sem poderes, LUCIANO BRUSCUGLIA, *La rappresentanza legale, in* UGO NATOLI, *La rappresentanza, op. cit.*, p. 150.

[326] Cfr. *supra,* alínea *e).*

[327] Na falta de regime legal, L. DÍEZ-PICASO, *La representación..., op. cit.,* p. 199, diz que, «naqueles casos em que o terceiro tivesse conhecido ou devido conhecer o carácter abusivo ou desviado do acto de exercício do poder, pelo representante, entendemos que este facto é determinante da ineficácia do negócio estipulado pelo representante com o terceiro. O caso mais claro será aquele em que o terceiro seja de alguma maneira o beneficiário directo do acto abusivo ou resulte cúmplice dele. Em nossa opinião, a solução deve ser a mesma sempre que o terceiro conheça o carácter abusivo do acto do procurador».

se em sua consequência a contraparte vier a sofrer danos . Se a intencional divergência entre a vontade e a declaração vier a traduzir-se em regulamento contratual distorcido pelo engano do declaratário, com prejuízo para este, muito embora ela não releve como fundamento de invalidade do negócio [328], tem de ser considerada ilícito pré-contratual constitutivo de responsabilidade.

Não é para tal necessário que a reserva mental seja fraudulenta, isto é, que haja intuito do declarante de prejudicar, bastando que, sendo ela inocente — com o mero propósito de enganar — venha a causar danos ao declaratário. Na maior parte dos casos, a reserva mental, não constituindo de per si vício que funde a invalidade do negócio, repercutir-se-á ou encontrará expressão no dolo do declarante na gestação de uma causa de invalidade daquele: por exemplo, omissão da forma legalmente imposta para a validade. Isto é, a parte, que declara uma vontade negocial desconforme com a sua vontade real para enganar a outra parte, omite a forma legalmente prescrita a fim de que a declaração emitida não possa produzir os efeitos jurídicos que lhe correspondem. Nestas hipóteses, não sendo a reserva mental o fundamento da invalidade, ela caracteriza o dolo do declarante na prática do ilícito pré-contratual de inobservância da forma legal.

A regra da segunda parte do n.º 2 do artigo 244.º, equiparando à simulação a reserva mental conhecida do declaratário [329], representando

---

[328] A irrelevância da reserva mental para efeitos de invalidade do negócio corresponde a uma aplicação do princípio da responsabilidade *in contrahendo*: tendo o destinatário da declaração acreditado, fundadamente, na sua seriedade, a mais adequada forma de tutelar a sua boa fé é tratar tal declaração como objectivamente séria e válida. V. I. GALVÃO TELLES, *Manual dos Contratos em geral, op. cit.,* p. 150.

[329] Não bastando que ela seja cognoscível, isto é, que ele pudesse ou, mesmo, devesse conhecê-la, é indispensável que ela seja conhecida. Não parece poder admitir-se aqui, dado o teor literal do preceito, a tese de MANUEL DE ANDRADE, *Teoria Geral da Relação Jurídica,* vol. II, *op. cit.,* p. 218, segundo a qual «pode todavia sustentar-se que neste caso bastará, para excluir a validade do negócio, a simples *cognoscibilidade* do vício, quando o reservante tenha procedido com ânimo de trazer vantagem ao declaratário; ou até que nem será preciso a cognoscibilidade, apenas respondendo o declarante pelo interesse negativo — se este não foi contrabalançado pela vantagem auferida».

Pronunciando-se sobre esta tese de Manuel de Andrade, MOTA PINTO, *Notas sobre alguns temas..., op. cit.,* pp. 120-121, diz que a rigidez da solução da lei, «estabelecendo, sem excepção, que só o conhecimento efectivo da reserva é motivo de nulidade», «poderá, todavia, ser atenuada nalguns casos, no sentido da ideia do Prof. Manuel de Andrade, por aplicação da *cláusula geral do artigo 334.º*

uma sanção da culpa do declaratário, é violenta, pois tal conhecimento não consubstancia um acordo ou conluio entre as partes e, muito menos, motivado pela intenção de enganar terceiros [330]. Porque assim é, ou seja, porque ao *animus decipiendi* do declarante não tem de corresponder idêntico *animus* do declaratário, conhecedor da reserva, a nulidade do negócio pode, se causadora de danos para este último, constituir o reservante em responsabilidade face àquele, cuja culpa haverá de ser apreciada nos termos do artigo 570.º. Este entendimento é corroborado, por maioria de razão aliás, pelo pensamento daqueles autores que reconduzem à simulação fraudulenta as hipótese em que uma das partes impõe à outra a conclusão de um contrato simulado, não para prejudicar qualquer terceiro, mas para prejudicar o simulador que aceitou a imposição [331]. É que, em tais hipóteses, houve *pactum simulationis,* ou seja, houve, não apenas conhecimento da reserva pelo declaratário, mas conivência sua na intencional divergência, e, apesar disso, é ele o único ou principal lesado pela divergência. Não faria, evidentemente, em tais casos, sentido excluir o seu direito indemnizatório pela sua participação na divergência, apenas devendo o seu comportamento ser apreciado face às regras do artigo 570.º. Também na reserva conhecida do declaratário, o comportamento pré-negocial das partes tem de ser apreciado caso a caso, para apurar de uma eventual responsabilidade do declarante face à contraparte, se esta tiver sofrido danos, nomeadamente em caso de declaração de nulidade do negócio.

A irrelevância da divergência entre a vontade e a declaração para efeitos de validade do negócio é, por sua vez, tradicionalmente entendida como consequente do princípio da auto-responsabilidade do declarante [332]. Se tal originária divergência entre a vontade e a declaração

---

— *abuso do direito».* E prossegue: «Com efeito, excederá, muitas vezes, os limites impostos pela boa fé ou pelos bons costumes — por ser clamorosamente contrária ao sentimento jurídico prevalente — a pretensão do declaratário, no sentido da validade de uma declaração que o respectivo autor emitiu, com reserva mental, para trazer vantagem ao declaratário (por exemplo para o dissuadir do suicídio ou dum acto patrimonialmente ruinoso)».

[330] Note-se que, mesmo quando os autores caracterizavam a simulação como uma «reserva mental comum às partes contraentes», não deixavam de assinalar a necessidade de que existisse em resultado «de acordo delas», considerando o *pactum simulationis* o elemento caracterizador específico da simulação. Cfr. I. GALVÃO TELLES, *Manual dos Contratos em geral, op. cit.,* pp. 150 a 152.

[331] V. I. GALVÃO TELES, *Manual dos Contratos em geral, op. cit.,* p. 154.

[332] RENATO SCOGNAMIGLIO, *Contratti in generale, op. cit.,* p. 36.

se vier a reflectir no não cumprimento do negócio pelo contraente autor da declaração, a responsabilidade deste terá como fundamento esse incumprimento e o seu regime será o dos artigos 798.º e seguintes, à obrigação indemnizatória fundada nestes últimos podendo acrescer uma indemnização pelos danos autónoma e suplementarmente resultantes do ilícito pré-negocial [333].

n) Falta de consciência da declaração.

Se uma das partes não tiver consciência de emitir uma declaração negocial, depositando na sua seriedade razoável confiança a contraparte, a obrigação de indemnizar esta dos danos que tenham sido sofridos impende sobre o declarante que tenha actuado negligentemente, por força do próprio artigo 246.º: esta norma constitui assim uma aplicação do princípio geral do artigo 227.º. Constituindo a responsabilidade aqui prevista uma concretização da disposição do n.º 1 do artigo 227.º, parece que a ela se deverá aplicar a regra do n.º 2 daquele preceito, isto é, que o prazo prescricional desta obrigação de indemnizar é o estabelecido no artigo 498.º.

Por outro lado, a responsabilidade *in contrahendo* recairá sobre o declaratário, se este se apercebeu, ou podia ter apercebido com normal diligência, da falta de consciência do declarante e disso o não avisou ou não obstou à celebração do negócio.

Segundo Mota Pinto [334], a hipótese de declaração sob o nome de outrem «pode subsumir-se, directamente ou por analogia, na previsão do artigo 246.º, pois, tal como em certos casos de erro-obstáculo, não há, por parte do declarante aparente, consciência de fazer uma declaração negocial». E, ainda segundo o autor, tal aplicação analógica «fundamenta não só a inexistência do negócio» em relação ao suposto declarante, «mas, também, verificados os pressupostos respectivos, como será possível nalgum caso, a obrigação de indemnizar que, naquela disposição, se estatui». Muito embora Mota Pinto o não explicite, parece que a obrigação de indemnizar a que alude, com fundamento no artigo 246.º, só poderá impender sobre o declarante aparente nos casos em que ou ele tenha tido culpa na declaração feita sob o seu nome por outrem ou

---

[333] Sobre a autonomia de um tal direito indemnizatório, v. *supra,* alínea *c*).
[334] *Notas sobre alguns temas...*, *op. cit.*, p. 124.

140

naqueles em que o autor real da declaração pratique o acto em termos que se subsumam à previsão do artigo 800.º. A responsabilidade daquele que emitiu a declaração falsamente sob o nome de outrem decorrerá, em regra, dos artigos 483.º e seguintes, sendo difícil admitir que entre ele e a contraparte se instale uma relação pré-negocial submetida à boa fé, porque, diversamente do que acontece, por exemplo, na hipótese do *falsus procurator,* a outra parte não o identificará como sujeito diferente daquele sob o nome de quem actua, isto é, a existência de uma autónoma relação pré-negocial entre o declarante real e o terceiro não tem suporte, pois não há condições para uma confiança da contraparte na pessoa do declarante.

o) Declaração não séria.

A responsabilidade pré-contratual existe nos termos do n.º 2 do artigo 245.º [335], que, também ele, constitui um afloramento do princípio geral do artigo 227.º [336]. E também aqui tal verificação tem como consequência a de que o prazo de prescrição da obrigação de indemnizar é o resultante do artigo 498.º, nos termos do n.º 2 do artigo 227.º.

p) Incapacidade acidental.

A responsabilidade pré-contratual do declaratário parece estar condicionada aos pressupostos do artigo 257.º, n.º 1, pois, fora dos casos em que, com normal diligência, o declaratário se poderia ter apercebido da incapacidade, não haverá o dever de avisar ou de se abster da cele-

---

[335] Chamando a atenção para as dificuldades que podem surgir na distinção entre a chamada graça pesada e a reserva mental, CASTRO MENDES, *Teoria geral...,* vol. II, *op. cit.,* pp. 145-146.

[336] Neste sentido J. CASTRO MENDES, *Teoria geral...,* vol. II, *op. cit.,* p. 174, observando o autor, na nota 419, que, «embora a responsabilidade em rigor decorra não da culpa do declarante, mas da posição do declaratário», consideração que não pode partilhar-se. Na verdade, se a declaração não séria foi «feita na expectativa de que a falta de seriedade não seja desconhecida» mas «em circunstâncias que induzam o declaratário a aceitar justificadamente a sua seriedade», tal significa que o declarante inobservou o dever de consideração e atenção pela contraparte, que a boa fé lhe impõe, actuando com ligeireza, falta de cuidado, dito numa palavra, com culpa.

141

bração do negócio [337]. Já a responsabilidade do declarante depende de ele ter tido culpa na criação da situação de incapacidade acidental, havendo, nesta hipótese, de levar em conta, nos termos do artigo 570.º, a culpa do declaratário, se tiver existido [338].

q) Incapacidade por menoridade.

Constituindo a responsabilidade pré-contratual uma modalidade de responsabilidade obrigacional, parece difícil defender que o menor possa nela incorrer, ou seja, que ele esteja vinculado ao cumprimento das obrigações emergentes da boa fé. No entanto, há que ter neste domínio em atenção o regime do artigo 126.º [339], que preclude o direito de invocar a anulabilidade para «o menor que para praticar o acto tenha usado de dolo com o fim de se fazer passar por maior ou emancipado» [340]. A exclusão do direito a arguir o vício do negócio quando o comportamento pré-contratual do menor tenha consubstanciado dolo corresponde a uma imperativa restauração natural decorrente da lei, isto é, a uma agravada responsabilidade dele, pois que o respectivo regime dispensa a prova de danos eventualmente decorrentes da anulação e impõe uma modalidade indemnizatória específica independente da verificação dos requisitos do n.º 1 do artigo 566.º [341]. Porque a

---

[337] Mais exigente é o artigo 428.º do Código Civil italiano, pois faz depender a anulação do negócio da má fé da contraparte, entendendo um sector da doutrina que a má fé só existe quando tenha havido conhecimento da incapacidade por parte do outro sujeito, isto é, que não basta a recognoscibilidade da incapacidade para que se possa falar da má fé, exigida pela norma. V. RENATO SCOGNAMIGLIO, *Contratti in generale, op. cit.*, pp. 26-27.

[338] E pode não se ter verificado, designadamente por o contrato ter sido celebrado entre ausentes.

[339] Na falta de disposição semelhante, a doutrina e a jurisprudência francesas entendem, frequentemente, que, «em caso de manobras fraudulentas», «a segurança das transacções leva a melhor sobre a vontade de proteger o incapaz», concluindo-se que a sua conduta dolosa «o torna não admitido a pedir a nulidade do seu acto» (RENE DEMOGUE, *Traité des Obligations, op. cit.*, pp. 428 a 431).

[340] Este regime tem como antecedente o n.º 2 do artigo 299.º do Código Civil de 1867, onde se estabelecia que o menor não podia valer-se da nulidade dos actos por si praticados se tivesse «usado de dolo para se fazer passar por maior».

[341] VINCENZO CUFFARO, *Responsabilità precontrattuale, op. e loc. cit.*, p. 1272, a propósito do correspondente preceito da lei italiana (o artigo 1426.º) escreve que «é controversa a ligação» entre ele e a responsabilidade *in contrahendo*.

perspectiva da lei é, mais do que sancionar o ilícito pré-contratual do menor, a de proteger os terceiros que de boa fé com aquele celebrem negócios, estabelece ela um regime de preventiva eliminação de prejuízos para a contraparte, cuja dissemelhança com a indemnização em espécie reside nesse carácter preventivo e na inerente dispensa da prova de danos advindos da anulação.

Várias são as questões que esta disposição suscita.

Em primeiro lugar, temos a de determinar o âmbito do conceito de dolo tido em vista pela norma, como pressuposto do regime que define. Enquanto o Código de Seabra esclarecia, no § único do artigo 299.º, que «a simples declaração, ou inculca de maioridade ou de emancipação, não é suficiente para, neste caso, caracterizar o dolo» [342], a actual norma omite qualquer especificação alargadora ou restritiva do conceito do dolo usado no artigo 253.º. Parece, em consequência, que o dolo será, tal como este último artigo o define, «qualquer sugestão ou artifício que alguém [o menor] empregue com a intenção ou consciência de induzir ou manter em erro o autor da declaração, bem como a dissimulação, pelo declaratário [o menor] ou terceiro do erro do declarante» [343]. Significa isto que o comportamento pré-negocial do menor de «se fazer passar por maior ou emancipado» é sancionado, nos termos do artigo 126.º, tanto nos casos em que tenha havido dolo comissivo, como naqueles em que ele tenha sido omissivo; o que, por sua vez, implica que sobre o menor recaia o dever, emergente da boa fé, de não induzir em erro a contraparte e de dissipar o erro cometido, quando apercebido.

Sendo o dolo um ilícito pré-negocial, haverá que averiguar qual o grau de culpa que a sua prática requer para que esteja verificada a previsão do artigo 253.º. Enquanto o n.º 1 desta disposição parece exigir para a caracterização do dolo o *animus decipiendi* — que não o *animus nocendi* — a última parte do respectivo n.º 2 promove um

---

[342] O que a doutrina entendia ser uma consequência do princípio da auto--responsabilidade do terceiro, pois este «deve informar-se da capacidade da pessoa com quem trata; e se se contentar com declarações gratuitas, deve suportar os efeitos da própria negligencia» (CUNHA GONÇALVES, *Tratado de Direito Civil*, vol. IV, *op. cit.*, p. 182); v. também J. DIAS FERREIRA, *Codigo Civil Portuguez annotado*, vol. I, 2.ª edição, Coimbra, 1894, pp. 89-90.

[343] No sentido de reconduzir o dolo a que esta disposição faz referência ao âmbito definido pelo artigo 253.º, n.º 1 e n.º 2 *a contrario*, PIRES DE LIMA e ANTUNES VARELA, *Código Civil anotado*, vol. I, *op. cit.*, p. 236.

alargamento do conceito, pois, qualificando como dolo o não esclarecimento do erro do declarante quando havia o dever de o dissipar, parece dispensar, em tais hipóteses, o intuito ou a consciência da manutenção em erro do declarante [344, 345]. Por isso que, se, no dolo comissivo, dificilmente poderá admitir-se a dispensa de dolo, ao menos eventual, já no dolo omissivo, em particular quando ele se consubstancie no não esclarecimento do erro da contraparte, quando da boa fé emergia a imposição dessa elucidação, poderão ocorrer situações em que o comportamento do (menor) *deceptor* tenha sido meramente culposo [346].

---

[344] Só entendendo que, para que a omissão do esclarecimento devido possa consubstanciar dolo, será necessário que, de acordo com o n.º 1 do artigo 253.º, haja conhecimento da existência do erro do declarante e consequente conhecimento da possibilidade da sua manutenção na situação de erro, é que o dolo pré-negocial implica a existência de dolo, ao menos eventual.

[345] Afirmando que o dolo pré-negocial implica forçosamente intenção de enganar, A. VON TUHR, *Tratado de las Obligaciones,* tomo I, *op. cit.,* pp. 214-215.

[346] No domínio do Código de Seabra, era comum o entendimento de que «o dolo supõe essencialmente a *intenção de enganar* ou ludibriar o outro contraente» (CUNHA GONÇALVES, *Tratado de Direito Civil,* vol. IV, *op. cit.,* p. 311). E, se esta concepção podia relevar do facto de a designação de dolo ser reservada pelo § único do artigo 663.º daquele Código para o dolo comissivo, designando-se por má-fé o dolo omissivo, não pode esquecer-se que alguns autores — como J. DIAS FERREIRA, *Codigo Civil...,* vol II, *op. cit.,* p. 14 — afirmavam expressamente que «no caso de dolo e de má fé, que importam sempre premeditação e propósito de enganar ou de não desenganar...». No mesmo sentido, MANUEL DE ANDRADE, *Teoria Geral da Relação Jurídica,* vol. II, *op. cit.,* p. 262, nota 3. JAIME DE GOUVEIA, *Da Responsabilidade contratual, op. cit.,* p. 287, analisando incidentalmente o problema, a propósito da questão de saber se a mera culpa no não esclarecimento do erro era constitutiva de responsabilidade, dizia, em sintonia com a sua concepção do fundamento de tal responsabilidade: «Mas, quando o contraente não empregou dolo para induzir o outro em êrro, e apenas por negligência deixou de esclarecer devidamente a outra parte sôbre a causa, o objecto ou as pessoas no contrato, não vemos como e porquê possa emergir uma acção de reparação civil, pela qual, apesar da validade do contrato, possa ser atribuída uma indemnização ao contratante de vontade viciada».

I. GALVÃO TELLES, *Manual dos Contratos em geral, op. cit.,* pp. 97-98, pronunciando-se contra a distinção entre dolo e má fé, pois «a passividade fraudulenta não difere, pelo seu significado moral e jurídico, da actividade», parece pressupor uma intenção de enganar num caso como no outro: no entanto, o autor assinala, em comentário ao artigo 663.º do Código de Seabra, que ele «desloca o sentido da palavra [dolo] do aspecto interno e subjectivo da *intenção,* para o objectivo e exterior da conduta», e, desvirtuando o significado do termo, chama «dolo à própria *conduta* em si, a sugestão ou artifício para conseguir o fim proibido».

144

Se, por exemplo, o menor não adverte a contraparte da sua condição e da consequente invalidade do negócio, embora não tenha a certeza de que tal facto seja ignorado pelo outro sujeito, desconhecendo se ele está a celebrar o negócio por estar erroneamente convencido de que o faz com um sujeito capaz ou se conhece a menoridade e está disposto a correr o risco da eventual anulação do negócio, não parecendo duvidoso que exista o dever de esclarecer, pode, porém, haver mera culpa, embora consciente, na omissão.

Uma segunda questão suscitada pela disposição do artigo 126.º é a de saber se o regime por ela estabelecido de preclusão do direito a invocar a anulabilidade apenas se aplica ao menor e seus sucessores ou se ele é extensivo a todos aqueles que, nos termos do artigo 125.º, têm legitimidade para requerer a anulação. A primeira interpretação, baseada, tanto quanto pode perceber-se, sobretudo (ou exclusivamente) no elemento literal, é defendida por Pires de Lima e Antunes Varela [345], dizendo estes autores que a eliminação, para o menor, do direito a anular «impede também que o acto seja anulado pelos seus herdeiros», pois estes «são *continuadores* do *de cujus,* devendo ser pautada pela legitimidade destes a legitimidades daqueles». E continuam: «Quanto, porém, aos pais, tutores ou administradores, não há razão para lhes coarctar o direito à anulação do acto do menor só porque este usou de dolo para se fazer passar por maior. É esta a solução que resulta do texto deste artigo, já que *apenas* se retira a legitimidade ao menor e não aos seus representantes legais».

Face ao actual texto legal, entende que a existência de dolo implica forçosamente a intenção ou a consciência de enganar, MOTA PINTO, *Notas sobre alguns temas...*, *op. cit.*, pp. 147, 150 e 152.

Este problema tem, pois, uma história dependente daquela que foi a do alargamento progressivo do conceito de dolo negocial à reticência ou dolo omissivo e, no interior deste, a ulterior ampliação do âmbito do silêncio ou reticência não tolerados. Uma defesa da restrição do campo da reticência dolosa pode ver-se, por exemplo, em JACQUES GHESTIN, *La notion d'erreur...*, *op. cit.*, pp. 110 a 114 e 116. JOANNA SCHMIDT-SZALEWSKI, *Droit des Contrats*, Paris, sem data, mas 1989, p. 310, parecendo caracterizar o dolo restritivamente pela «intenção fraudulenta», dele autonomiza a omissão da obrigação de prestar uma informação ou um conselho.

[347] *Código Civil anotado*, vol. I, *op. cit.*, p. 138. Em sentido contrário citam estes autores a opinião de MÁRIO DE BRITO, *Código Civil anotado*, artigo 126.º.

Esta interpretação, suportada no elemento literal, desconhece, creio, a *ratio* da disposição, que, mais do que sancionar o acto do menor[348], visa preservar a boa fé intersubjectiva que ele violou, tutelando a contraparte pela prevenção dos danos que ela sofreria em resultado da anulação. E esse objectivo só pode ser alcançado se, além da legitimidade do menor para requerer a anulação, for também excluída a legitimidade daqueles que, nos termos do artigo 125.º, a teriam: não fora assim, e o terceiro, enganado quanto à capacidade do menor, veria a sua legítima confiança defraudada, sofrendo os danos que a lei visa justamente poupar-lhe em razão da sua boa fé. Por isso que se divirja daquela interpretação, entendendo que a privação de legitimidade enunciada pela disposição é extensiva a quantos, nos termos da lei, a teriam para requerer a anulação[349].

Um outro problema colocado pelo regime deste artigo 126.º é o de saber se ele é extensivo a outros incapazes, em razão diversa da da menoridade. Quanto aos interditos, determina o artigo 139.º a extensão a eles dos regimes das «disposições que regulam a incapacidade por menoridade e fixam os meios de suprir o poder paternal», pelo que a questão está expressamente resolvida em sentido positivo pela lei; pelo que respeita aos inabilitados, o artigo 156.º, mandando aplicar à inabilitação, «com as necessárias adaptações, o regime das interdições», parece legitimar a extensão, por força do artigo 139.º, do regime do artigo 126.º. Porém, não sendo a capacidade do inabilitado totalmente excluída, mas apenas limitada, fora da situação prevista no artigo 126.º, não parece que o regime do seu comportamento pré-negocial haja de ser essencialmente diverso do dos sujeitos capazes. Ou seja, o inabili-

---

[348] O acto do menor que é considerado pelo artigo 126.º é o acto pré-negocial de usar «de dolo com o fim de se fazer passar por maior ou emancipado» e não aquele outro de vir invocar a anulabilidade do negócio. Isto é, o que aqui está principalmente em causa é o ilícito pré-negocial e não o exercício abusivo do direito à anulação. Se é certo que, tendo-se verificado a conduta ilícita na causa da invalidade do negócio, o exercício do direito a invocar esta é evidentemente abusivo, também o é que, para paralisar tal exercício, sempre bastaria a disposição do artigo 334.º; a explicação da previsão de tal paralisação nesta disposição do artigo 126.º está na eliminação de quaisquer dúvidas quanto à consequência reparadora do dolo do menor: essa é a de se comportar como válido o negócio, não afectando o terceiro que de boa fé o concluiu.

[349] Neste ponto, preferível se afigura a clara redacção do artigo 1426.º do Código Civil italiano, que afirma que «o contrato não é anulável, se o menor ocultou com artifícios a sua menoridade».

tado, não tendo a sua capacidade de exercício suprimida, poderá ser responsabilizado pré-contratualmente sempre que, em atenção à sua condição, haja de concluir-se que sobre ele impendia uma obrigação *in contrahendo* que foi culposamente violada, em consequência do que sofreu danos a contraparte [350].

Tendo-se visto que do artigo 126.º decorre que a lei considera os menores submetidos a, pelo menos, algumas obrigações pré-negociais, põe-se, finalmente, o problema de saber se pode, em consequência, considerar-se o menor vinculado à generalidade das obrigações que da boa fé pré-negocial resultam e, em consequência, admitir-se a sua responsabilidade *in contrahendo* quando, por violação delas, a contraparte tenha sofrido danos. Tal possibilidade não parece, desde logo, justificar dúvidas quando o negócio, em cujos preliminares ou formação foi cometido o ilícito, seja um daqueles que, nos termos do artigo 127.º, são qualificados como válidos, apesar da menoridade. Fora desses casos, o problema só terá oportunidade de autónomo surgimento quando o negócio concluído haja de comportar-se como válido, por força do disposto no artigo 126.º, ou naqueles em que a sua invalidade ou ineficácia se não fundem na incapacidade do menor. E, em tais hipóteses, ponderada cuidadosamente, como sempre deve fazer-se, a condição da parte que é o menor, não se vê decisiva razão para, com aplicação do princípio informador do n.º 1 do artigo 127.º, afastar uma responsabilidade própria do menor. Tal responsabilidade, se admitida, deverá circunscrever-se aos limites impostos pelo n.º 2 do artigo 127.º quanto aos actos e negócios aí previstos, sendo discutível se, fora deles, não poderá admitir-se também idêntica restrição do património garante, isto é, se não devem então responder apenas os bens de que o menor tenha a livre disposição [351, 352].

---

[350] K. LARENZ, *Lehrbuch des Schuldrechts*, I. Band, *op. cit.*, p. 96, diz que, quando a parte nas negociações tenha a sua capacidade limitada, só impendem sobre ela os deveres jurídicos pré-negociais se o respectivo representante legal tiver autorizado o início das negociações ou o contacto negocial àquele equiparado.

[351] A doutrina francesa é, segundo JOANNA SCHMIDT, *La sanction de la faute...*, *op* e *loc. cit.*, p. 68, «unânime em recusar à contraparte do incapaz indemnização [...]. A explicação mais satisfatória desta situação é dada por Meignié; a contraparte do incapaz incorre em culpa ao contentar-se com a afirmação da capacidade sem a verificar quando a publicidade organizada pela lei lhe faculta meios para tal».

[352] K. LARENZ, *Lehrbuch...*, *op. cit.*, pp. 96-97, afirma que, sendo a parte nas negociações incapaz, nem a autorização do respectivo representante legal

Resta assinalar que, sendo uma das partes incapaz ou encontran do-se a sua capacidade limitada, os deveres pré-negociais impendentes sobre a contraparte revestem maior amplitude e intensidade, dado que a especial debilidade que afecta o incapaz justifica um acrescido cuidado e atenção [353].

r) Indisponibilidade do falido e insolvente [354].

Sendo os negócios jurídicos [355] realizados pelo falido e insolvente, após a sentença, ineficazes em relação à massa falida, a sua conclusão sem informação prévia da outra parte da sua ilegitimidade faz incorrer o falido em responsabilidade *in contrahendo*. Situação idêntica à do falido e insolvente «é, no tocante aos bens penhorados, a do devedor executado em processo executivo comum» [356], como aliás a é a do devedor cujos bens se encontrem preventivamente arrestados.

O particular problema que aqui se coloca é o de a ineficácia do acto relativamente à massa falida ou aos bens penhorados arrastar a consequência de que esses bens também não respondam, parece, pela dívida indemnizatória em que o falido, o insolvente ou o devedor executado fiquem constituídos por força da responsabilidade pré-negocial. Pretendendo-se preservar dado acervo patrimonial dos efeitos diminuidores derivados de actos do falido, insolvente ou devedor executado, em razão da necessidade da tutela da garantia patrimonial dos respectivos credores, não deve admitir-se que possam esses bens ser afectados pelas consequências de uma eventual responsabilidade *in contrahendo* em que o sujeito haja incorrido.

é susceptível de criar as condições para que sobre ela impendam os deveres jurídicos pré-negociais. Porém, quando a incapacidade provier de menoridade, o autor observa que é necessário ver se, nos termos do § 828,2, do *BGB*, o agente tem o entendimento necessário, para saber se pode considerar-se culposo o incumprimento de um dever pré-negocial.

[353] V. K. LARENZ, *Lehrbuch...*, *op. cit.*, p. 96.

[354] J. CASTRO MENDES, *Teoria geral do direito civil*, vol. I, revisto e actualizado, Lisboa, 1978, pp. 175-176 e 178, parece preferir a expressão da lei (artigo 1189.°, n.° 1, do Código de Processo Civil) de *inibição do falido*, opinando que, «quanto a certos pontos particulares, não há dúvidas de que o falido ou insolvente é incapaz».

[355] Não todos: não o são, designadamente, os negócios pessoais nem os patrimoniais aquisitivos.

[356] MOTA PINTO, *Notas sobre alguns temas...*, *op. cit.*, p. 75, nota 23.

s) Actos pós-negociais.

Há situações em que a actuação contrária à boa fé, sendo posterior ao momento da celebração do negócio, ocorre no decurso do processo que conduz à completude da realidade negocial [357], interferindo nele: é o que acontece paradigmaticamente quando, estando o negócio sujeito a condição, resolutiva ou suspensiva, estando, portanto, a sua eficácia ameaçada de cessação ou dependente no início da verificação da condição, uma das partes impede ou provoca a ocorrência da condição.

O dever de observância da boa fé na pendência da condição — como na do termo, por força do artigo 278.º —, constituindo consequência do princípio geral do artigo 227.º, é reafirmado pelo artigo 272.º [358], que determina que «aquele que contrair uma obrigação ou alienar um direito sob condição suspensiva, ou adquirir um direito sob condição resolutiva, deve agir, na pendência da condição, segundo os ditames da boa fé, por forma que não comprometa a integridade do direito da outra parte». A violação culposa e danosa deste dever constitui o infractor em responsabilidade *ex* artigo 227.º [359], podendo tal violação

---

[357] Ao falar-se de incompletude da realidade negocial não está a querer-se significar que o negócio condicional seja imperfeito, antes da verificação (ou certeza de não verificação) da condição; pretende-se apenas referir a suspensão ou vulnerabilidade da sua eficácia, consoante a condição seja suspensiva ou resolutiva.

[358] PIRES DE LIMA e ANTUNES VARELA, *Código Civil anotado*, vol. I, *op. cit.*, p. 251, dizem que se trata de um princípio «vago», embora com «consequências importantes». Também CASTRO MENDES, *Teoria geral...*, vol. II, *op. cit.*, p. 232, partilha a opinião de que a disposição é vaga.

Creio que a qualificação de vago para o princípio da boa fé tende a ser auto-justificada pelos juristas, que, assim o considerando, dele não retiram todas as suas específicas consequências normativas.

Como já por mais de uma vez se deixou sublinhado, não pode considerar-se como completamente adquirida e consolidada — não só, mas por certo em especial no sistema português — a concepção da boa fé como princípio jurídico, do qual emergem deveres e obrigações cuja força vinculativa em nada diverge da de qualquer outro dever jurídico, antes continuando a boa fé a ser encarada — ainda quando tal não é claramente assumido — como uma regra de alcance predominantemente ético, recurso de que há que lançar mão em situações particularmente chocantes para lhes retirar as características mais flagrantemente contraditórias com as concepções morais vigentes na sociedade. Cfr. sobre este problema, JACQUES GHESTIN, *Les Obligations. Le contrat: formation*, op. cit., pp. 202 e segs..

[359] V. RENATO SCOGNAMIGLIO, *Contratti in generale*, op. cit., pp. 190--191; E. BETTI, *Teoria general de las Obligaciones*, tomo I, *op. cit.*, pp. 107 e 111-112.

consubstanciar-se numa conduta positiva ou omissiva. O comportamento violador da boa fé pode, designadamente, dirigir-se positivamente ao próprio bem ou consubstanciar-se na omissão da comunicação à contraparte de perigos, que ameacem a coisa ou o direito. Pode, por outro lado, a conduta ilícita traduzir-se na abstenção da actividade necessária para que a condição suspensiva se verifique: é isso que acontece, por exemplo, quando o negócio tem a sua eficácia dependente de uma autorização administrativa, pois cabe então à parte que está em condições de diligenciar pela sua obtenção fazer o necessário para que ela seja conferida [360].

O artigo 275.º, n.º 2, contém, por seu lado, regras correspondentes a uma forma de restauração natural preventiva de prejuízos para a parte inocente. Aí se determina que, «se a verificação da condição for impedida, contra as regras da boa fé, por aquele a quem prejudica, tem-se por verificada; se for provocada, nos mesmos termos, por aquele a quem aproveita, considera-se como não verificada». Esta disposição pode não dispensar, porém, o suplementar e específico recurso ao instituto da responsabilidade pré-negocial, sendo isso evidente nos casos em que haja prejuízos causados pela conduta ilícita, não obstante, por força da norma, ela não atingir o seu objectivo central, e naqueles em que, sendo por exemplo a condição suspensiva aposta a um contrato comutativo, não possa identificar-se com linearidade a parte a quem prejudica ou aproveita a sua verificação ou não verificação, não sendo assim possível aplicar a regra deste n.º 2 do artigo 275.º. Se, nestas últimas hipóteses, os danos causados são objecto de reparação nos termos gerais do artigo 227.º, nos primeiros, a irrelevância da conduta impeditiva ou provocadora da condição é, independentemente da subsunção da situação ao n.º 2 do artigo 275.º, uma consequência repristinatória *in natura* resultante das regras dos artigos 227.º e 566.º, n.º 1. Como em outros casos já referidos, a especialidade decorre do carácter preventivo da eliminação dos prejuízos e da inerente dispensa da prova destes.

Nesta rubrica podem ainda abranger-se os comportamentos violadores da boa fé, intervindos entre o momento da conclusão do acordo entre cedente e cessionário e o consentimento do cedido ou entre aquele

---

[360] V. J. ESSER e E. SCHMIDT, *Schuldrecht...*, Teilband 2, *op. cit.*, p. 97.

acordo e a notificação da cessão ao cedido, quando este já tivesse autorizado a cessão antes da sua efectivação; como também as condutas de violação da boa fé por parte do devedor originário ou do assuntor da dívida, depois do acordo de transmissão da dívida e antes da ratificação dele pelo credor.

Finalmente, por facilidade expositiva, podem referir-se também sob esta rubrica os comportamentos lesivos de uma das partes, subsequentemente à conclusão de um negócio inválido e realizados, aparentemente, em execução dele. Têm-se especialmente em vista os contratos em consequência de cuja celebração ou de cujo cumprimento uma coisa foi entregue por uma das partes à outra ou aqueles em execução dos quais uma das partes realizou uma actividade debitória pessoal por conta e nas instalações da outra. Assim, por exemplo, um comodato ou uma locação, ou um contrato de trabalho. Se qualquer destes contratos for nulo, tendo o comodatante ou o locador sofrido danos na coisa comodatada ou locada, por culpa do comodatário ou locatário, a quem a coisa havia sido entregue, ou tendo o trabalhador tido um acidente, no exercício da actividade laboral, por culpa da entidade patronal, não podem as correspondentes pretensões indemnizatórias fundar-se nos respectivos contratos. O seu fundamento será a responsabilidade *in contrahendo*, podendo com este concorrer o fundamento da responsabilidade delitual, se os pertinentes pressupostos estiverem preenchidos. Significa isto que os deveres pré-contratuais abrangem a fase subsequente à conclusão do negócio, quando, sendo este inválido, entre as respectivas partes subsistir uma relação jurídica que, não tendo a sua razão de ser ou fonte no contrato inválido, a este é reportada pelos sujeitos, dado referir-se ao cumprimento ou execução dele [361]. A apreciação da culpa do lesado, e a sua ponderação nos termos do artigo 570.º, poderá, nestes casos, impor-se, designadamente se foi o lesado a dar culposamente causa à invalidade que afecta o negócio.

---

[361] V. KARL LARENZ, *Lehrbuch des Schuldrechts*, I. Band, *op. cit.*, pp. 99 e 100; o autor refere a orientação do *BGH* de aplicar o § 558 do *BGB*, quanto ao prazo de prescrição de um direito indemnizatório fundado em danos causados na coisa locada pelo locatário, em caso de nulidade da locação, dizendo que a única explicação para tal aplicação — apesar de o *BGH* parecer apenas ter em vista a responsabilidade delitual — é o entendimento de que tal responsabilidade provém de uma *culpa in contrahendo*.

6.1.3. Causas de justificação

O incumprimento de um dever pré-contratual pode ter a sua ilicitude afastada por concorrer uma circunstância que, justificando o acto, lhe retire o carácter ilícito.

Se, dada a natureza e configuração dos deveres pré-negociais, não é fácil prefigurar situações em que a sua violação seja realizada no quadro da acção directa, da legítima defesa ou do estado de necessidade (salvo quanto aos deveres de protecção), o mesmo não pode dizer-se quanto ao exercício de um direito, cumprimento de um dever ou consentimento do lesado.

a) Exercício de um direito — A ruptura das negociações constitui, em princípio, o exercício de um direito, pelo que, desde que ele não possa ser considerado abusivo nem ilicitamente colidente com o exercício de direito alheio, nem ela viole o dever de lealdade intersubjectiva, não pode essa ruptura ser considerada ilícita [362]. Já se viu, por outro lado, como a lei admite os artifícios e sugestões usuais no comércio: desde que respeite os limites da lei e da boa fé, a produção de afirmações elogiosas, ainda que excessivas, do produto não pode ser conside-

---

[362] Significa isto uma essencial concordância com a opinião de ALMEIDA COSTA, *Responsabilidade civil pela ruptura...*, *op. cit.*, p. 70, muito embora tenha dúvidas sobre a propriedade da sua forma de expressão, designadamente quando se refere à ruptura constitutiva de responsabilidade qualificando-a como «excepção», e diz que «*a regra é* produzir-se essa ruptura sem responsabilidade alguma do retractante...». Se a contraposição da «regra» à «excepção» for informada pela preocupação de restringir, para além do quadro normativo da boa fé, o âmbito da responsabilidade *in contrahendo* — o que outros passos do seu estudo parecem indiciar, como se verá — não pode subscrever-se tal formulação.

Exprimindo-se por forma diferente, a mesma preocupação de limitar o quadro de emergência da responsabilidade *in contrahendo* perpassa as palavras de GALVÃO TELLES, *Direito das Obrigações,* 4.ª edição, Coimbra, 1982, p. 55: «é de acentuar que as negociações, pela sua própria natureza, não são vinculativas e qualquer dos interessados tem, em princípio, o direito de as romper. A rotura de negociações só gerará responsabilidade quando revestir a forma caracterizada de *abuso de direito*» (v. também *Direito das Obrigações,* 6.ª edição *op. cit.*, p. 65).

Afirmando expressamente a «excepcionalidade da responsabilidade» por ruptura das negociações, MOTA PINTO, *A responsabilidade pré-negocial...*, *op.* e *loc. cit.*, pp. 200 e 241; importa, no entanto, ter presente o quadro legal e ideológico em que o autor se exprimia, pois nele a moderação das soluções preconizadas constituía, porventura, a cautela indispensável a não provocar a sua liminar rejeição.

152

rada ilícita, por se tratar de um direito conferido por lei. Relembre-se, porém, o quadro de restrição em que o exercício deste direito pode considerar-se, por legítimo, justificativo do acto, em razão da redução que o âmbito do *dolus bonus* sofre em sede de responsabilidade *in contrahendo* [363].

Também quanto à obrigação de informação, já se aludiu ao artigo 9.º, n.º 4, da Lei de Defesa do Consumidor, que *a contrario* expressamente prevê o seu lícito incumprimento com fundamento em segredo de fabrico tutelado por lei.

b) Cumprimento de um dever — Se, por exemplo, um dos negociadores revela, instado em depoimento prestado em tribunal, circunstâncias de que teve conhecimento por causa das negociações, não pode o seu comportamento ser considerado ilícito, pois ele consubstancia o cumprimento do dever de colaboração com a justiça.

Quando o dever tenha sido voluntariamente assumido pelo vinculado — como na hipótese de ele se ter obrigado convencionalmente para com terceiro a revelar-lhe informações obtidas acerca do outro negociador — não será o seu cumprimento exoneratório do devedor, podendo mesmo, ao invés, tal dever convencional indiciar ou revelar uma mais grave culpa no inadimplemento da obrigação pré-negocial. É que, não só o cumprimento de um dever não é exoneratório de outro dever com ele incompatível quando a constituição em tais deveres inconciliáveis tiver provindo da vontade do obrigado, como a assunção convencional do dever de violar certo dever revela, senão forçosamente dolo do sujeito, pelo menos uma sua culpa grave.

c) Consentimento do lesado — Se um dos negociadores facultou, por exemplo, coisa à contraparte para que a usasse, experimentalmente, e esta se deteriorou ou pereceu, em consequência de uso normal, não pode o lesado reclamar indemnização, pois a conduta lesiva foi consentida pelo lesado. De idêntico modo, se uma das partes autorizar a outra a prestar a terceiro dadas informações a si relativas, desde que o sujeito que comunica tais informações se circunscreva ao quadro autorizador, não pode a contraparte, ainda que tal revelação lhe venha a causar danos que não previra, exigir por eles indemnização.

d) Excepção do não cumprimento e direito de retenção.

Saber se também a excepção do não cumprimento e o direito de retenção são causas justificativas procedentes no quadro pré-contratual

---

[363] Cfr. *supra*, n.º 6.1.2. - *g)*.

153

é problema que releva, em primeiro lugar, da natureza desta responsabilidade. Seja ela, como creio [364], uma responsabilidade obrigacional, e a resposta há-de ser afirmativa, embora, quanto à *exceptio*, não seja fácil configurar situações em que se verifiquem os respectivos pressupostos. Já quanto ao direito de retenção, é facilmente concebível que, numa situação em que um dos contraentes tenha entregue ao outro coisa para exame ou verificação, este venha a ter de realizar despesas por causa dela ou a sofrer danos por ela causados, hipótese em que, nos termos gerais do artigo 754.º, gozará do direito de retenção da coisa.

6.2. *Culpa*

Para que se verifique responsabilidade *in contrahendo*, é, em princípio, e nos termos do artigo 227.º, imprescindível que a violação do dever pré-contratual seja culposa. Fora dos casos em que a lei expressamente admite a existência de responsabilidade com dispensa da culpa, esta é, pois, requisito ineliminável da responsabilidade pré-contratual.

Para além das disposições gerais dos artigos 800.º e 807.º, que prevêem situações de responsabilidade objectiva, nos casos em que, respectivamente, o acto ilícito for praticado por terceiro, representante legal, auxiliar ou substituto do devedor, e o devedor da entrega (restituição) de uma coisa que se deteriora ou perece fortuitamente está em mora no cumprimento da sua obrigação, há regras especiais, como, por exemplo, as dos artigos 899.º e 909.º, n.º 2, que prevêem situações de responsabilidade *in contrahendo* desvinculada da culpa. No artigo 899.º — relativo ao regime da venda de bens alheios como próprios — determina-se que o «vendedor é obrigado a indemnizar o comprador de boa fé, ainda que tenha agido sem dolo nem culpa» [365], enquanto no artigo 909.º — pertinente ao regime da venda de bens onerados — se dispõe que, «nos casos de anulação fundada em simples erro, o vendedor também é obrigado a indemnizar o comprador, ainda que não tenha havido culpa da sua parte»; em ambas as disposições se restringem, porém, os prejuízos indemnizáveis aos danos emergentes, deles se ex-

---

[364] V. *infra*, n.º 8.

[365] Para a defesa de uma interpretação segundo a qual o dolo a que se refere o artigo 899.º é sinónimo de má fé, v. MENEZES CORDEIRO, *Da boa fé no direito civil*, vol. I, *op. cit.*, pp. 503-504.

cluindo, portanto, os lucros cessantes. De observar que, sendo as disposições destas normas insusceptíveis de aplicação analógica, dado o carácter excepcional atribuído pelo n.º 2 do artigo 483.º às regras que prevejam casos de responsabilidade independente de culpa, elas são, porém, nos termos do artigo 939.º, extensivas a «outros contratos onerosos pelos quais se alienem bens ou se estabeleçam encargos sobre eles, na medida em que sejam conformes com a sua natureza e não estejam em contradição com as disposições legais respectivas».

Na doutrina portuguesa, encontra-se quem pretenda sustentar a possibilidade de constituição de responsabilidade pré-contratual em situações em que o contraente faltoso não tenha actuado culposamente [366]: é o caso de Menezes Cordeiro [367], que cita, neste sentido, uma decisão do *Bundesgerichtshof* de 18 de Outubro de 1974 [368], que reconheceu haver responsabilidade pela ruptura das negociações, quando a parte que o fez, embora sem culpa, soubesse que a contraparte, tendo em vista o contrato a celebrar, havia realizado consideráveis despesas [369].

---

[366] Na doutrina italiana, há uma corrente doutrinária e jurisprudencial que sustenta a irrelevância da culpa para a constituição do autor do ilícito pré--contratual em responsabilidade, só admitindo a exoneração dele quando por este fosse feita a prova da impossibilidade de cumprimento: cf. ANNA DEL FANTE, *Buona fede prenegoziale...*, *op.* e *loc. cit.*, pp. 161-162; as decisões judiciais referidas pela autora na nota 156, como ilustrativas de adesão a este entendimento, não são apresentadas de forma inequívoca, bem podendo apenas significar que os tribunais, tendo deixado de considerar sinónima de violação da boa fé a má fé ou dolo, afirmam a desnecessidade, para efeitos de responsabilidade *in contrahendo,* da intenção de causar prejuízo.

Mesmo face à lei italiana, que no artigo 1337.º do respectivo Código Civil, impondo o dever de observância da boa fé nos preliminares e na conclusão do contrato, não se refere à culpa, não se percebe como possa tal posição ser justificadamente defendida, pois, havendo que reconduzir a sanção indemnizatória à responsabilidade contratual ou à delitual, em qualquer delas se encontrará como pressuposto a culpa do agente. A orientação referida só pode entender-se se enquadrada na controvérsia sobre os termos em que o devedor de uma obrigação se pode considerar liberado do respectivo cumprimento.

[367] *Da boa fé no direito civil*, vol. I, *op. cit.*, p. 553, nota 98.

[368] V. referência a uma decisão idêntica do mesmo tribunal de 1969 em CLARA GONZÁLEZ, *La culpa in contrahendo, op. cit.*, p. 162.

[369] A recondução da chamada *culpa in contrahendo* ao § 242 do *BGB*, disposição nos termos da qual tanto o devedor como credor têm de observar, no cumprimento da obrigação como no exercício do correspondente direito, a boa fé e os usos do comércio, provoca alguma incerteza no direito alemão. É que o § 242 supõe que se encontre constituída uma relação obrigacional, cujo conteúdo

Uma tal orientação que, nos tribunais alemães, tem vindo a manifestar-se com recurso a uma aplicação analógica do § 122 do *BGB* [370] não poderá ser defendida face à ordem jurídica portuguesa. Menezes Cordeiro sustenta, ao invés, que, «em casos escandalosos de repartição das perdas, causadas pela não conclusão, sem culpa, de um contrato, apenas por uma das partes, é possível conseguir uma distribuição dos danos por ambas, com recurso à cláusula geral do artigo 334.º — abuso do direito — que, no seu funcionar, pode dispensar a culpa». Ora, se é certo que esta última disposição, para a caracterização como abusivo do exercício do direito, prescinde do carácter culposo da conduta do agente [371], tal não significa, porém, que a norma seja de qualquer auxílio quando se pretenda averiguar da necessidade ou desnecessidade da culpa para fundar responsabilidade civil. Na verdade, concluindo-se, face ao artigo 334.º, que a situação em análise configura exercício abusivo de um direito, apenas se identificou um dos pressupostos da responsabilidade civil: a ilicitude do acto gerador dos danos. A conclusão de que esse ilícito danoso funda obrigação de indemnizar para o seu

---

há-de ser determinado com recurso à boa fé. A sua invocação como fonte das obrigações pré-contratuais implica uma necessária confusão entre o facto gerador da obrigação, a boa fé, e o parâmetro do seu conteúdo, a boa fé. Quando da boa fé, fonte da relação obrigacional *in contrahendo,* se passa à análise da sua expressão na modelação da obrigação, conclui-se que, estando a parte obrigada ao comportamento que a boa fé e os usos do tráfego impõem, a sua inobservância implica necessariamente a omissão da diligência cuja medida é de alguma forma também definida por aqueles parâmetros. A diligência do *bonus pater familias* é, na verdade, aquela que teria um sujeito jurídico que actuasse de boa fé e em conformidade com os usos do tráfego; por isso que não seja, muitas vezes, claro como é que o comportamento ilícito, por violação da boa fé, poderia ser em algum caso não culposo, isto é, consubstanciador da diligência devida.

Para uma exposição dos motivos por que a doutrina e a jurisprudência alemãs, reconduzindo a culpa à antijuridicidade do comportamento violador da boa fé, parecem dispensar a culpa como pressuposto autónomo da responsabilidade pré-contratual, v. CLARA GONZÁLEZ, *La culpa in contrahendo, op. cit.,* pp. 80 a 82.

[370] V. VOLKER EMMERICH, *in Münchener Kommentar zum Bürgerlichen Gesetzbuch,* Band 2, München, 1979, vor § 275, 148, p. 476.

[371] MOTA PINTO, *A responsabilidade pré-negocial..., op.* e *loc. cit.,* pp. 180 e 199, afirmava, citando em seu abono Mazeaud, que o abuso de direito «exige sempre uma culpa no exercício dum direito». Admite-se que, estando o autor a referir-se ao abuso do direito como fundamento de responsabilidade pré-negocial, ele só o tivesse encarado como facto constitutivo de tal responsabilidade, caso em que a culpa é requisito necessário.

autor supõe a necessária verificação da presença de todos os elementos constitutivos do direito à indemnização, sendo a culpa um requisito necessário [372], e isto tanto porque o artigo 227.º a ela se refere expressamente quanto porque do n.º 2 do artigo 483.º resulta o carácter excepcional — e o consequente *numerus clausus* — da responsabilidade objectiva.

Nos casos a que se refere Menezes Cordeiro, aqueles em que o exercício de um direito se apresente como abusivo, não havendo, porém, culpa do respectivo titular, é evidentemente admissível uma sanção do ilícito pré-contratual consubstanciada na preclusão do direito ou na paralização dos efeitos desse exercício; o que não pode é conceber-se uma sanção indemnizatória, por faltar um dos elementos constitutivos do direito à indemnização.

Sendo, pois, em regra, indispensável que haja culpa do agente, a responsabilidade *in contrahendo* constituiu-se tanto nos casos em que a conduta do agente é meramente culposa como naqueles em que é dolosa. Muito embora seja, como já se referiu, identificável uma orientação, que também na doutrina portuguesa teve os seus representantes, tendente a restringir a responsabilidade pré-contratual — em especial a derivada da ruptura das negociações — aos casos em que se verificasse dolo ou, pelo menos, culpa grave do lesante [373], nem a letra nem o espírito do artigo 227.º fornecem qualquer indicação que possa suportar tal entendimento restritivo. Há, porém, situações — correspondentes a contratos gratuitos — em que, por disposição especial de lei, a mera culpa não funda responsabilidade pré-contratual, sendo necessária a verificação de dolo: assim acontece, por exemplo, na doação (artigos 956.º, n.º 2, e 957.º, n.º 1) e no comodato (artigo 1134.º).

Em qualquer caso, e mesmo fora do âmbito destas regras especiais restritivas da responsabilidade ao dolo, é relevante, muitas vezes, a graduação da culpa do autor do ilícito pré-contratual: e isto já porque, se se tiverem verificado danos não patrimoniais, o grau de culpa é um

---

[372] Esta também a orientação dos autores que, no domínio do Código de Seabra, recorriam ao abuso do direito para fundar a responsabilidade pré-negocial: v. P. ASCENÇÃO BARBOSA, *Do Contrato-promessa, op. cit.,* p. 79.

[373] Esta a posição de MOTA PINTO, *A responsabilidade pré-negocial...*, *op. e loc. cit.,* p. 198, que escrevia: «Apenas queremos notar que, nesta hipótese de rotura de negociações, sempre nos parecerá de exigir um 'animus nocendi' ou uma negligência bastante grave do autor da rotura».

dos critérios a considerar para a fixação do montante indemnizatório (artigo 494.º, por remissão do artigo 496.º, n.º 3, 1.ª parte), já porque, para quem entenda conter o artigo 494.º um princípio de aplicação comum à responsabilidade delitual e à obrigacional [374], será possível obter a fixação da indemnização em valor inferior ao dos danos se a conduta ilícita tiver sido meramente culposa e concorrerem as restantes circunstâncias previstas na disposição, já porque, enfim, sendo vários os responsáveis, e muito embora não seja pertinente a aplicação do artigo 497.º, pois que de responsabilidade obrigacional se trata, sempre haverá de determinar a quota da dívida indemnizatória conjunta que a cada um dos condevedores cabe, não sendo de excluir que, para tal determinação, haja de se recorrer (também) ao critério da gravidade da culpa de cada um dos responsáveis e das consequências danosas delas advindas, como determina o n.º 2 do artigo 497.º.

6.2.1. *Importância da apreciação da culpa.*

No quadro da responsabilidade pré-contratual, assume particular importância a apreciação da diligência exigível ao devedor, pois, dada a especial configuração das obrigações pré-contratuais em função da sua fonte, a boa fé, em muitos casos é a própria existência ou modelação da obrigação que depende da medida da diligência exigível. O problema que aqui se coloca não é o do parâmetro de apreciação da culpa ou de determinação da diligência exigível, pois este é, como se sabe, na ordem jurídica portuguesa, idêntico nos casos de responsabilidade delitual como nos de responsabilidade obrigacional [375]. O que se quer acentuar é que, sendo a diligência exigível a que teria o *bonus pater familias* em face das circunstâncias do caso, aquela será variável em razão de tais circunstâncias, pelo que, na mesma medida, poderá variar

---

[374] Como acontece com PESSOA JORGE, *Ensaio sobre os pressupostos da responsabilidade civil*, Lisboa, 1968, pp. 365-366.

Sobre o problema, v. *infra*, nota 482.

[375] Nos ordenamentos em que o critério de apreciação da culpa é diverso nas duas áreas de responsabilidade, a determinação do aplicável dependerá do enquadramento que nelas se fizer da responsabilidade *in contrahendo*. No direito suíço, o Supremo Tribunal definiu, em 1976, o critério de que «ninguém está obrigado a ser mais cuidado no interesse da outra parte do que a outra parte é (ou pode razoavelmente ser) ela própria» (FRANZ SCHENKER, *Precontractual Liability in Swiss Law, op. cit.*, pp. 6-7 e nota 26).

a extensão da obrigação pré-contratual ou até a sua emergência. Já por diversas vezes se referiu como as obrigações de informação e de comunicação, por exemplo, dependem de dispor a parte do conhecimento do facto a informar ou comunicar, ou de poder, com a diligência exigível, dele dispor. Isto é, a instrumentalidade do dever de diligência relativamente à obrigação pré-contratual exprime-se, não apenas na sua execução, mas na fase anterior ao cumprimento, na conduta preparatória das condições de adimplemento: preparado este diligentemente, sem êxito, não haverá acto ilícito por ter deixado de se cumprir o dever que, em condições diversas, impenderia sobre a parte, isto é, a ausência de culpa inicial traduz-se na própria inexistência do dever pré-contratual.

Por outro lado, a apreciação da diligência do credor da obrigação pré-contratual é aspecto que, frequentes vezes, reveste também importância decisiva para concluir sobre a existência e medida de tal obrigação. É que, se, por exemplo, a parte puder, com a diligência normal, obter informação sobre as características do bem, os requisitos de validade e/ou eficácia do negócio, ou as suas implicações jurídicas e patrimoniais, nenhum dever de informação se pode considerar existir para a contraparte.

6.2.2. *Critério e apreciação da gravidade da culpa.*

É, como se viu, muitas vezes indispensável, no âmbito da responsabilidade *in contrahendo,* determinar o grau de culpa da parte, designadamente qualificando como culposa ou dolosa a respectiva conduta. Embora o uso dos critérios tradicionais, e dominantes na doutrina portuguesa, para a distinção entre dolo e mera culpa — em particular, nos casos-limite da culpa consciente e do dolo eventual — se revele praticamente inoperante, não cabe neste estudo a apreciação do problema, que é comum a qualquer modalidade de responsabilidade civil. Dir-se-á, por isso, apenas que a fixação do grau de culpa do contraente supõe, em primeiro lugar, a determinação da medida da diligência que lhe era exigível, medida que será fixada, nos termos gerais do artigo 487.º, n.º 2, pelo paradigma legal do bom pai de família situado nas concretas circunstâncias em que o agente se encontrava.

O recurso a esta cláusula geral do direito privado implica, na responsabilidade pré-contratual, como sempre que o critério legal da apreciação da culpa não seja outro, a variabilidade da medida da diligência exigível em função quer das características e condição das partes, quer das circunstâncias em que a relação pré-contratual se desenrolou.

Por isso que grande parte das considerações antes feitas sobre a variabilidade da medida dos deveres pré-contratuais em função da qualidade das partes ou das circunstâncias em que elas se encontravam, em absoluto e na relação entre si, tenha também cabimento e oportunidade a propósito do dever de diligência, que com aqueles deveres pré-contratuais partilha o carácter indeterminado em abstracto [376].

É, em particular, questão determinante da medida da diligência exigível — e da consequente gravidade da culpa — o carácter profissional do autor do ilícito pré-contratual ou, independentemente da natureza profissional, a sua experiência e conhecimento do tipo de negócio a realizar. Se não parece dever falar-se — neste campo como nou·tros — numa especificidade da culpa profissional, é, porém, certo que a diligência exigível ao contraente profissional é aquela que teria o bom pai de família com idênticas qualificações, o que significa forçosamente um grau de atenção, conhecimento, zelo e ponderação diverso daquele que teria um sujeito inexperiente naquele tipo de negócios e privado das qualificações de que um profissional dispõe [377].

---

[376] Não significa isto que diligência e boa fé se confundam: enquanto a primeira constitui um critéro de imputação de responsabilidade e se consubstancia no parâmetro do comportamento necessário para dar cumprimento a um dever jurídico que impende sobre o sujeito, a segunda é um princípio normativo de relação intersubjectiva, que constitui fonte de deveres jurídicos. Cfr. FRANCISCO JORDANO FRAGA, *La Responsabilidad Contractual*, Madrid, 1987, pp. 148 a 150; UMBERTO BRECCIA, *Diligenza e buona fede nell'attuazione del rapporto obbligatorio*, Milano, 1968, pp. 17 e segs.; C. MASSIMO BIANCA, *La nozione di buona fede...*, op. e loc. cit., p. 210.

[377] Desde há muito que os tribunais franceses se mostram mais exigentes quanto aos deveres pré-negociais e à diligência no respectivo cumprimento quando estão em causa profissionais: MICHEL DE JUGLART, *L'obligation de renseignements dans les contrats*, op. e loc. cit., pp. 14-15, assinala-o, dizendo que a orientação jurisprudencial equivale a entender que o profissional «*não tem em suma o direito de ignorar os vícios* da coisa que fabrica ou vende, a sua boa fé é indesculpável e ele tem de, enquanto vendedor inábil, ser assimilado a um vendedor de má fé».

JOANNA SCHMIDT, *La sanction de la faute...*, op. e loc. cit., p. 54, escreve, em comentário à orientação da jurisprudência francesa na matéria, que «pode-se aperceber, aqui, a tendência observada noutros domínios para a elaboração de um direito da responsabilidade própria dos profissionais em que a culpa é apreciada com referência à conduta de um bom profissional e já não à de um bom pai de família». Mais adiante (pp. 70-71), a autora volta a referir-se à maior

6.2.3. *Culpa do lesado*

Como sempre que de responsabilidade civil subjectiva se tratar, também no quadro pré-contratual, é relevante a apreciação da eventual culpa do lesado e da respectiva gravidade [378]. Se, sempre que o contraente lesante prove a culpa do lesado ou a dos seus representantes legais, substitutos ou auxiliares ou, independentemente de tal prova, o tribunal dela tome conhecimento, este pode «determinar, com base na gravidade da culpa de ambas as partes e nas consequências que delas resultaram, se a indemnização deve ser totalmente concedida, reduzida ou mesmo excluída», a concorrência de facto culposo do lesado na produção ou agravamento dos danos é factor de decisiva ponderação, especialmente num domínio em que, como neste, não será rara a verificação dessa concorrência de culpa.

---

exigências dos tribunais relativamente à conduta dos profissionais, assinalando que essa «severidade parece crescer proporcionalmente ao carácter perigoso dos objectos vendidos ou locados e, de forma mais recente, ao grau de conhecimentos técnicos do interessado. Quando o contrato tem por objecto um bem de elevada tecnicidade, a desigualdade de iniciação técnica dos contraentes provoca entre eles um desequilíbrio que os tribunais têm tendência para compensar protegendo o contraente não técnico».

ALEX WEILL e FRANÇOIS TERRE, *Droit Civil. Obligations, op. cit.,* p. 204, depois de afirmarem que «o carácter desculpável do erro é apreciado *in concreto*», dizem que é por isso «que o erro cometido por profissionais, num domínio que releve da sua especialidade, será mais facilmente considerado indesculpável». Crê-se que a inexistência de ligação entre tal conclusão e a apreciação *in concreto* da culpa já se deixou suficientemente esclarecida no texto, não parecendo, aliás, que os autores citados estejam realmente a referir-se a uma apreciação da culpa em concreto, por contraposição à apreciação em abstracto, ao menos nos termos em que tal distinção é habitualmente formulada pela doutrina.

JACQUES GHESTIN, *La notion d'erreur..., op. cit.,* pp. 139-140, refere as posições daqueles que procuraram apoiar o maior rigor na apreciação da conduta de um profissional numa presunção de culpa ou daqueles outros que chegaram, até, a defender a existência de uma responsabilidade objectiva dos profissionais.

[378] Como se sabe, não pode falar-se, relativamente ao lesado, de culpa em sentido técnico, pois não se está perante a inobservância de um verdadeiro dever jurídico (de diligência), já que tal omissão de dilgência apenas se repercute desvantajosamente nos seus próprios interesses, ou, dito com maior rigor, porque a relação jurídica que o dever implica não pode constituir-se intrasubjectivamente. E, como também se sabe, a expressão *culpa do lesado* deve ser entendida no amplo sentido de abranger quer actuações positivas que contribuíram para a produção de alguns prejuízos ou o agravamento desses ou doutros, quer omissões de actos que teriam impedido ou diminuído os danos.

161

Assim, se, por exemplo, o lesado pela ruptura das negociações tiver realizado, temerariamente sem disso dar conhecimento à contraparte [379] e sem que o estado de avanço das conversações o justificasse, despesas com vista à conclusão do contrato, a verificação do carácter ilícito e culposo do rompimento não terá de ter como consequência o ressarcimento de tais danos suplementares. Ou se, como já se viu, o erro em que o lesado incorreu tiver sido culposo, ou se o seu estado de inconsciência houver sido culposamente criado, ou se um seu comportamento descuidado tiver constituído o motivo da ruptura das negociações pelo outro contraente, ..., sempre a culpa do lesado terá de ser ponderada.

De notar é a regra do n.º 2 do artigo 570.º, segundo a qual, «se a responsabilidade se basear numa simples presunção de culpa, a culpa do lesado, na falta de disposição em contrário, exclui o dever de indemnizar». É que, reconduzindo-se a responsabilidade *in contrahendo* ao regime da responsabilidade obrigacional, a culpa do autor do ilícito está presumida, nos termos do artigo 799.º, n.º 2, pelo que a verificação de culpa do lesado implicaria, à primeira vista sempre, a exclusão da responsabilidade do lesante. Porém, se o lesado, dispensando a vantagem de tal presunção, produzir prova da culpa do lesante, deixa de ter aplicabilidade o n.º 2 do artigo 570.º, pelo que a culpa própria será ponderada nos termos gerais do n.º 1 da mesma disposição.

A apreciação e relevância de eventual culpa do lesado só têm, no entanto, cabimento no quadro legal estabelecido pelo artigo 570.º, não podendo aceitar-se as posições daqueles que defendem que a negligência da contraparte libera o sujeito das obrigações pré-contratuais [380, 381] ou

---

[379] Há quem entenda que deve considerar-se haver culpa do lesado sempre este não tenha prevenido a contraparte do especial perigo da ocorrência de um dano excepcionalmente elevado nos casos em que tal probabilidade não era reconhecível com a diligência devida. Neste sentido, CLARA GONZÁLEZ, *La culpa in contrahendo, op. cit.*, p. 83. Não creio que a afirmação possa ser categórica quando enunciada em abstracto, pois, não sendo previsível para o lesado o comportamento ilícito e causalmente gerador do dano do lesante, difícil será sustentar que lhe cabia, por seu turno, prevenir o futuro lesante do risco acrescido que a sua eventual conduta ilícita acarretaria.

[380] G. VISINTINI, *La reticenza nella formazione dei contratti*, Padova, 1972, p. 111, *cit. apud* ANNA DEL FANTE, *Buona fede prenegoziale..., op.* e *loc. cit.*, p. 168; ALEX WEILL e FRANÇOIS TERRE, *Droit Civil. Obligations, op. cit.*, p. 385.

[381] Salvo nos casos — aos quais já se fez menção — em que o dever de comunicação, de informação ou de esclarecimento é afastado, por poder a outra parte, usando da normal diligência, conhecer o facto, esclarecer a dúvida ou eliminar

que existe um princípio de «neutralização» da culpa pela culpa [382]. O entendimento tradicional — e expresso em alguns regimes legais, como os dos §§ 122, 179 II, 307 e 309 do *BGB* — de que uma qualquer culpa do prejudicado faz desaparecer a obrigação indemnizatória do lesante corresponde a uma concepção restritiva da responsabilidade pré-contratual que nada justifica seja hoje mantida, e que tem sido efectivamente abandonada.

A exclusiva consideração do regime estabelecido quanto à cuipa do lesado, sediado no capítulo dedicado à obrigação de indemnizar, resulta de inexistir, nas regras próprias da responsabilidade *in contrahendo*, qualquer norma que ao problema se refira. Neste ponto, como noutros, se afastou a redacção da lei da que fora proposta por Vaz Serra: aí se estabelecia, com efeito, no n.º 4 do artigo 9.º: «o dever de indemnização não existe, se a outra parte conhecia ou devia conhecer o facto em questão; mas, quando uma delas conhecia ou devia conhecer o facto e a outra o ignorava culposamente, observam-se as regras sobre conculpabilidade do prejudicado em matéria de dever de indemnizar» [383].

6.2.4. *Causas de escusa*

Se bem que não creia que se justifique uma autónoma referência às causas de exclusão da culpabilidade, que, sendo circunstâncias que, de acordo com o teor do n.º 2 do artigo 487.º, excluem em concreto a culpabilidade que teria de ser atribuída ao agente não fossem tais circunstâncias, por razões puramente expositivas aqui se lhes deixa feita alusão.

No quadro da responsabilidade pré-contratual, como em qualquer outro de responsabilidade subjectiva, pode o comportamento da parte merecer ser qualificado, naquele caso concreto, como não culposo, o que terá maior probabilidade de ocorrer, neste domínio, pela verificação de

---

o erro. Não se trata, propriamente, de a negligência do lesado liberar a outra parte da obrigação pré-contratual, mas de esta inexistir por não se justificar pela boa fé relacional, dado estar ao alcance do sujeito a obtenção daquilo que a contraparte teria, em circunstâncias diversas, de facultar-lhe.

[382] DE MARTINI e G. RUOPPOLO, *Rassegna di giurisprudenza sul codice civile*, IV, 2, Milano, 1971, p. 196, *cit. apud* ANNA DEL FANTE, *op.* e *loc. cit.*, p. 168; LODOVICO BARASSI, *La Teoria Generale delle Obbligazioni*, *op. cit.*, p. 553.

[383] *Culpa do devedor...*, *op.* e *loc. cit.*, p. 146.

erro, ele próprio não culposo, do devedor. Assim, se o contraente informou erroneamente a contraparte acerca das características do bem, ou mais amplamente da prestação, ou omitiu informações relevantes, por estar ele próprio em erro ou ignorar tais informações, desde que o erro ou a ignorância não tenham relevado de negligência ou desinteresse seus, a sua conduta pré-contratual, podendo continuar a ser ilícita [384], não pode ser considerada culposa, estando, em consequência, afastada a obrigação de indemnizar. Já se o erro for de direito — uma das partes comunicou, por erro, à outra, a necessidade ou desnecessidade de observar dadas formalidades para a validade do negócio, por exemplo —, repor-se-á o problema, já referido [385], de apurar da sua desculpabilidade, sendo, neste domínio, peremptório, por exemplo, Pessoa Jorge [386], ao afirmar que, enquanto causa de escusa, «*o erro de direito* deve considerar-se *irrelevante* [...] não deve admitir-se ao devedor ou agente invocá-lo para se eximir do cumprimento de *obrigações existentes,* ou da responsabilidade pelo seu não cumprimento. Tem aqui plena aplicação o princípio de a ignorância da lei não justificar a violação dos deveres por ela impostos, consagrado no artigo 6.º do Código Civil»; já Vaz Serra [387] escrevia, mais moderadamente, que «não há culpa quando, não obstante ter o agente sido diligente, não lhe era exigível o conhecimento da antijuridicidade, como acontece se havia da sua parte erro não culposo, mas o erro de direito só em casos especiais é desculpável, pois, se há dúvida acerca do direito, tem o agente o dever de se esclarecer com diligência particular», acrescentando [388] que «parece que, se, em regra, pode supor-se conhecida a lei ou os regulamentos, isso não acontece sempre: o agente pode ignorá-los, embora use a diligência exigível».

Para além do que já se deixou observado nesta matéria, tem aqui de acentuar-se que a responsabilidade *ex* artigo 227.º, resultando da culposa violação da boa fé, implica uma apreciação toda ela operada no quadro da boa fé relacional, que bem pode, mais do que autorizar, impor a qualificação como desculpável do erro motivador da conduta.

---

[384] Já se viu que a inexistência de culpa pode ser suficiente para excluir a obrigação e, consequentemente, a própria ilicitude do comportamento omissivo da informação.

[385] V. *supra,* n.º 6.1.2. – *e*).

[386] *Ensaio sobre os pressupostos da responsabilidade civil,* **op. cit.,** pp. 344-345.

[387] *Culpa do devedor...,* op. e *loc. cit.,* p. 63.

[388] *Op.* e *loc. cit.,* p. 63, nota 80.

Quanto ao medo, é também concebível a violação de um dever pré-
-negocial em consequência de medo invencível do agente: tal pode suceder, por exemplo, relativamente à obrigação de sigilo, se a parte que
a viola a isso é constrangida por ameaças ou violência física de terceiro.

Verificar-se-á, finalmente, uma causa de desculpabilidade não tipi-
ficada sempre que — como já por várias vezes se assinalou — a conduta do sujeito, em atenção a uma qualquer circunstância, a si ou à sua
situação pertinente, houver de ser considerada não culposa, quando,
fora diversa a sua condição e/ou situação, ela implicaria culpa.

6.3. *Danos*

Como na generalidade dos casos, a responsabilidade civil — quer
subjectiva quer objectiva — supõe a verificação de danos. Só em casos
excepcionais, como os de sinal, cláusula penal e mora nas obrigações
pecuniárias, pode conceber-se que a obrigação de indemnizar exista
independentemente da verificação de quaisquer prejuízos [389]. Embora
não seja liminarmente de excluir a possibilidade de as partes terem
acordado uma cláusula penal para o não cumprimento de uma obrigação pré-contratual, a hipótese será rara e não apresenta singularidades
relativamente ao regime geral da cláusula penal [390], pelo que se deixará
de lado, atentando-se no regime geral desta responsabilidade.

O problema da natureza e extensão dos danos indemnizáveis por
força da responsabilidade *in contrahendo* ganha especificidade, dado o
entendimento tradicional, e ainda hoje partilhado por largas correntes
doutrinárias, de que tais danos se restringem aos negativos. Segundo
esta orientação, os danos indemnizáveis caracterizar-se-iam por ser aque-

---

[389] Já JAIME DE GOUVEIA, *Da Responsabilidade contratual, op. cit.*,
p. 92, apontava as hipóteses de existência de uma cláusula penal e aquelas «em
que a indemnização é fixada por lei, como nas obrigações pecuniárias» como
casos em que, «ainda na falta de todo um *prejuízo,* o contraente, que deixou de
cumprir as obrigações contratuais, incorre em responsabilidade».

[390] GUIDO ALPA, *Precontractual Liability, op. cit.*, p. 10, diz que não
existe em Itália precedente relativamente «à possibilidade de as partes contratantes
regularem o processo negocial», mas que, apesar disso, é possível definir regras,
tal como a de que é possível estabelecer cláusulas penais para a ruptura das
negociações e a de que tais cláusulas deverão ser judicialmente reduzidas por
excessividade, se se entender que a sua extensão é susceptível de pôr em causa
a liberdade contratual, que deve conservar-se imune.

les que o lesado sofreu em virtude de não ter chegado a celebrar certo contrato ou de ter celebrado um contrato inválido ou ineficaz: consubstanciar-se-iam, pois, nas perdas sofridas com a celebração do contrato ou com as actividades tendentes a essa conclusão e nas ocasiões negociais perdidas por o lesado se ter empenhado naquele projecto contratual em detrimento de outros.

Quando se pretenda caracterizar com maior rigor o dano negativo, deparam-se, porém, graves dificuldades, dizendo Francesco Benatti[391] que a teoria do interesse negativo não fez qualquer progresso, sendo os problemas actualmente debatidos aqueles mesmos que já eram colocados por Jhering. É a este que deve, no essencial, atribuir-se a ideia do dano negativo, pois é originariamente sua a ideia de que o lesante não poderia ser obrigado a indemnizar pelo equivalente da prestação prometida, já que, sendo o contrato nulo, dele não emerge qualquer dever de cumprimento, apenas devendo ser colocado o lesado na situação em que se encontraria se não tivesse estipulado contrato algum. A Jhering parecia fácil operar assim a distinção entre o interesse positivo ou de cumprimento — que supunha a validade do contrato — e o negativo (que podia ser de valor igual ao positivo, ou até superá-lo, quando a vantagem que o lesado poderia ter obtido de um contrato diferente, que não chegou a celebrar, fosse superior àquela que corresponderia ao interesse negativo, sendo o contrato inválido) — que tinha como necessário pressuposto a conclusão de um negócio inválido[392].

A verdade é que a distinção entre interesse positivo e negativo não pode ser a de Jhering, pois está-se hoje de acordo em que a responsabilidade *in contrahendo* pode surgir tanto quando não se celebrou contrato algum, como quando se concluiu um contrato inválido ou ineficaz, como ainda quando o negócio celebrado é válido. A doutrina alemã, procurando identificar o critério que serve de base para a distinção entre os dois tipos de interesses e de danos, definiu o interesse negativo como sendo o *Vertrauensschaden,* isto é, como o dano causado pela violação da confiança de uma pessoa na seriedade, lealdade e honestidade

---

[391] *A responsabilidade pré-contratual, op. cit.,* p. 166.

[392] Como observa CLARA GONZÁLEZ, *La culpa in contrahendo, op. cit.,* p. 28, «poderia [...] ter-se argumentado que o responsável pela invalidade era o declarante e que por isso a reparação haveria de consistir na obtenção das vantagens patrimoniais que do contrato teriam resultado. A este respeito JHERING é categórico, e opõe-lhe tanto que a nulidade se deve à lei e não ao contratante como que só um contrato válido pode servir de apoio para obter o interesse de cumprimento».

do comportamento de outra[393]. A restrição dos prejuízos indemnizáveis, na responsabilidade pré-negocial, ao chamado dano de confiança continua a ser dominante nas jurisprudência[394] e doutrina alemãs, muito embora haja que ter em atenção, por um lado, que, quando aquela responsabilidade deriva da violação de um dever de protecção, dificilmente se pode reconduzir o critério de identificação do objecto da indemnização ao dano positivo ou ao negativo[395], e que, por outro, tal caracterização não é, muitas vezes[396], exposta como uma especialidade pró-

---

[393] Esta tese tem, porém, carácter puramente descritivo, pois, como observa Rubino, quem espera de outrem um dado comportamento dirigido à satisfação de um seu interesse, confia na realização dessa conduta, pelo que a inobservância de qualquer obrigação, seja ela pré-contratual ou contratual, constitui sempre violação da confiança no cumprimento da obrigação. Rubino conclui que não parece fácil encontrar solução para o problema, porque «qualquer interesse, enquanto tutelado por um dever, torna-se interesse ao cumprimento desse dever. Portanto, também o chamado interesse negativo é um interesse ao cumprimento». V. *La fattispecie e gli effetti giuridici preliminari*, Milano, 1939, *cit. apud* FRANCESCO BENATTI, *A responsabilidade pré-contratual*, op. cit., p. 168.

[394] A jurisprudência admite a pretensão ao interesse de cumprimento quando o lesado prova que só não viu este satisfeito em razão, justamente, da conduta pré-negocial censurada à contraparte. V. FIKENTSCHER, *Das Schuldrecht*, op. cit., p. 66.

[395] K. KARENZ, *Lehrbuch des Schuldrechts*, I. Band, op. cit., p. 94, afirma que, se o dano tiver sido produzido numa pessoa ou numa coisa em consequência da violação de um dever de protecção, é indemnizável todo o prejuízo verificado, pois então o decisivo é o interesse de conservação.

Cfr. também CLARA GONZÁLEZ, *La culpa in contrahendo*, op. cit., p. 67, nota 172, e pp. 107-108.

[396] V., porém, K. LARENZ, *Lehrbuch...*, op. cit., pp. 94-95, que, depois de afirmar que aquele que viola um dever de comportamento pré-contratual tem de reparar os danos causados de acordo com os §§ 276 e segs., diz que saber qual é o dano indemnizável depende, em primeira linha, do tipo de lesão do dever e do dano daí resultante. E, em seguida, o autor considera que, se for o dever de confiança o lesado, então o dano indemnizável é o da confiança, precisando que, quando o comportamento ilícito de uma das partes teve como consequência a não conclusão do contrato projectado, então a contraparte tem direito a ser colocada na situação em que se encontraria se o contrato tivesse sido celebrado, isto é, a exigir o interesse de cumprimento.

V. FIKENTSCHER, *Das Schuldrecht*, op. cit., p. 65, que observa que é admissível a indemnização do interesse positivo quando, não obstante o ilícito pré-contratual, o contrato foi celebrado. J. ESSER e E. SCHMIDT, *Schuldrecht...*, Teilband 2, op. cit., pp. 97-98, dão vários exemplos de situações em que o objecto da indemnização não é o dano negativo. WERNER LORENZ, «*Le processus précontractuel*»: «*Precontractual Liability*» *in the Law of the Federal Republic*

pria da responsabilidade *in contrahendo,* antes é apresentada como uma consequência da aplicação, neste domínio, do princípio geral do § 249 do *BGB,* segundo o qual a indemnização deve tender a repor as coisas no estado em que se encontrariam se não se tivesse verificado a circunstância que dá lugar à indemnização.

Para além da introdução deste elemento de especificidade na demarcação dos danos reparáveis em sede de responsabilidade *in contrahendo,* discutiu-se — sobretudo na Alemanha originariamente — se o interesse negativo poderia ser superior ao positivo. Muito embora Jhering não tenha acolhido esta restrição do dano indemnizável, uma corrente doutrinária alemã, embora minoritária, entende que ela deve ser aceite, e isto já porque algumas disposições do *BGB* que, na opinião maioritária da doutrina [397], regulam hipóteses específicas de responsabilidade pré-contratual (os §§ 122, 307 e 309) limitam o dano negativo indemnizável pelo valor do dano positivo [398, 399], já com funda-

---

of Germany, op. cit., p. 13, observa que, nos casos em que o contrato não chegou a ser validamente concluído, por uma das partes se ter culposamente recusado à observância das formalidades legalmente exigíveis, e o tribunal atribui indemnização ao lesado — em vez de tratar o negócio como se ele fosse válido formalmente —, «a medida dos danos não fica necessariamente confinada ao reembolso de qualquer encargo incorrido na perspectiva do futuro contrato, mas pode atingir o valor do interesse que o queixoso tinha na validade do contrato *(Erfüllungsinteresse)».*

[397] Mas v., por exemplo, K. LARENZ, *Lehrbuch des Schuldrechts., op. cit.,* p. 91, que defende que o regime do § 122 não constitui uma aplicação da teoria da *culpa in contrahendo,* antes releva da preocupação de tutela da aparência, sem consideração de qualquer ideia de culpa.

[398] FIKENTSCHER, *Das Schuldrecht, op. cit.,* pp. 66-67, dizendo que a doutrina maioritária não aceita esta restrição, explica a limitação consagrada naquelas normas pelo seguinte raciocínio: se os danos negativos (danos emergentes – *Aufwendungen*) forem mais elevados do que o interesse positivo, então eles representam despesas inúteis e que devem, por consequência, ser suportadas por aquele que as realizou; K. LARENZ, *Lehrbuch des Schuldrechts,* op. cit., pp. 88, 94 e 95, observando também que a maioria da doutrina se pronuncia em geral contra tal limitação, atribui a sua consagração naqueles preceitos do *BGB* ao facto de a teoria da *culpa in contrahendo* não se encontrar completamente delineada e consolidada ao tempo da elaboração do Código.

[399] A. VON TUHR, *Tratado de las Obligaciones,* tomo I, *op. cit.,* p. 61, nota 2, apreciando o problema, afirma que, no sistema jurídico alemão, a restrição resulta da lei, dizendo que, «segundo o Código Civil alemão, o dano de confiança não tem de ser indemnizado quando exceda a quantia do interesse positivo», isto é, parece atribuí-la a uma generalização das regras referidas ou, dito por outro modo, parece entender que essas regras contêm afloramentos de um princípio jurídico geral vigente no sistema.

mento em considerações de equidade: diz-se que seria injusto que o sujeito pudesse obter, pela invalidade do contrato, vantagens superiores às que teria conseguido se o contrato fosse válido.

Pelo que respeita à extensão ou natureza dos danos reparáveis no quadro da responsabilidade *in contrahendo,* encontram-se em Itália autores, como, por exemplo, Renato Scognamiglio [400], Vittorio Calusi [401] e Francesco Galgano [402], que afirmam como inquestionado que o dano indemnizável é apenas o negativo [403, 404], sem aludirem à questão da sua eventual limitação pelo valor do dano positivo; outros autores, como G. Stolfi [405], explicando que o dano reparável corresponde ao interesse negativo «porque de outro modo o dano ressarcível seria idêntico ao causado pelo eventual incumprimento do contrato se este tivesse sido validamente concluído», dizem que tal dano «pode em concreto ser até superior ao outro advindo da mora»; Paolo Forchielli [406], por seu lado, aceitando como princípio que o dano ressarcível é o negativo, observa que, quando o problema da responsabilidade *in contrahendo* se coloca a propósito da conclusão de um contrato válido, em princípio não há razão para operar tal limitação, devendo então o dano indemnizado ser todo o causalmente provocado, o dano positivo, tal como sucede, aliás, quando o vício do negócio tiver sido erro causado por dolo comissivo de um dos sujeitos, não aceitando o autor uma limitação do dano

---

[400] *Contratti in generale, op. cit.,* pp. 87-88, 191, 201-202 e 203.

[401] *In tema di trattative e responsabilità precontrattuale, op. e loc. cit.,* p. 476.

[402] *Diritto privato, op. cit.,* pp. 286-287 e 324.

[403] Neste sentido é dominante a doutrina italiana, segundo L. BARASSI, *La Teoria generale delle Obbligazioni, op. cit.,* p. 95; GUIDO ALPA, *Precontractual Liability, op. cit.,* p. 10; é também esta a orientação pacífica da respectiva jurisprudência: v. FRANCESCO BENATTI, *A responsabilidade pré-contratual, op. cit.,* p. 169 e nota 20.

[404] Também assim no Brasil: ORLANDO GOMES, *Contratos, op. cit.,* pp. 62-63. Igualmente este é o entendimento dominante na jurisprudência holandesa, segundo E. J. ROTSHUIZEN, *Rapport national (Pays-Bas), in La Formation du contrat, op. cit.,* p. 106. Embora a jurisprudência dinamarquesa atribua, por vezes, indemnização em espécie ao lesado pré-contratualmente, a regra é a de que a indemnização pecuniária apenas abranja os danos negativos, com exclusão dos lucros cessante: v. OLE LANDO, *Precontractual Liability under Danish Law, op. cit.,* pp. 1, 6 e 12.

[405] *Il principio di buona fede, op. e loc. cit.,* p. 168.

[406] *Responsabilità civile, Lezioni,* 3.º vol., *op. cit.,* pp. 15, 27-28 e 122 a 128.

negativo pelo valor do interesse positivo; Francesco Benatti[407], partindo da consideração de que «os artigos 1223.º, 1226.º e 1227.º, dos quais se extrai a regra para estabelecer a natureza dos danos ressarcíveis, aplicam-se tanto à responsabilidade contratual como à aquiliana», diz que «a medida do dano ressarcível provocado por uma 'culpa in contrahendo' determina-se somente com base nos artigos citados, dos quais não emerge nenhum elemento para confirmar a tese pela qual o interesse negativo não poderia nunca superar o interesse positivo», aceitando que só o dano negativo é reparável com fundamento em responsabilidade pré-contratual; Vincenzo Cuffaro[408] diz que, «uma vez abandonada a estreita perspectiva da ruptura das negociações, e tomado, portanto, em consideração o conteúdo efectivo da norma de conduta a que se ligam também deveres específicos de comportamento, [...] não se justifica no plano lógico nenhuma limitação ao dano ressarcível».

Na doutrina espanhola, é maioritário o entendimento de que os danos indemnizáveis são os gastos efectuados em vista do contrato a concluir ou que foi invalidamente celebrado e as ocasiões perdidas em consequência do projecto negocial ou da conclusão do contrato inválido[409].

Esta restrição dos danos reparáveis com fundamento em responsabilidade pré-contratual aos prejuízos negativos nunca foi acolhida pela jurisprudência francesa e, embora possa supor-se que a isso terá obstado a concepção, generalizada em França, de que a responsabilidade *in contrahendo* é uma responsabilidade delitual, tal não teria sido realmente impeditivo, como acentuam Alex Weill e François Terré[410], desse acolhimento.

---

[407] *A responsabilidade pré-contratual*, op. cit., pp. 168 a 174.

[408] *Responsabilità precontrattuale*, op. e loc. cit., p. 1274.

[409] A. MANZANARES SECADES, *La naturaleza de la responsabilidad...*, op. e loc. cit., pp. 981 a 983; L. DÍEZ-PICASO, *La representación...*, op. cit., p. 262; CLARA GONZÁLEZ, *La culpa in contrahendo*, op. cit., pp. 288 a 290; L. DÍEZ-PICASO e A. GULLON, *Sistema...*, vol. II, op. cit., p. 88.

[410] *Droit Civil. Obligations*, op. cit., p. 386, nota 1.

Porém, JACQUES GHESTIN, *La notion d'erreur...*, op. cit., pp. 136 a 138 e 140, contestando qualquer restrição aos prejuízos reparáveis, parece atribuir o fundamento da rejeição da ideia de limitação daqueles aos danos negativos ao não acolhimento em França da teoria da *culpa in contrahendo*, o que parece só poder significar o não acolhimento da qualificação de contratual da responsabilidade pré-negocial. JOANNA SCHMIDT-SZALEWSKI, *La période précontractuelle en droit français*, op. cit., pp. 15-16, diz que a indemnização é calculada segundo os

Na doutrina suíça, é dominante o entendimento de que o dano indemnizável é o interesse negativo [411], embora haja autores, como Pierre Engel [412], que, dando notícia de tal opinião, chamam a atenção para que a lei atribui por vezes indemnização pelo interesse positivo, concluindo este último autor que, em seu entender, «o princípio de resolução é simples: todo o dano que se encontre em relação de causalidade com a *faute* deve ser reparado».

Em Portugal, constava da proposta de Articulado da autoria de Vaz Serra uma disposição que expressamente resolvia o problema da natureza e extensão dos danos indemnizáveis: era o artigo 10.º, cujos três primeiros números tinham a seguinte redacção [413]:

«1. A indemnização, a que o artigo 8.º se refere, diz respeito aos danos resultantes de se ter confiado na validade ou realização do contrato; mas não pode exceder o montante do interesse que o lesado tem no cumprimento do mesmo contrato, salvo se a culpa tiver causado um dano diferente da perda da prestação contratual.

2. Se, porém, caso se houvesse procedido regularmente, o contrato tivesse chegado a aperfeiçoar-se, deve indemnizar-se o interesse no cumprimento dele. É devido o mesmo interesse quando uma das partes conhecia a causa de invalidade do contrato e a outra a ignorava sem culpa, bem como quando seja de concluir ter-se garantido a validade do dito contrato.

---

princípios gerais da responsabilidade civil delitual, não sendo possível, sequer, estabelecer uma distinção entre danos negativos e positivos para efeitos indemnizatórios, já que todas aqueles que se prove terem relação causal com a *faute* pré--contractual são ressarcíveis.

P. LEGRAND JR., *Pre-contractual Relations in Quebec Law..., op. cit.,* pp. 21 a 23 e 25-26, exprime uma confusa posição, em que, dizendo que indemnizáveis são todos os prejuízos causalmente ligados à *faute* pré-contratual, parece restringi-los aos dados negativos, com o argumento, quer da falta de certeza dos positivos, quer de que a *faute* consiste na frustração da confiança.

[411] V. A. VON TUHR, *Tratado de las Obligaciones,* tomo I, *op. cit.,* pp. 60-61, 212, 220, 225-226 e 245, não aceitando este autor, em geral, a limitação do dano negativo pelo dano positivo, mas admitindo que, em concreto, o tribunal a determine, por ser o dano negativo de quantitativo extraordinário e não previsível. V. também F. SCHENKER, *Precontractual Liability in Swiss Law, op. cit.,* p. 9.

[412] *Traité des Obligations..., op. cit.,* pp. 137 e 506-507.

[413] *Culpa do devedor..., op. e loc. cit.,* pp. 145-146.

3. Na hipótese da segunda parte do § 3.º do artigo 8.º, observa-se o disposto no § 1.º do presente artigo, sem aplicação do que se determina no § 2.º do mesmo artigo».

O texto definitivo da lei não acolheu nem reflecte estas posições que constavam da proposta de Vaz Serra, não operando qualquer restrição no âmbito ou natureza dos danos indemnizáveis. Apesar disso, a maioria da doutrina inclina-se — como já antes da entrada em vigor do Código Civil acontecia — para o entendimento tradicional de que os danos ressarcíveis, no quadro da responsabilidade pré-contratual, são apenas os negativos [414]. Se há autores que parecem considerar desnecessária a preocupação de encontrar fundamento para essa posição, há quem argumente nesse sentido com um elemento sistemático, retirado dos artigos 898.º e 908.º do Código Civil, dizendo [415] que, por identidade ou até maioira de razão, o mesmo caminho deve ser seguido quando a obrigação de indemnizar procede da ruptura das negociações.

Que a indemnização do dano negativo compreende tanto os danos emergentes como os lucros cessantes é opinião pacífica na doutrina por-

---

[414] P. ASCENÇÃO BARBOSA, *Do Contrato-promessa, op. cit.,* p. 78; MOTA PINTO, *A responsabilidade pré-negocial..., op. e loc. cit.,* pp. 160 e 180: a posição deste último autor não é, porém, inequívoca, pois admite que «o direito, por vezes, não permite — simpliciter — uma nulidade, mas lhe liga uma responsabilidade, ou até, vai mais longe e estabelece uma eficácia do acto em conformidade com os dados objectivos» (*op. e loc. cit.,* p. 153) e configura a «revalidação» da venda de coisa alheia, prevista no § único do artigo 1555.º do Código de 1867 como indemnização do interesse positivo (*op. e loc. cit.,* p. 158); em obra posterior à entrada em vigor do Código Civil de 1966, MOTA PINTO, *Notas sobre alguns temas..., op. cit.,* pp. 140-141, parece ter aderido definitivamente à concepção da restrição dos danos reparáveis aos negativos; PESSOA JORGE, *Direito das Obrigações,* 1.º volume, Lisboa, 1975-76, p. 81; I. GALVÃO TELLES, *Direito das Obrigações,* 4.ª edição, *op. cit.,* p. 55, e *Direito das Obrigações,* 6.ª edição, *op. cit.,* p. 65; id., *Manual dos Contratos em geral, op. cit.,* pp. 102, 187-188 e 200; A. FERRER CORREIA, *Erro e Interpretação..., op. cit.,* pp. 54 e nota 3, 57 e nota 2; J. CASTRO MENDES, *Teoria geral do direito civil,* vol. II, *op. cit.,* p. 173, nota 418. V. também VAZ SERRA, *Culpa do devedor..., op. e loc. cit.,* p. 133, acrescentando, contudo, o autor adiante (p. 135) que, «quando, porém, caso se houvesse procedido regularmente, o contrato tivesse chegado a aperfeiçoar-se, parece dever ter a outra parte o direito de exigir o interesse de cumprimento [...]. É que, em tal hipótese, da culpa *in contrahendo* resultou a não perfeição do contrato e, assim, deve ter a outra parte o direito de reclamar aquilo que teria se o contrato tivesse sido aperfeiçoado».

[415] M. J. ALMEIDA COSTA, *Responsabilidade civil pela ruptura..., op. cit.,* p. 75.

tuguesa[416], havendo quem[417] retire, para tal conclusão, argumento *a contrario* das normas excepcionais dos artigos 899.º e 900.º, n.º 2.

Anote-se, a este propósito, que a unanimidade concordante com que é encarada a compreensão dos lucros cessantes no núcleo dos danos negativos não se traduz, efectivamente, num significativo alargamento da extensão dos danos ressarcíveis, pois a sua prova será, as mais das vezes, muito difícil, havendo então de recorrer ao disposto no artigo 566.º, n.º 3, que determina que, na impossibilidade de averiguação do «valor exacto dos danos, o tribunal julgará equitativamente dentro dos limites que tiver por provados»[418].

Quanto à questão de saber se nos danos negativos podem incluir-se danos não patrimoniais, parece ser positiva a opinião maioritária da doutrina[419, 420].

Finalmente, quanto ao problema da eventual limitação do dano negativo pelo montante do dano positivo, há que observar desde já que, em regra, o problema não se coloca, pois o dano negativo é inferior ao positivo, e, muito frequentemente, o montante do dano negativo resultará de fixação equitativa pelo tribunal, em virtude da dificuldade em apurar o seu exacto montante.

---

[416] V., por exemplo, MOTA PINTO, *A responsabilidade pré-negocial...*, *op. e loc. cit.*, p. 180; P. ASCENÇÃO BARBOSA, *Do Contrato-promessa, op. cit.*, p. 78; PESSOA JORGE, *Ensaio sobre os pressupostos...*, *op. cit.*, p. 380 (embora a definição de prejuízos negativos deste autor pareça implicar — por adesão à fórmula tradicional herdada de Jhering — a sua restrição à responsabilidade *in contrahendo* emergente da celebração de «um contrato inválido ou que veio retroactivamente a perder eficácia»); A. FERRER CORREIA, *Erro e Interpretação...*, *op. cit.*, pp. 57 (integrando o autor no interesse negativo os «danos positivos e lucros cessantes») e 298.

[417] M. J. ALMEIDA COSTA, *Responsabilidade civil pela ruptura...*, *op. cit.*, p. 77.

[418] Como escreve CLARA GONZÁLEZ, *La culpa in contrahendo, op. cit.*, pp. 70-71, nota 185, «apesar de, no plano teórico, a indemnizabilidade das ocasiões perdidas ser geralmente admitida, na realidade isso não acontece dada a dificuldade de prova, tanto de que se teria realizado outro contrato como do efectivo conteúdo do mesmo», indicando a autora uma sentença, que qualifica de excepcional, do *BGH* de 1988, em que se determinou uma indemnização dos lucros cessantes realizando-se um cálculo do dano como o equivalente da contraprestação que se devia ter obtido do contrato celebrado.

[419] M. J. ALMEIDA COSTA, *Responsabilidade civil pela ruptura...*, *op. cit.*, pp. 82-83.

[420] Sobre a colocação deste problema no direito alemão, v. CLARA GONZÁLEZ, *La culpa in contrahendo, op. cit.*, pp. 108-109.

173

Vaz Serra [421] e Mota Pinto [422] entendem que é, em princípio, de acolher esse limite, embora a posição do primeiro esteja longe de ser rígida neste ponto. Almeida Costa [423], reconhecendo embora que da lei nada se pode retirar, argumenta com a equidade, para dizer que não parece razoável que o lesado possa ser colocado, pela ruptura das negociações, em situação mais vantajosa do que aquela que conseguiria se o contrato tivesse sido celebrado, ou seja não teria sentido atribuir ao lesado mais do que correspondia à sua expectativa, que era a de, concluindo o contrato, obter as vantagens que ele proporcionaria; também do ponto de vista do lesante, sempre segundo Almeida Costa, esta possibilidade não justifica, pois não se compreenderia que a uma vinculação menor — a que existe durante os preliminares relativamente àquela que emerge do contrato — correspondesse uma responsabilidade mais extensa. Este raciocínio, essencialmente inspirado no de alguns autores alemães, só aparentemente procede, contudo, pois o problema da identificação do objecto da obrigação indemnizatória é problema de direito positivo, não dependendo a sua solução de considerações de carácter equitativo, mas da lei.

Encontra-se na doutrina nacional uma corrente [424] que sustenta, por seu lado, que, no quadro da responsabilidade *in contrahendo*, são indemnizáveis todos os prejuízos sofridos, dado que o artigo 227.º não impõe qualquer limitação, antes determina a ressarcibilidade de todos os danos causados pelo ilícito pré-contratual culposo. E há quem, como Antunes Varela [425] e Vaz Serra [426], admita que, quando a responsabilidade pré-contratual se funde no incumprimento do dever de celebrar o contrato, a indemnização excepcionalmente tenda para a cobertura

---

[421] *Culpa do devedor...*, *op. e loc. cit.*, p. 134 e nota 213. O autor ressalva, porém, a hipótese de «a culpa causar danos diferentes da perda da prestação contratual (*v. g.*, teria sido concluído outro contrato mais favorável)», caso em que diz que se afigura então «realmente legítimo que o prejudicado tenha direito ao interesse negativo mesmo que este exceda o positivo, pois, não sendo assim, não seria reparável um dano que, por culpa da outra parte, lhe foi causado».

[422] *A responsabilidade pré-negocial...*, *op. e loc. cit.*, p. 180.

[423] *Responsabilidade civil pela ruptura...*, *op. cit.*, pp. 84-85.

[424] Neste sentido, RUY DE ALBUQUERQUE, *Da culpa in contrahendo no Direito luso-brasileiro*, cit. *apud* MENEZES CORDEIRO, *Da boa fé...*, vol. I, *op. cit.*, p. 585, manifestando-se este último igualmente a favor da indemnização de todos os danos verificados.

[425] PIRES DE LIMA e ANTUNES VARELA, *Código Civil anotado*, vol. I, *op. cit.*, p. 215.

[426] *Culpa do devedor*, *op. e loc. cit.*, p. 135: cfr. *supra*, nota 414.

do interesse positivo [427]. A esta opinião contrapõe Almeida Costa [428] que a ruptura das negociações nesta situação não tem propriamente autonomia, tornando-se mesmo duvidosa a existência de uma verdadeira situação de responsabilidade pré-contratual, e isto porque faltaria a liberdade de contratar: o «centro de gravidade» da obrigação indemnizatória não residiria nas negociações e na sua ruptura, «mas na violação do dever pré-contratual de celebração do contrato». Não é claro o pensamento do autor: na verdade, se o dever de celebrar o contrato tem natureza pré-contratual, não emergindo de qualquer outro anterior contrato (-promessa) nem da lei, parece que o seu fundamento só pode ser constituído pela boa fé nos preliminares, pelo que não se percebe que outra natureza possa ser atribuída à responsabilidade consequente do seu culposo inadimplemento [429]. Isto era, aliás, explícita e inquestionadamente afirmado por Almeida Costa quando, em obra anterior, enunciando, exemplificativamente, os deveres pré-contratuais, neles incluía «o de contratar ou prosseguir as negociações iniciadas com vista à celebração de um acto jurídico» [430].

Relativamente a estas questões, o já citado Parecer da Procuradoria-Geral da República de 20 de Dezembro de 1979 entende que excepcionalmente pode, por força da responsabilidade *in contrahendo,* ser indemnizado o dano positivo e que o dano negativo pode coincidir com o positivo ou até excedê-lo [431].

Em conclusão, dir-se-á, em primeiro lugar, que, sendo o regime da obrigação de indemnizar comum seja qual for o tipo de responsa-

---

[427] Neste sentido, como já se viu, K. LARENZ, *Lehrbuch...*, *op. cit.*, p. 95, que não qualifica como excepcional a solução.

[428] *Responsabilidade civil pela ruptura...*, *op. cit.*, p. 76.

[429] A explicação da afirmação de M. J. Almeida Costa está, parece, na tradicional concepção da responsabilidade *in contrahendo* — em especial quando provém da ruptura dos preliminares — como uma manifestação ou irrupção de um princípio ou regra a-jurídica, a boa fé, no domínio do jurídico: sendo desejável, por razões éticas e de equidade, que a lealdade e correcção nas relações intersubjectivas sejam preservadas, admite-se que quem viola tais valores seja obrigado a indemnizar o outro sujeito dos danos que este em consequência sofreu, mas isso sem prejuízo de se continuar a entender que o comportamento do autor da ruptura, sendo censurável embora, corresponde ao exercício de um direito. Exercício, quanto muito, abusivo: mas, como também é tradicional, o abuso do direito é concebido como algo que merece censura, mas que não deixa de ser exercício do direito.

[430] *Direito das Obrigações*, *op. cit.*, p. 225.

[431] *Op.* e *loc. cit.*, p. 22.

bilidade civil que constitui a sua fonte, e não enunciando o artigo 227.º qualquer elemento de caracterização restritiva dos danos indemnizáveis, não parece haver suporte em que o intérprete funde tal restrição. Por outro lado, o argumento retirado dos artigos 898.º e 908.º, sendo ponderoso do ponto de vista sistemático, dada a sua aplicabilidade a todos os contratos onerosos com eficácia real, é, em certa medida, reversível: se a lei, nestes casos, limitou expressamente o âmbito dos danos indemnizáveis, utilizando, na disposição que consagra o princípio geral da responsabilidade *in contrahendo*, uma formulação ampla, pode entender-se terem tais normas natureza especial e consequentemente uma aplicabilidade limitada às situações cujo regime definem [432]. Quisera a lei restringir os danos reparáveis aos negativos, e tê-lo-ia feito no artigo 227.º, como naquelas outras normas o fez; e não pode dizer-se que o não tenha feito por se tratar de entendimento, senão pacífico, dominante: é que, a ser assim, idêntica desnecessidade teria explicado que nos artigos 898.º e 908.º não se caracterizassem os danos susceptíveis de reparação como negativos. Mais razoável é entender que a restrição, introduzida nestas últimas normas e prescindida no artigo 227.º [433], reflecte o peso da tradição do regime da compra e venda de bens alheios e de bens onerados, não tendo a lei pretendido acolher o mesmo entendimento tradicional quanto ao regime geral da responsabilidade pré--negocial.

O núcleo dos danos ressarcíveis haverá, nesta como em todas as hipóteses de responsabilidade civil, de ser delimitado em função da sua ligação causal ao acto ilícito, o que tem como consequência que os danos indemnizáveis hão-de ser apurados em concreto pela aplicação do critério de estabelecimento de tal ligação causal, podendo então concluir-se que eles são aqueles que doutrinariamente são caracterizados como negativos — se os prejuízos identificáveis pela relação causal com o ilícito pré-negocial forem despesas feitas com vista à conclusão do negócio ou ocasiões negociais perdidas em razão daquele projecto negocial — ou que são danos reconductíveis ao âmbito dos chamados danos positivos — quando se consubstanciam no prejuízo derivado da ilícita não conclusão do contrato ou da sua culposa invalidade ou ainda no de

---

[432] MOTA PINTO, *Notas sobre alguns temas...*, *op. cit.*, p. 134, reportando-se às disposições dos artigos 908.º, 909.º, 910.º e 915.º, diz que nelas «prescreve-se regime especial de indemnização».

[433] Mas também noutras disposições, como, por exemplo, nos artigos 245.º, n.º 2, e 246.º.

uma ilicitamente não acordada ou contemplada obrigação negocial, isto é, quando representam perdas derivadas do não cumprimento contratual ou a frustração dos ganhos que do contrato ou de uma sua obrigação teriam decorrido. Não se vê, pois, vantagem ou, sequer, fundamento para operar com tal distinção, pois nem pode por ela, *contra legem,* caracterizar-se o âmbito dos danos indemnizáveis, nem, dado o critério em função do qual foi elaborada, se adequa em todos os casos à explicação ou, sequer, à descrição dos prejuízos que no quadro da responsabilidade *in contrahendo* podem ocorrer e ser reparáveis. É que nem sempre que o negócio não chegou a realizar-se pode afirmar-se que dessa não celebração só resultaram, para o lesado, como prejuízos causalmente ligados a tal frustração, os danos consubstanciados em despesas feitas com vista à celebração falhada ou os lucros perdidos de outro negócio, a cuja oportunidade se renunciou; pode, por se achar já concretizado o conteúdo negocial, sabendo-se qual a pretensão de cumprimento do negócio derivada, e por o ilícito pré-negocial ter sido, justamente, o da recusa da sua conclusão ou da sua inválida ou ineficaz celebração, ser o prejuízo sofrido pelo lesado o da privação do interesse de cumprimento. Por outro lado, quando o negócio celebrado é válido, mas a sua conformação foi alterada por conduta pré-negocial ilícita de um dos sujeitos, o dano sofrido será, as mais das vezes, a diferença (para mais) de valor da prestação própria ou a diferença (para menos) da prestação alheia, ou o derivado da não inclusão no regulamento contratual de uma ou mais obrigações para o lesante.

Os pressupostos da restrição dos prejuízos reparáveis aos chamados danos negativos — que, sobretudo nos autores mais recentes que acolhem este entendimento, parecem dispensar qualquer explicação — afiguram-se os seguintes: *a)* a parte que pretende ver judicialmente declarado inválido o negócio não pode, contraditoriamente com tal pretensão, querer obter os efeitos que o negócio lhe proporcionaria se fosse válido; *b)* mesmo nos casos em que não é a parte inocente e lesada a tomar a iniciativa de fazer declarar a invalidade do negócio, não pode dizer-se que o dano que ela sofreu seja o da privação dos efeitos jurídico-patrimoniais do negócio, pois, se tempestivamente tivesse sabido do motivo da invalidade, o que teria com probabilidade feito era não concluir aquele negócio, pelo que o prejuízo realmente suportado é o de ter celebrado o negócio inválido; *c)* nas hipóteses em que o ilícito pré-contratual se traduziu ou teve como efeito o rompimento de negociações que uma das partes acreditara levassem à conclusão do negócio, também o seu dano foi somente o de ter iniciado e prosseguido tais negociações, já que, se soubesse que elas estavam condenadas ao inêxito, com probabilidade as teria evitado e teria procurado satisfazer o seu interesse negocial por outra via.

Estes raciocínios não se afiguram, porém, incontroversos. Um seu primeiro vício reside em tomar como adquirido algo que, nos termos da lei, deve ser objecto de prova: que a situação em que o lesado se encontraria, não fora o ilícito pré-negocial, era a de não ter encetado o processo que conduziu ao negócio frustrado, não o tendo, por conseguinte, celebrado. Em segundo lugar — e este é um elemento indissociável do primeiro e que está, aliás, na sua origem explicativa — o de conceber as obrigações pré-contratuais como obrigações de informação e esclarecimento, estritamente funcionalizadas à protecção da confiança da contraparte: isto é, partindo-se da motivação ou razão de ser do instituto, a tutela da confiança, transpõe-se, sem mais, tal motivação para objecto da obrigação decorrente da boa fé, recusando-se a sua configuração como uma obrigação de prevenir a invalidade e/ou a ineficácia do contrato ou a ruptura da negociação contratual, ou como uma obrigação de proporcionar as condições de validade, de eficácia, a conclusão do negócio ou a sua correcta conformação. Esta concepção das obrigações pré-contratuais, claramente vinculada às condições históricas de compreensível cautela restritiva do seu surgimento, representa um enquadramento muito acanhado e nunca justificado da responsabilidade *in contrahendo*, em que o ilícito se caracteriza por referência, não tanto ao incumprimento de um dever nem à violação de um direito, mas à frustração de um valor, que não é tecnicamente substracto de um direito subjectivo, a confiança da contraparte.

Deste enquadramento intelectual deriva inevitavelmente, por um lado, a dificuldade em qualificar como ilícita a conduta do lesante e, por outro, a redução da tutela indemnizatória do lesado aos termos idóneos a colocá-lo na situação em que se encontraria se o processo em que a sua confiança foi frustrada não tivesse tido início.

Ora, se há casos em que, não fora o ilícito pré-negocial, o prejudicado não teria encetado o processo negociatório ou não teria concluído o negócio, outros há em que uma das partes, dada a completude do acordo negocial já alcançado, tem direito à celebração do negócio, sendo o seu prejuízo, pois, o consubstanciado na privação dos efeitos jurídico-patrimoniais do negócio e respectivo cumprimento. Nas hipóteses de invalidade ou ineficácia negocial, por seu turno, se há situações em que, dada a intransponibilidade do obstáculo à validade ou eficácia, pode dizer-se que o dano que o lesado sofreu é o de ter concluído aquele

negócio inválido ou ineficaz, não pode, muitas vezes, entender-se que o prejuízo adveio da conclusão do negócio, antes tem de reconhecer-se que ele resultou da sua culposa invalidade (ou ineficácia), devendo, pois, o lesado ser colocado na situação que seria a sua se o vício não existisse, isto é, se o negócio fosse válido (ou eficaz). Igualmente flagrante é a inadequação do âmbito dos danos negativos às hipóteses em que o contrato foi válida e eficazmente concluído, mas o seu conteúdo foi distorcido em prejuízo de uma das partes em virtude de comportamento pré-contratual ilícito do outro contraente.

Não podendo caracterizar-se em abstracto os danos reparáveis a não ser com recurso ao critério enunciado pelo artigo 563.º, estes são, pois, todos os que tiverem ligação causal com o ilícito pré-contratual, nesta, como em todas as outras hipóteses de responsabilidade civil, havendo que ter em consideração o princípio da *compensatio lucri cum danno,* que determina que ao montante da indemnização devida seja deduzida a vantagem que o lesado obteve em consequência do facto mesmo que para ele gerou o direito indemnizatório. Esta última regra tem, no quadro da responsabilidade *in contrahendo*, um campo privilegiado de aplicação, pois, nos casos designadamente em que não tenha sido concluído qualquer contrato ou negócio celebrado seja inválido ou ineficaz, ao valor perdido pela frustração da conclusão, validade ou eficácia do negócio, terá sempre de ser descontado aquele que, por força do mesmo, ao lesado cumpriria despender e que assim não está obrigado a prestar.

6.4. *Nexo de causalidade.*

Para serem indemnizáveis, têm os danos de ligar-se causalmente ao incumprimento do dever pré-contratual.

A relação causal estabelece-se, nos termos gerais do artigo 563.º; na pacífica interpretação da doutrina e da jurisprudência, pelo duplo critério da condição *sine qua non* e da causalidade adequada. Deixando de lado a formulação positiva desta última, que os autores, que a acolhem, em regra reservam para a responsabilidade objectiva [434], será, pois, necessário que o incumprimento do dever pré-contratual tenha,

---

[434] Cfr. ANTUNES VARELA, *Das Obrigações em geral,* volume I, 2.ª edição, Coimbra, 1973, p. 749; M. J. ALMEIDA COSTA, *Direito das Obrigações, op. cit.,* p. 519; JORGE RIBEIRO DE FARIA, *Direito das Obrigações,* vol. I, *op. cit.,* p. 505 e nota 2.

em concreto, constituído condição necessária do dano, só se excluindo então a responsabilidade se ele for, pela sua natureza, indiferente para a produção daquele tipo de prejuízos, isto é, se o lesante provar que apenas a ocorrência de circunstâncias extraordinárias ou invulgares determinou a aptidão causal daquele facto para a produção do dano verificado.

Só este elemento da responsabilidade *in contrahendo* poderá proporcionar a restrição do núcleo dos danos indemnizáveis: para o serem, têm estes de se encontrar causalmente ligados ao ilícito pré-contratual[435], não sendo admissível a reparação de prejuízos que o lesado haja sofrido, em relação aos quais se prove que aquele ilícito não constituía, em abstracto, causa potencialmente idónea, e, em concreto, não tenha representado condição necessária da respectiva ocorrência. Dizer que só através da identificação de uma relação causal entre o ilícito pré-contratual e os prejuízos sofridos se pode operar uma circunscrição daqueles cuja obrigação de reparação impende sobre o agente não significa sugerir ou sequer admitir uma utilização particular deste requisito da responsabilidade civil no quadro da chamada *culpa in contrahendo:* o estabelecimento do nexo causal terá de realizar-se neste quadro, como sempre que de responsabilidade civil se trate, com obediência aos critérios jurídicos que o norteiam, com desvinculação de qualquer intento limitador ou ampliador do âmbito da responsabilidade[436].

---

[435] A relação causal tem de ser encontrada entre a violação do dever pré-contratual e o dano, como em qualquer caso de responsabilidade civil, e não entre a confiança e o dano, como pretende, à imagem da doutrina alemã, M. J. ALMEIDA COSTA, *Responsabilidade civil pela ruptura...,* op. cit., p. 77. Identificando como polos da relação causal «o facto do abandono do 'iter negoti'» e os prejuízos, MOTA PINTO, *A responsabilidade pré-negocial...,* op. e loc. cit., p. 171.

A confiança é o valor em razão do qual se justifica o instituto da responsabilidade *in contrahendo,* aquele que explica a relevância da boa fé intersubjectiva; desta emergindo obrigações para as partes, é, como se viu, ilícito o comportamento que consubstancie o seu inadimplemento: é entre este incumprimento e os danos que há-de intervir o nexo de causalidade que justifica que estes hajam de ser reparados pelo autor daquele. Este o quadro dos pressupostos de qualquer obrigação indemnizatória, que, nada justificando seja alterado nesta hipótese, só se explica seja distorcido pelo peso histórico da tradição das concepções restritivistas da responsabilidade pré-negocial.

[436] Por isso que me suscite dúvidas o raciocínio de MOTA PINTO, *A responsabilidade pré-negocial...,* op. e loc. cit., p. 171, que afirma que, «por exemplo, o lucro cessante («quantum lucrari potuit»), traduzido no repúdio dum outro

180

7. Indemnização.

Se bem que, como é frequentemente assinalado [437], a sanção do ilícito pré-negocial possa revestir — e muitas vezes revista — formas diversas da indemnizatória, é a obrigação de indemnizar a consequência da constituição do sujeito em responsabilidade *in contrahendo*. E a ela se podem reconduzir, como adiante se verá [438], sanções legais da conduta pré-negocial violadora da boa fé, que, à primeira vista — e por se ter sobretudo em consideração a indemnização pecuniária — poderiam não ser configuradas como indemnizações.

Analisar-se-ão de seguida os aspectos de regime da obrigação de indemnizar que mais justificativos de menção, no domínio da responsabilidade pré-negocial, se afiguram.

---

negócio, não terá como causa adequada a revogação da proposta, se o negócio rejeitado era muito mais lucrativo para o lesado do que o contrato em cuja celebração se invoca uma confiança violada; então, o destinatário, que se apresenta como lesado, podia perfeitamente ter dado, antes, a sua aceitação ao negócio mais lucrativo e, se o não fez, não pode considerar causa adequada do lucro frustrado a lesão da sua confiança no primeiro». Muito embora o autor diga que «o problema do nexo de causalidade se põe, nos casos de não conclusão do contrato, nos mesmos termos que em qualquer outra hipótese, podendo suceder a um rompimento ou uma revogação danos que são efeitos adequados daquele acto ou outros que o não são», não é imediatamente claro por que é que o carácter mais lucrativo do negócio cuja ocasião se perdeu afasta a relação causal entre a frustração do contrato e esse lucro cessante. Pode contra-argumentar-se dizendo que, se o lesado teve uma mais vantajosa oportunidade e decidiu não a aproveitar, o fez assumindo o inerente risco, mas tal argumento não é indiscutível, já que o lesado, se confiava na conclusão do negócio por que optou, não estava, na sua perspectiva, a correr risco algum, mas apenas a escolher — em função de critérios que podem não ter sido, até, apenas económicos — entre dois projectos negociais. E nem se poderá dizer, neste caso, como para justificar a limitação do dano negativo pelo positivo já o fez alguma doutrina alemã, que a decisão do lesado foi forçosamente desrazoável, pois não está aqui em causa o dispêndio de quantias superiores às vantagens que com ele se visava conseguir. Em conclusão: se na hipótese configurada por Mota Pinto, algum elemento pode excluir a obrigação de indemnizar, ele não parece ser o da inexistência de relação causal, mas, quanto muito — e é muito duvidoso que assim seja —, a verificação de uma culpa do lesado.

[437] V., por exemplo, MOTA PINTO, *A responsabilidade pré-negocial...*, *op. e loc. cit.*, p. 162; JOANNA SCHMIDT, *La sanction de la faute...*, *op. e loc. cit.*, pp. 66 a 71; DIETER MEDICUS, *Culpa in contrahendo*, *op. e loc. cit.*, p. 579; VINCENZO CUFFARO, *Responsabilità precontrattuale*, *op. e loc. cit.*, p. 1267.

[438] Cfr. *infra*, n.º 7.2.

7.1. Sujeitos da obrigação indemnizatória.

Sujeito activo da obrigação de indemnizar, isto é, credor da indemnização é a parte que, nas negociações ou na conclusão do contrato, sofreu danos em consequência do incumprimento do dever pré-contratual. Terceiros, que possam também ter sido indirectamente prejudicados pela ruptura das negociações, pela invalidade do contrato ou pela sua inaptidão funcional, não podem, em princípio, reclamar indemnização do lesante. É este um princípio geral da relação obrigacional indemnizatória que nada parece, neste domínio, justificar que seja afastado [439].

O obrigado a indemnizar é, em princípio, a contraparte nas negociações ou no contrato, e isto tanto nos casos em que foi ele o autor do incumprimento, como naqueles em que este foi um terceiro, desde que estejam preenchidos os pressupostos do artigo 800.°, isto é, desde que o terceiro tenha intervindo no processo de preparação ou de conclusão do negócio por iniciativa da parte [440, 441].

---

[439] V. CLARA GONZÁLEZ, La culpa in contrahendo, op. cit., pp. 79, e 100 a 104, sobre a orientação recente do BGH alemão de, relativamente aos chamados deveres de protecção, admitir que a obrigação de indemnizar se pode constituir relativamente a alguns sujeitos que não eram partes na negociação ou no negócio. Enquanto, inicialmente, a jurisprudência não admitira sequer a possibilidade de reconhecer um direito de indemnização, com fundamento em culpa in contrahendo, aos sujeitos que, acompanhando o sujeito das negociações, sofressem danos, em 1976, tal orientação foi modificada, passando a decidir os tribunais que, para se reconhecer a existência de responsabilidade pré-contratual por violação dos deveres de protecção, é irrelevante determinar se o lesado era o interessado na conclusão do negócio ou um seu acompanhante, dado que este último também poderá beneficiar dos efeitos de protecção da relação pré-contratual. Tratou-se, essencialmente, de aplicar à relação pré-negocial o princípio subjacente aos chamados contratos com eficácia de protecção para terceiros, verificados que se encontrem os respectivos pressupostos e, em particular, a existência de uma especial relação entre o credor da obrigação contratual (pré-contratual) e o terceiro lesado, que explique que, estando este último exposto ao risco de lesão nos mesmos termos em que a parte o está, tenha o credor interesse na manutenção da sua segurança, sendo tal facto reconhecível pela contraparte, e ainda que o dano seja sofrido em consequência da actividade debitória contratual (pré-contratual).

[440] CLARA GONZÁLEZ, La culpa in contrahendo, op. cit., p. 77, diz que só estará afastada a responsabilidade da parte pelo comportamento do terceiro «quando a actuação tenha tido lugar contra a sua vontade ou o seu conhecimento [...] ainda que neste último caso tenha de tratar-se, evidentemente, de desconhecimento não culposo».

[441] Na doutrina alemã, onde a responsabilização obrigacional da parte pelos actos lesivos da autoria de terceiros constituiu uma das principais motivações para

182

Quanto à responsabilidade desses terceiros directamente face ao lesado, ela só é, em regra, concebível se concorrerem, no seu acto, os pressupostos da responsabilidade delitual [442], pondedo então a parte ser solidariamente responsabilizada se se verificar a previsão do artigo 500.º, isto é, se entre a parte e o terceiro for identificável uma relação de comissão.

As hipóteses de responsabilidade *in contrahendo* de terceiros são, na realidade, situações em que o sujeito, que é ou pode ser considerado terceiro relativamente ao negócio projectado ou concluído, é parte na relação pré-negocial. É isso que se verifica não apenas quando o terceiro é um *falsus procurator* [443], mas também quando ele, sendo um representante com poderes, é o autor do ilícito pré-negocial [444]. Já se observou como entre o representante e a contraparte no negócio se estabelece uma relação jurídica, a que visa a preparação e a conclusão do negócio, relação que é muitas vezes autonomizável daquela outra que entre terceiro e representado vai surgir por efeito do negócio. A nossa lei reconhece-o, aliás, ao determinar, no artigo 259.º do Código Civil, que, «à excepção dos elementos em que tenha sido decisiva a vontade do representado, é na pessoa do representante que deve verificar-se, para efeitos de nulidade ou anulabilidade da declaração, a

---

a subsunção da responsabilidade *in contrahendo* aos quadros da responsabilidade obrigacional, esta orientação é pacífica. V. K. LARENZ, *Lehrbuch des Schuldrechts, op. cit.*, pp. 95-96: o autor assinala que o representante nas negociações e na formação do contrato, sendo considerado, por aplicação do § 278 do *BGB*, um auxiliar da parte, constitui esta em responsabilidade, se incumprir quaisquer deveres jurídicos pré-negociais; e tal responsabilidade, continua o autor, existirá independentemente da questão de saber se o representante tem poderes ou apenas colabora de uma forma ou de outra na celebração do contrato.

[442] Exprimindo-se em termos que se me afiguram pouco claros, MENEZES CORDEIRO escreve que «a culpa in contrahendo pode efectivar-se, nos termos dos artigos 483.º/1 e 490.º, contra o terceiro que colabore nas violações que a integram, embora, nesse caso, já sem a presunção de culpa contra eles» (*Da boa fé no direito civil*, vol. I, *op. cit.*, p. 585).

[443] V. supra, n.º 6.1.2. – *l*).

[444] Este problema da responsabilidade própria do terceiro representante, pelos ilícitos pré-negociais, não se coloca quando o autor do acto não é um representante, mas um órgão de uma pessoa colectiva. Se o ilícito for praticado pelo órgão, a responsabilidade da pessoa colectiva não se funda no artigo 800.º, antes se apresenta como uma responsabilidade por acto próprio. Sobre o problema, v., por exemplo, UWE DIEDERICHSEN, *Fälle und Lösungen nach höchstrichterlichen Entscheidungen*, 3., neubearbeitete Auflage, Karlsruhe, 1973, pp. 30-31.

falta ou vícios da vontade, bem como o conhecimento ou ignorância dos factos que podem influir nos efeitos do negócio», e que «ao representado de má fé não aproveita a boa fé do representante». Esta margem de independência atribuída à vontade do representante e à sua boa ou má fé subjectivas corresponde ao reconhecimento de que na sua intervenção nas negociações e conclusão do negócio se exprime uma autonomia de vontade e de comportamento, que é, aliás, o elemento que permite distinguir o representante (*maxime* voluntário) do núncio [445]. Se é duvidoso que o representante seja «o verdadeiro sujeito do negócio», sendo o representado um mero destinatário dos efeitos deste [446], não pode contestar-se que ele é o seu sujeito material e que a relação pré-negocial se estabelece directamente entre ele e o terceiro, pelo que, «à excepção dos elementos em que tenha sido decisiva a vontade do representado», isto é, dos ilícitos pré-contratuais cuja prática tinha sido resultado de instruções ou indicações do representado [447], sobre ele impende a responsabilidade *in contrahendo* que de tais ilícitos culposos e danosos venha a emergir face ao terceiro [448]. A responsabilidade própria do representante face ao terceiro, tendo como pressuposto a sua autonomia comportamental face ao represen-

---

[445] Sobre a incerteza dos critérios distintivos entre procurador e núncio, v. L. DÍEZ-PICASO, *La representación...*, op. cit., pp. 53 a 55.

[446] A condição de destinatário dos efeitos do negócio não é sinónima de destinatário dos efeitos do comportamento pré-negocial do representante, como salienta M. LEONARDA LOI, *La responsabilità del rappresentante...*, op. e loc. cit., p. 191.

[447] Como, por exemplo, instruções no sentido de arbitrariamente romper negociações preliminares encetadas e avançadas.

[448] Neste sentido, M. LEONARDA LOI, *La responsabilità del rappresentante...*, op. e loc. cit., pp. 188 e segs.; L. DÍEZ-PICASO, *La representación...*, op. cit., p. 262. CLARA GONZÁLEZ, *La culpa in contrahendo*, op. cit., pp. 77 a 79, refere que, na Alemanha, a orientação de considerar certos terceiros como directos responsáveis pré-contratualmente face ao lesado se manifestou desde cedo na jurisprudência, citando uma decisão do *Reichsgericht* de 1928, em que o representante foi julgado responsável *in contrahendo*. K. LARENZ, *Lehrbuch des Schuldrechts*, op. cit., p. 96, depois de referir a posição de Ballersted, segundo o qual o representante pode, em dadas circunstâncias, ser directamente responsável face ao lesado, diz que, de acordo com o *BGH*, tal acontece quando «ele próprio tem um interesse económico forte na celebração do contrato e pretende um proveito pessoal com o negócio, ou quando ele apelou com especial relevo para uma confiança pessoal». Sobre os amplos termos em que a jurisprudência alemã admite a responsabilidade própria do representante, do *Sachwalter*, v. também DIETER MEDICUS, *Culpa in contrahendo*, op. e loc. cit., pp. 588-589.

184

tado e a directa confiança nele depositada pelo terceiro, depende, na sua emergência, da medida da discricionaridade que ao representante caiba [449], por um lado, e, por outro, da confiança que o terceiro nele razoavelmente deposite.

Se parece certa a possibilidade de o representante ser o devedor da indemnização provinda da responsabilidade *in contrahendo*, discutível é a questão de saber se com ele é (ou pode ser) corresponsável o representado, nos termos do artigo 800.º [450]. Ugo Natoli [451], apreciando a questão face à lei italiana, responde-lhe negativamente, não apenas com o argumento de que o representante «é o verdadeiro sujeito do negócio», mas também porque — em particular quando a representação for legal — nem sempre é identificável um acto ilícito e culposo do representado e, não se referindo expressamente o artigo 1228.º do Código Civil italiano, diversamente do que acontece com o nosso artigo 800.º, à responsabilidade (objectiva) do devedor por actos dos respectivos representantes legais, não lhe parece admissível fundar nele uma responsabilidade sem culpa do representado [452, 453]. Se o primeiro argumento não se afigura incontroverso, o segundo, em face

---

[449] Sobre esta questão, M. LEONARDA LOI, *La responsabilità del rappresentante...*, *op e loc. cit.*, pp. 193-194.

[450] A responsabilidade do representado *ex* artigo 500.º será incontroversa sempre que exista entre representante e representado uma relação de comissão e o ilícito pré-contratual se contenha no exercício das funções confiadas ao representante.

[451] *La rappresentanza*, *op. cit.*, pp. 103 a 105. Neste sentido, parece, também M. LEONARDA LOI, *La responsabilità del rappresentante...*, *op. e loc. cit.*, p. 194.

[452] A opinião do autor deve, porém, ser situada no contexto de crítica à maioritária opinião das doutrina e jurisprudência italianas, que do pressuposto da eficácia do negócio na esfera do representado retiram a consequência de que este deve ser o único a responder pré-contratualmente pelos actos dos respectivos representantes, não tendo, aliás, fundamento legal inequívoco para tal responsabilização. Sobre esta posição, v. também MARIA LEONARDA LOI, *La responsabilità del rappresentante...*, *op. e loc. cit.*, p. 188. L. DÍEZ-PICASO, *La representación...*, *op. cit.*, pp. 262-263, defende que, fora dos casos compreendidos na previsão do artigo 1093.º do Código Civil espanhol, a responsabilidade do representado sem culpa existe por força do princípio *ubi commodum ibi est incommodum*.

[453] V. referência à diversidade dos problemas que coloca a responsabilidade do devedor por actos dos respectivos representantes legais e por actos dos seus auxiliares (categoria em que devem ser incluídos os representantes voluntários) em J. RIBEIRO DE FARIA, *Direito das Obrigações*, vol. II, Coimbra, sem data, mas 1990, pp. 406 a 411.

do regime legal português, não é decerto procedente. Nos termos do artigo 800.º, n.º 1, o representado é objectivamente responsável pelos actos pré-contratuais do seu representante legal, sendo-o também pelos dos respectivos representantes voluntários, desde que estes os tenham praticado no quadro de actividade em que tenham sido introduzidos voluntariamente pelo representado.

Assim sendo, poderão ser responsáveis *in contrahendo* tanto o representante quanto o representado, sendo a responsabilidade do primeiro subjectiva e a do segundo objectiva [454].

Não constitui, por seu lado, hipótese que apresente especialidades ou justifique particular detenção a do mandatário que actue em seu próprio nome: aí, muito embora o negócio seja realizado por conta do mandante e a ele, consequentemente, se destine nos efeitos jurídico-patrimoniais, a parte é o mandatário, sendo ele o responsável *in contrahendo*, se tal responsabilidade vier a constituir-se [455].

A verificação da necessidade e justificabilidade de alargamento do âmbito subjectivo da regra da boa fé pré-negocial permite a Vincenzo Cuffaro [456] afirmar que podem «considerar-se vinculados ao respeito da norma de conduta aqueles que tiverem participado nas (e influído sobre as) negociações sem assumir a veste de partes substanciais do contrato»; muito embora o autor, prudentemente, se distancie das posições daqueles autores que pretendem ver submetidos à regra da boa fé pré-contratual terceiros que são realmente estranhos à relação negocial criada entre as partes, enuncia várias hipóteses de responsabilização de terceiros por conduta pré-negocial ilícita: para além do representante sem poderes, o mediador (artigo 1759.º *comma* 1 do Código Civil italiano), o mandatário que «não aceita o encargo que lhe foi conferido pelo mandante» (artigo 1718.º *comma* 4 do Código Civil italiano), o terceiro que, através de dolo negocial, influi na determinação do negócio. E Vincenzo Cuffaro conclui dizendo que «não é, pois, a conclusão (eventual) do contrato que identifica (*ex post*) a referência subjec-

---

[454] Não será, em princípio, solidária a responsabilidade de ambos, mas conjunta. Dizendo, ao expor e comentar as posições da doutrina e da jurisprudência alemãs, que, havendo cumulação de pretensões indemnizatórias contra o auxiliar e a parte, existiria uma dívida solidária de ambos, sem fundamentar e ressalvando, embora, que não há decisões jurisprudenciais na matéria, CLARA GONZÁLEZ, *La culpa in contrahendo, op. cit.*, p. 105.

[455] Neste sentido, M. LEONARDA LOI, *La responsabilità del rappresentante..., op. e loc. cit.*, p. 189.

[456] *Responsabilità precontrattuale, op. e loc. cit.*, pp. 1268 e 1269.

186

tiva da disposição, mas é o envolvimento e a participação nos acontecimentos que precedem ou podem preceder o contrato que justificam a sujeição à regra de comportamento, impondo o seu respeito».

Se não me parece incontroverso, ao menos face à lei portuguesa e na ausência de específicos preceitos que suportem as conclusões de Cuffaro, que, em todos os casos tidos em vista pelo autor, seja pré-contratual a responsabilidade do terceiro que influencia a determinação negocial, já se me afigura que é inequivocamente desta natureza aquela responsabilidade quando a sua intervenção na fase pré-negocial tem lugar sob a veste de aparente parte no futuro negócio ou quando ela ocorrer em termos tais que o sujeito do negócio é levado a confiar fundadamente na pessoa do terceiro, designadamente em função de características, circunstâncias ou motivos que são próprios desse terceiro; ou seja, sempre que o terceiro, ou porque aparece, ele próprio, na qualidade de futuro contraente ou porque é ele que conduz o processo negociatório ou conclusivo do negócio, se possa considerar parte na relação pré-negocial, a responsabilidade *in contrahendo* eventualmente emergente de ilícitos por ele culposamente praticados sobre ele impende.

7.2. *Modalidade da indemnização.*

O regime da obrigação de indemnizar, seja qual for a fonte desta, é o dos artigos 562.º e seguintes. O n.º 1 do artigo 566.º estabelece a regra da prioridade da indemnização específica, só nos casos enunciados na disposição sendo admissível a indemnização pecuniária.

Quando se trate de obrigação de indemnizar com fonte em responsabilidade pré-contratual, há autores, como Almeida Costa[457], que afirmam peremptoriamente (embora o autor se refira apenas à obrigação indemnizatória por ruptura das negociações preparatórias) a inadmissibilidade da restauração natural[458], concluindo que tudo se reporta, pois, a uma indemnização por equivalente[459].

---

[457] *Responsabilidade civil pela ruptura...*, *op. cit.*, pp. 72-73.

[458] Que, aliás, segundo o autor, parece confundir-se com execução específica. Identificando, explicitamente, execução específica e restauração natural, CASTRO MENDES, *Teoria geral...*, vol. II, *op. cit.*, p. 352.

[459] Esta a orientação dominante na Suíça, segundo F. SCHENKER, *Precontratual Liability in Swiss Law*, *op. cit.*, pp. 12-13. Também GUIDO ALPA, *Precontratual Liability*, *op. cit.*, pp. 9-10, diz que, em Itália, «as providências que

Já Menezes Cordeiro [460] admite a indemnização em espécie [461], designadamente no caso de conclusão de um contrato nulo formalmente, colocando-se o problema em termos semelhantes quando há violação do dever de celebrar o contrato, em ambos os casos se traduzindo a indemnização específica na substituição do negócio por uma decisão judicial cujo conteúdo é o do negócio inválido ou não celebrado [462, 463].

---

podem ser exigidas por uma parte que sofreu violação de lealdade de negociação, pela ruptura das negociações, ou à qual não tenha sido prestada toda a informação, não podem em nenhumas circunstâncias incluir a obrigação de concluir a negociação ou de celebrar o contrato», pelo que «o único remédio consiste[...] na indemnização dos danos».

[460] *Da boa fé no direito civil*, vol. II, Lisboa, 1984, pp. 795-796.

[461] Neste sentido, parece, também o Parecer da Procuradoria Geral da República de 20 de Dezembro de 1979, *op. e loc. cit.*, pp. 22-23.
Esta posição é defendida na doutrina italiana designadamente por VINCENZO CUFFARO, *Responsabilità precontrattuale, op. e loc. cit.*, p. 1274.

[462] Esta parece ser a orientação prevalecente na Alemanha em todos os casos em que a obrigação pré-contratual incumprida é a de celebrar o contrato, quer porque a recusa da sua conclusão ocorreu em momento em que todo (ou o núcleo essencial do) conteúdo contratual se encontrava já acordado, apenas faltando cumprir os requisitos de forma legalmente impostos, quer naqueles outros em que um acordo contratual substancialmente completo teve já início de execução, apesar de, por falta de forma, ele ser juridicamente nulo. Cfr. DIETER MEDICUS, *Culpa in contrahendo, op. e loc. cit.*, p. 586. WERNER LORENZ, «*Le processus précontractuel*»: «*Precontractual Liability*» *in the Law of the Federal Republic of Germany, op. cit.*, p. 13, afirma, porém, que «o resultado de um caso é difícil de prever, porque um tribunal pode ou determinar a execução específica como se o contrato fosse válido ou atribuir indemnização com base em c.i.c.».
Na Dinamarca, diz OLE LANDO, *Precontractual Liability under Danish Law, op. cit.*, pp. 9-10, que os tribunais dão por celebrado o contrato quando este, não se encontrando validamente concluído, teve início de execução com o acordo de ambos os contraentes, do mesmo modo procedendo quando uma das partes deu à outra razões para acreditar que o contrato seria celebrado, vindo depois a recusar a sua conclusão; O. Lando observa que estes «não são genuínos casos de responsabilidade pré-contratual dado que as partes foram consideradas vinculadas contratualmente», mas reconhece que «as razões que levam os tribunais a admitir uma responsabilidade contratual são muito semelhantes às que em outras situações conduziram à responsabilidade pré-contratual».

[463] Sobre a questão de saber se a caducidade do direito a obter a anulação do contrato por dolo ou coacção moral não deve considerar-se prejudicada pela subsistência do direito indemnizatório fundado em responsabilidade pré-contratual, dado que tal indemnização deve revestir, prioritariamente, forma específica, v. VENERANDO BIONDI, *Dolo e violenza nel contratto (appunti di tecnica legislativa), in Il Foro padano*, volume ventiseiesimo, Anno 1971, pp. 136 e segs., em especial, p. 141. A ideia do autor é a seguinte: enquanto não estiver prescrito o direito de

A inexistência da explicitação de argumentos pelos defensores da primeira posição — que parecem reconduzi-los ao da evidência, nem sempre fácil de apreender — dificulta a apreciação dessa opinião, pelo que não se vê alternativa à aplicação das regras legais, que, nesta matéria, estão sediadas no já referido artigo 566.º. O afastamento da reconstituição natural como forma indemnizatória só será, portanto, admissível se a ela obstar impossibilidade material ou jurídica [464] ou se a sua prestação representar para o devedor uma onerosidade de tal forma agravada que deva ser considerada excessiva. Não só, frequentemente, nenhumas destas excepções se verificará, como há casos em que é a própria lei a determinar formas reparatórias específicas do dano decorrente de ilícito pré-contratual: assim acontece, designadamente, nos casos já referidos de incumprimento dos deveres de comunicação e esclarecimento impostos ao predisponente de cláusulas contratuais gerais pelos artigos 5.º e 6.º do Decreto-Lei n.º 446/85: como oportunamente se assinalou, as cláusulas não comunicadas ou não efectivamente conhecidas consideram-se excluídas dos contratos singulares, sendo aos aspectos por elas regulados aplicáveis os regimes legais per-

---

indemnização, enquanto o lesado mantiver este, pode ele, em consequência, obter do lesante a reparação dos danos que a conclusão do negócio viciado lhe causou: consistindo a indemnização específica na eliminação, com carácter retroactivo, de tal negócio, tudo se passará afinal como se a anulação do negócio pudesse ser obtida, mesmo nos casos em que ela não possa ser requerida, por ter caducado o respectivo direito.

[464] É um obstáculo deste tipo o que certos autores franceses opõem àqueles que defendem que a consequência da ilegítima recusa da conclusão de um contrato deve ser o suprimento judicial do consentimento: é que, diz-se, quando as cláusulas contratuais essenciais não se encontrassem já acordadas, não poderá o tribunal substituir a vontade das partes do estabelecimento das regras contratuais. Cfr. GENEVIEVE VINEY, *Les Obligations. La Responsabilité, op. e loc. cit.,* pp. 231-232; JOANNA SCHMIDT, *La sanction de la faute..., op. e loc. cit.,* pp. 51-52. Esta última autora escreve, em texto mais recente, que «o dano resultante da ruptura das negociações pré-contratuais não pode, em direito francês, dar direito a uma reparação em espécie. Esta consistiria, com efeito, numa conclusão forçada do contrato, contra a vontade de uma das partes que, por hipótese, já não deseja contratar. A *Cour de Cassation,* se não afastou formalmente esta solução, também não a admitiu. No domínio contratual o juiz não tem, com efeito, o poder de substituir a sua vontade à dos contraentes»; e a autora observa que os arestos citados no sentido da admissibilidade da indemnização específica «não são probatórios, pois as espécies decididas respeitavam a uma retractação tardia, já precedida da aceitação e, por consequência, da formação do contrato» (*La période précontractuelle en droit français, op. cit.,* pp. 14-15 e nota 41).

tinentes ou sendo a integração das lacunas resultantes realizada de acordo com as regras gerais da boa fé e da vontade hipotética das partes.

Em outras situações, muito embora não possa falar-se, com absoluto rigor técnico, de indemnização em espécie, a sanção do ilícito pré--contratual, prevenindo a ocorrência de prejuízos para a parte inocente, traduz-se na exclusão de um direito que caberia ao contraente faltoso. É isto que acontece quando no vício do negócio está implicado um acto ilícito pré-contratual da parte que, depois, pretende invocar esse vício para obter a declaração de invalidade do negócio: entende-se então que o direito a arguir a nulidade ou a obter a anulação do negócio deve considerar-se precludido pela violação da boa fé que representaria o comportamento do faltoso [465], que, tendo contribuído para o vício, vem pretender dele beneficiar em seguida. Este princípio, que informa, por exemplo, o artigo 126.º do Código Civil, procederá em todos os casos em que a conduta pré-negocial ilícita de uma das partes tiver sido a causa ou tiver concorrido para a verificação do vício do negócio.

É isto que acontece também, designadamente, quando uma das partes obsta ao cumprimento dos requisitos formais legalmente exigíveis, vindo subsequentemente pretender fazer declarar a nulidade do contrato com fundamento em falta de forma [466]. Quanto a este último problema, coloca-se ele como sendo o de saber se da boa fé pode decorrer o afastamento da aplicação de uma regra formal a um negócio jurídico, designadamente nos casos em que a inobservância da forma legalmente prescrita foi devida a culpa de uma das partes, sendo esta a que justamente vem depois invocar o vício formal para fazer declarar

---

[465] JOANNA SCHMIDT, *La sanction de la faute...*, *op. e loc. cit.*, pp. 66--67; ALEX WEILL e FRANÇOIS TERRE, *Droit Civil. Obligations*, *op. cit.*, pp. 218 e 386-387.

V., sobre a orientação da jurisprudência alemã nestes casos, WERNER LORENZ, «*Le processus précontractuel*»: «*Precontractual Liability in the Law of the Federal Republic of Germany*, *op. cit.*, pp. 7-8; DIETER MEDICUS, *Culpa in contrahendo, op. e loc. cit.*, p. 584, e MENEZES CORDEIRO, *Da boa fé no direito civil*, vol. II, *op. cit.*, pp. 773 a 785, e sobre a orientação da jurisprudência do Tribunal Federal suíço, PIERRE ENGEL, *Traité des Obligations...*, *op. cit.*, p. 506.

[466] Nestas situações, a especificidade reside na cumulação da violação da boa fé pré-contratual com o exercício abusivo do direito (a invocar a invalidade), não sendo, pois, linear que a preclusão do exercício do direito resulte apenas do ilícito pré-contratual.

nulo o negócio [467]. Esta situação em que é identificável culpa de um dos sujeitos no incumprimento da regra formal pode apresentar-se caracterizada, essencialmente, por dois modos: ou uma das partes desconhecia desculpavelmente a exigência formal, não tendo para ela sido alertada

---

[467] FIKENTSCHER, *Das Schuldrecht, op. cit.*, pp. 79, 80 e 114, diz que «a invocação da falta de forma pode ser inadmissível por força da boa fé tendo em consideração os usos do tráfego jurídico ou então por força da *ratio* da norma formal, de tal modo que o negócio jurídico seja válido apesar do vício de forma», o que, segundo o autor, acontece em dois tipos de situações: *a)* naquelas em que o devedor, tendo protestado junto do credor o seu compromisso e a desnecessidade da observância das regras formais, vem depois invocar a falta de forma, caso em que, por ser o seu comportamento desleal ou maldoso (*arglistig*), é possível, através do § 242, operar a limitação material do § 125; *b)* naquelas em que seria objectiva e grosseiramente injusto frustrar o negócio jurídico, com fundamento em vício formal, hipótese em que se trata de uma interpretação restritiva ou de uma res. trição da regra formal com base no seu sentido e na sua *ratio*, chamando o autor a atenção para que «a não aplicação de regras formais em casos em que a sua aplicação é destruidora da própria *ratio* do negócio deve permanecer uma rara excepção», só sendo admissível, conforme jurisprudência constante do *RG* e do *BGH*, nos casos em que a imposição das regras formais levasse a resultados intoleráveis.

K. LARENZ, *Lehrbuch des Schuldrechts, op. cit.*, pp. 114 a 118, explica que a jurisprudência começou por procurar evitar a violação da boa fé, nos casos de arguição do vício formal pela parte que culposamente o tinha causado, através da invocação da objecção de *Arglist* no processo, isto é, através de um mecanismo semelhante à *exceptio doli*; o *BGH* tem continuado a seguir a orientação que na matéria era a do *RG*, embora, nos casos em que o incumprimento da regra formal se tenha devido a culpa leve de um dos contraentes, não admita a pretensão ao cumprimento do contrato, apenas reconhecendo um direito de indemnização por responsabilidade pré-negocial; alguma doutrina objectou àquela orientação que, sendo a nulidade formal de conhecimento oficioso do tribunal, não faria sentido apreciar a sua procedência em razão da valoração da conduta da parte que a invocava; daí que o *BGH* tenha vindo a modificar a fundamentação da inadmissibilidade do reconhecimento da nulidade formal, afirmando que ela resulta de uma limitação material da disposição do § 125 pelo § 242 do *BGB*, e procurando circunscrever cuidadosamente o campo de incidência possível de tal limitação, dizendo que só em casos muito especiais, designadamente quando tal conduza a consequências intoleráveis, pode o vício formal não ter como efeito a nulidade do negócio, por aplicação do princípio da boa fé. Larenz aprecia criticamente a orientação do *BGH*, opinando que os casos em que a limitação material do § 125 pelo § 242 é admitida têm de se encontrar caracterizados com precisão, não bastando dizer que eles são aqueles em que a nulidade teria consequências *intoleráveis* por contraposição àqueles em que tais efeitos seriam *duros*; e Larenz enuncia três grupos de casos em que considera que a não aplicação do § 125 se justifica em razão da boa fé: *a)* aqueles em que a parte, que agora pretende a declaração de invalidade

191

por uma contraparte experiente naquele tipo de negócios; ou um dos sujeitos acreditou na palavra do outro, que o convencera da desnecessidade do cumprimento dos requisitos formais para que o objecto contratual se realizasse [468]. Em qualquer caso, sempre imprescindível é que haja culpa de um dos sujeitos, pois, inexistindo essa, não só não caberia falar de responsabilidade *in contrahendo,* como não seria admissível, afastando a aplicação da regra formal, pôr em causa a respectiva razão de ser, que é, no entendimento maioritário das doutrinas civilísticas, a protecção das partes contra precipitações ou imponderações.

---

do negócio, impediu antes a observância da prescrição formal com o propósito de deixar aberta uma via (uma *«Hintertür»*) para escapar à vinculatividade do negócio, se viesse a verificar que ele deixara de lhe convir; *b*) aqueles em que ambas as partes sabem da exigência formal, desejando uma delas cumpri-la, mas a outra, prevalecendo-se da sua superioridade negocial, pressiona a primeira para que a forma não seja observada; seja qual for a intenção da parte que obsta ao cumprimento da regra formal, o aproveitamento por ela do seu poder negocial não pode ser admitido pelo direito; *c*) os casos em que o negócio formalmente nulo foi executado e, após o cumprimento, uma das partes pretende a restituição daquilo que prestou, com fundamento na nulidade; nestas hipóteses, a violação da boa fé reside na contrariedade da actual pretensão com a conduta anterior. Em conclusão, segundo Larenz, não basta que uma das partes tenha confiado na afirmação da outra de que cumpriria o acordo negocial desprovido de forma, para admitir a subsistência como válido do negócio viciado formalmente, antes sendo necessário que se verifique ou uma conduta dolosa (*arglistig*) ou um comportamento de censurável exploração da posição de poder negocial, por parte de um dos contraentes.

MOTA PINTO, *Nota sobre alguns temas...,* op. cit., pp. 96 a 98, citando opinião concordante de Manuel de Andrade, inclina-se para o entendimento de que é admissível, «nos casos excepcionalíssimos do artigo 334.º, afastar a sua [da «norma que prescreve a nulidade dos negócios feridos de vício de forma»] aplicação, tratando a hipótese como se o acto estivesse formalizado», com o argumento de que «de qualquer modo a segurança da vida jurídica e a certeza do direito, sendo valores de importância fundamental na ordenação da vida social e compreendendo-se o seu acatamento mesmo que para isso se pague o tributo de *alguma injustiça,* não podem ser afirmados com *sacrifícios das elementares exigências do 'justo'».*

[468] Esta segunda subhipótese pode, por sua vez, configurar-se ainda de duas formas: ou a parte que convenceu a outra da desnecessidade de cumprir a forma legalmente imposta o fez durante o processo negociatório, pelo que o contrato nunca foi validamente celebrado, encontrando-se os contraentes em discussão sobre a sua vinculatividade; ou o sujeito que persuadiu o outro daquela desnecessidade fê-lo através de um comportamento executivo do acordo contratual, cessando, em certo momento, tal execução e alegando então a inexistência de vinculação jurídica. V. K. LARENZ, *Lehrbuch...,* op. cit., p. 115.

Se, porém, a inobservância da exigência formal for, dolosa ou culposamente, imputável a um dos sujeitos, justifica-se então que se vede a este a invocação da consequente nulidade para assim se libertar das obrigações negocialmente assumidas [469]. Muito embora a solução se venha a traduzir no afastamento, em tais casos, da aplicação da regra formal, parece mais ajustado à razão de ser de tal afastamento, que é a tutela *in contrahendo* da contraparte no negócio e a correlativa sanção da violação da boa fé pelo sujeito que provocou e vem invocar a omissão da forma, caracterizar tal regime como correspondendo a uma exclusão do direito de arguição da nulidade formal, constituindo a preservação da validade do negócio formalmente viciado uma sanção preventivo-reparatória dos danos que para o lesado resultariam da declaração da sua invalidade.

Nestas situações, a especificidade reside na cumulação da violação da boa fé pré-contratual com o exercício abusivo do direito (a invocar a invalidade), não sendo, pois, linear que a preclusão do exercício do direito resulte apenas do ilícito pré-contratual [470, 471].

---

[469] Esta é uma solução que a nossa lei por vezes expressamente acolhe: assim, por exemplo, o artigo 1029.°, n.° 3, do Código Civil, que, presumindo inilidivelmente a culpa do locador no vício formal do arrendamento para comércio, indústria ou exercício de profissão liberal, lhe retira legitimidade para invocar a consequente nulidade; sem enunciar expressamente uma presunção de culpa — embora tendo-a como explicação subjacente — também o n.° 3 do artigo 410.° retira ao promitente da transmissão ou constituição de direito real sobre edifício ou sua fracção autónoma legitimidade para invocar a omissão dos requisitos formais impostos pela mesma disposição para o contrato-promessa, salvo se ele produzir prova de que o vício formal foi culposamente causado pela outra parte.

O texto proposto por Dieter Medicus para o § 308 do *BGB* é o seguinte: «Se durante as negociações uma das partes fez crer dolosamente à outra que o contrato não careceria de qualquer forma, o enganado pode optar pela validade do contrato em lugar da nulidade que resulta do § 125». Cfr. CLARA GONZÁLEZ, *La culpa in contrahendo, op. cit.*, p. 197.

[470] P. DE LIMA e A. VARELA, *Código Civil anotado*, vol. I, *op. cit.*, p. 215, entendem que é o artigo 227.° que contém o regime aplicável em caso de inobservância da forma, sendo inapropriado pretender aplicar a esses casos o abuso do direito.

[471] Reportando-se à situação de erro culposo, invocado pelo *errans* para obter a anulação do contrato, A. VON TUHR, *Tratado de Las Obligaciones*, tomo I, *op. cit.*, p. 212, afirma que o ilícito, constitutivo da responsabilidade *in contrahendo*, não é o erro negligente, que «em nada prejudicaria a outra parte,

Outra hipótese de indemnização específica se verifica quando se permite ao lesado a liberação do vínculo obrigacional assumido em termos (absoluta ou relativamente) gravosos, quando a assunção da obrigação negocial tenha resultado de comportamento pré-contratual ilícito da contraparte, hipótese que, como já se referiu, é frequentemente admitida na jurisprudência e doutrina alemães [472]. Estar-se-á ainda perante uma indemnização em espécie quando o tribunal condena o autor do ilícito pré-negocial a realizar uma prestação a que ele não se encontrava negocialmente obrigado, quando a contraparte estava razoavelmente convencida de que tal obrigação existia em razão da conduta pré-contratual daquele [473].

Quando se verifique qualquer das excepções ao princípio da restauração natural, a indemnização em dinheiro deve ser calculada de acordo com o n.º 2 do artigo 566.º e, quando o montante exacto dos danos não puder ser apurado, será fixada segundo os parâmetros do n.º 4 da mesma disposição.

---

se não fosse invocado para impugnar o contrato», sendo antes o acto lícito da impugnação aquele que funda a responsabilidade, «já que foi a sua própria negligência, ao contratar, que deu ocasião a que este acto se realizasse». LUCA NANNI, *L'uso giurisprudenziale dell'exceptio doli generalis, in Contratto e impresa,* Padova, 1986, pp. 207-208, observa que a preclusão de um direito tanto pode verificar-se para evitar que o seu titular retire vantagem do seu próprio malefício, como justificar-se em atenção à confiança suscitada na contraparte que a pretensão exercida judicialmente vem frustrar: e, nesta segunda categoria de casos, que reconduz à proibição do *venire contra factum proprium,* inclui aqueles em que a um sujeito é vedado «fazer valer uma pretensão ou resistir a ela, quando esta se funde num vício de que a própria parte tinha conhecimento quando concluiu o contrato ou lhe deu execução».

[472] V. indicação de numerosas decisões do *BGH* neste sentido em CLARA GONZÁLEZ, *La culpa in contrahendo, op. cit.,* p. 186, nota 602. V. também WERNER LORENZ, «Le *processus précontractuel»: «Precontractual Liability»* in the *Law of the Federal Republic Germany, op. cit.,* pp. 16 a 18 e notas 32 a 35.

[473] J. ESSER e E. SCHMIDT, *Schuldrecht...,* Teilband 2, *op. cit.,* p. 98, dão o exemplo de um contrato de seguro que não cobria um risco em cuja cobertura o segurado tinha evidente interesse e que este não compreendera, por deficiência de informação do agente ou mediador de seguros, que não estava abrangido pelo contrato. Nesta hipótese, dizem os autores que, se a situação não coberta pelo contrato ocorrer, deve o segurador ser obrigado a conferir protecção de seguro ao interessado, apesar de o contrato o não prever, citando neste sentido uma decisão do *BGH* de 1962. Sobre a questão, v. também CLARA GONZÁLEZ, *La culpa in contrahendo, op. cit.,* pp. 188 a 190, que enuncia várias decisões do *BGH* e do *RG* no mesmo sentido.

7.3. *Prescrição da obrigação de indemnização.*

No regime da responsabilidade *in contrahendo,* apenas uma questão encontra clara solução legal: a da duração do prazo prescricional da obrigação dela emergente [474]; na verdade, nos termos do n.º 2 do artigo 227.º, a obrigação de indemnizar prescreve no prazo especial de três anos — contados do conhecimento pelo lesado do direito que lhe compete, embora desconheça o responsável e a extensão integral dos danos — relevando também, quanto a ela, o prazo ordinário da prescrição, que conta a partir da prática do facto danoso, podendo ainda ser de extensão diversa o prazo prescricional, quando o ilícito civil constitua «crime para o qual a lei estabeleça prescrição sujeita a prazo mais longo», pois será esse então o aplicável ao direito de crédito.

O início da contagem do prazo especial de três anos não está, naturalmente, dependente do conhecimento jurídico, pelo lesado, do respectivo direito, antes supondo, apenas, que o lesado conheça os factos constitutivos desse direito, isto é, saiba que o acto foi praticado ou omitido por alguém — saiba ou não do seu carácter ilícito — e dessa prática ou omissão resultaram para si danos. A independência, expressamente estabelecida no artigo 498.º, n.º 1, do início da contagem do prazo do conhecimento da extensão integral dos danos é aspecto que não suscita dificuldades, dada, por um lado, a possibilidade, prevista no artigo 564.º, n.º 2, de o tribunal atender aos danos futuros, remetendo a fixação da correspondente indemnização para decisão ulterior, permitindo o artigo 565.º que, quando a determinação da indemnização for diferida para execução de sentença, o tribunal condene «desde logo o devedor no pagamento de uma indemnização, dentro do quantitativo que considere já provado» e, por outro, a faculdade concedida pelo

---

[474] No direito alemão, onde este problema não está resolvido legalmente, entende-se maioritariamente que, em regra, o prazo de prescrição da obrigação de indemnizar provinda de *culpa in contrahendo* é o prazo ordinário de 30 anos, estabelecido pelo § 195 do *BGB.* Em alguns casos, a jurisprudência tem entendido, porém, que se aplicam analogicamente à obrigação indemnizatória os prazos mais curtos das obrigações contratuais: esta orientação, já adoptada pelo *Reichsgericht* em matéria de garantia por vícios na compra e venda, é também acolhida pelo *BGH* quando o dano cuja indemnização se pretende é o interesse de cumprimento, bem como quando se trata de danos sofridos por coisas entregues para exame ou verificação no decurso das negociações. V. K. LARENZ, *Lehrbuch des Schuldrechts, op. cit.,* p. 97; CLARA GONZÁLEZ, *La culpa in contrahendo, op. cit.,* p. 110 e nota 344, e pp. 190-191.

artigo 569.º ao credor da indemnização de não «indicar a importância exacta em que avalia os danos», podendo, «no decurso da acção, [...] reclamar quantia mais elevada, se o processo vier a revelar danos superiores aos que foram inicialmente previstos». Já a desvinculação da contagem do prazo de prescrição do conhecimento pelo lesado da pessoa do responsável é aspecto susceptível de criar dificuldades, dada a evidente impossibilidade de exercício do direito indemnizatório enquanto não se encontrar determinada a pessoa do devedor [475]. Trata-se, porém, de problema que maior probabilidade de ocorrência terá no quadro da responsabilidade extracontratual do que no domínio da responsabilidade pré-contratual, em que, dada a relação entre as partes, só muito dificilmente se poderá conceber situação em que o lesado não saiba — ou não deva ou possa saber — quem é a pessoa do lesante.

Pelo que respeita ao prazo ordinário, inciando-se a respectiva contagem a partir «do facto danoso», o problema que pode colocar-se é o de saber se a expressão da lei visa designar singelamente a prática do acto ilícito [476] ou se pretende referir o acto ilícito gerador de danos, isto é, se o momento a que o preceito se reporta é o da prática do acto ou é antes aquele em que, praticado já o acto, ele inicia a produção de danos. Parece ser mais acertada esta última interpretação: na verdade, constituindo o dano um elemento constitutivo do direito indemnizatório, não faria sentido que pudesse iniciar-se o decurso do prazo de prescrição antes que o direito que dele é objecto estivesse constituído. Não sendo, pois, indispensável, para o início da prescrição ordinária, que todos os danos se tenham verificado, ponto será que algum dano — e minimamente grave, para que, merecendo a tutela do direito, possa, nos

---

[475] Se o lesado se vir impedido de exercer o seu direito, em consequência do desconhecimento da pessoa do lesante, ter-se-á de recorrer, como defende Antunes Varela, in PIRES DE LIMA e ANTUNES VARELA, *Código Civil anotado*, vol. I, *op. cit.*, p. 477, ao regime de suspensão da prescrição do artigo 321.º, para evitar que, dado o teor do artigo 498.º, n.º 1, tal desconhecimento se traduza num obstáculo intransponível ao exercício do direito indemnizatório. Este expediente ou, para usar a formulação do autor, entendimento «em termos hábeis» do preceito, não parece ser a boa solução, mas, porque solução tem de existir e não parece apresentar-se outra, não há alternativa a aceitá-la. Melhor fora que a lei, se a sua preocupação era a de evitar que ao lesado aproveitasse o seu desleixo em accionar os meios institucionais para identificar o lesante, a tivesse vertido em formulação mais adequada a, acautelando-a, não fazer recair sobre o lesado as suplementares consequências danosas da eventual ineficiência das instituições policiais.

[476] Quando a responsabilidade não suponha a ilicitude, o acto lícito.

termos do artigo 398.º, n.º 2, consubstanciar o seu ressarcimento objecto da obrigação de indemnizar — tenha já ocorrido [477].

Estando o direito à indemnização sujeito a dois diversos prazos prescricionais, a sua prescrição verificar-se-á, evidentemente, no momento em que se esgotar um deles, sendo então irrelevante a incompletude do outro.

De salientar é ainda que, prescrito o direito à indemnização, pode o lesado socorrer-se do direito à restituição com fundamento em enriquecimento sem causa, se os pressupostos daquele se encontrarem cumulativamente preenchidos. Isto é, não só a prescrição do direito indemnizatório não implica prescrição da acção de enriquecimento sem causa, conforme dispõe o n.º 4 do artigo 498.º, como, ao invés, tendo o dano a medida do empobrecimento, só com a prescrição do direito de indemnização se constituirá o direito de restituição, pois só então a subsidariedade do instituto do enriquecimento sem causa deixa de se opor à sua utilizabilidade.

8. *Natureza da responsabilidade «in contraendo»*

Muito embora a diversidade de regimes das responsabilidades contratual e extracontratual tenha uma medida reduzida, porque as diferenças existem [478], é necessário saber a qual dos quadros legais se subsume a responsabilidade pré-contratual.

São as seguintes as principais diferenças de regime entre estas duas modalidades da responsabilidade civil [479]:

a) Ónus da prova da culpa — enquanto, na responsabilidade delitual, o princípio é o de que ele caiba ao lesado, na responsabilidade obri-

---

[477] Não é, porém, líquida esta interpretação, relativamente à qual pareceria poder contra-argumentar-se que, sendo indemnizáveis os danos futuros, basta que, praticado o acto ilícito, este seja causalmente apto a, com grande probabilidade, dar origem a danos, para que se possa iniciar a contagem do prazo ordinário da prescrição do direito. O argumento não convenceria, pois, como se sabe, o momento em função do qual os danos são qualificáveis como presentes ou futuros é o da apreciação judicial e não o da prática do acto.

[478] Não se cura aqui de saber se tais diferenças justificam uma distinção de «essência ou natureza jurídica dos dois institutos», partindo-se, como adquirido, do pressuposto de que se trata de pontuais desigualdades de regime que não afectam a unidade essencial da responsabilidade civil. Cfr. PESSOA JORGE, *Ensaio sobre os pressupostos..., op. cit.*, pp. 40-41.

[479] V. exposição dos traços diferenciadores dos dois tipos de responsabilidade, segundo JAIME DE GOUVEIA, em *Da Responsabilidade contratual, op. cit.*, pp. 174 a 213.

197

gacional, há a regra da presunção de culpa do devedor, emergente do artigo 799.º, n.º 1.

De notar que, quanto à culpa do lesado, o ónus da prova, regulado pelo artigo 572.º, tem idêntico regime, qualquer que seja a modalidade de responsabilidade civil.

b) Para quem entenda — o que não é, como já se assinalou, o caso de Pessoa Jorge [480] — que o artigo 494.º não contém o aflora-mento de um princípio geral, aplicável em ambos os tipos de respon-sabilidade civil, ele constitui regra privativa da responsabilidade deli-tual. A tese da não extensão do preceito à responsabilidade obriga-cional apoia-se no argumento de que ele contém uma regra inadequada às «legítimas expectativas do lesado» [481], credor da obrigação incum-prida. Embora não seja evidente a razão por que há-de merecer maior tutela a expectativa do credor do que o direito absoluto de um qualquer lesado pela conduta ilícita alheia [482], tem de reconhecer-se que pode

---

[480] *Ensaio sobre os pressupostos...*, *op. cit.*, pp. 365-366.

[481] Cfr. ANTUNES VARELA, *Das Obrigações em geral*, vol. I, *op. cit.*, p. 768, e vol. II, 2.ª edição, Coimbra, 1978, p. 102; M. J. ALMEIDA COSTA, *Responsabilidade civil pela ruptura...*, *op. cit.*, p. 91.

[482] O entendimento de que, na relação creditória, se justifica uma maior atenção pelas «legítimas expectativas» do credor releva de uma concepção das relações obrigacionais que privilegia como sua fonte os contratos e sedia estes num quadro de relações interpessoais marcadas pelo efectivo conhecimento recí-proco dos contraentes. Isto é, numa época em que as relações contratuais se estabeleciam sobretudo entre pessoas (singulares ou colectivas) que se conheciam, e em razão justamente desse conhecimento, faria sentido que a tutela jurídica da posição creditória reflectisse essa componente de confiança pessoal que tinha estado ligada ao seu surgimento. Por isso que, no domínio do Código de Seabra, uma corrente significativa da doutrina interpretasse o respectivo artigo 717.º, § 3.º, no sentido de que a culpa devia, no quadro da responsabilidade contratual, ser apreciada em concreto, isto é, pela diligência habitual do devedor, ao contrário do que sucedia na responsabilidade delitual, onde era pacífico o entendimento de que tal apreciação devia fazer-se em abstracto. (Cfr. GUILHERME MOREIRA, *Instituições...*, Livro II, *Das Obrigações*, *op. cit.*, pp. 692-693; JAIME DE GOU-VEIA, *Da Responsabilidade contratual*, *op. cit.*, pp. 81-82 e 176-177; CUNHA GONÇALVES, *Tratado de Direito Civil*, vol IV, *op. cit.*, pp. 577 a 579; GAL-VÃO TELLES, *Manual de direito das obrigações*, 1957, n.º 220, *cit. apud* VAZ SERRA, *Culpa do devedor...*, *op. e loc. cit.*, p. 26 e nota 191. MANUEL DE ANDRADE, *Teoria Geral das Obrigações*, *op. cit.*, pp. 344-345, discordando de tal orientação, interpretava a lei dizendo que «o não legislador não terá prefixado um certo padrão de culpa contratual — ou uns tantos, cada um aplicável no seu domínio próprio; terá julgado preferível deixar a qualificação dessa culpa ao *prudente critério do juiz*, em face de todas as circunstâncias abstractas e concretas

invocar-se, em abono desta tese, um argumento sistemático: respeitando o preceituado na disposição à medida da indemnização, mais sentido faria que ela se encontrasse incluída na secção que se ocupa do regime da obrigação de indemnização, se o propósito da lei fosse o de a acolher

---

susceptíveis de o elucidarem sobre qual a solução mais razoável»; VAZ SERRA, *Culpa do devedor...*, *op.* e *loc. cit.*, pp. 42 a 44 e 57-58, também propendia para um critério diferenciado, embora maleável).

Esta ideia de que, nas relações obrigacionais, *maxime* nas contratuais, existia uma relação pessoal entre as partes era claramente expressa pelos autores, dizendo, por exemplo, Galvão Telles, para justificar a apreciação da culpa em abstracto na responsabilidade que designava por quase-contratual, que isso deveria assim ser «porque a obrigação não é de origem convencional e portanto não supõe a aproximação e conhecimento recíproco do credor e do devedor» (*cit. apud* VAZ SERRA, *op.* e *loc. cit.*, p. 27, nota 20) e afirmando Vaz Serra que o critério da diligência do bom pai de família era o adequado à responsabilidade extracontratual, porque «agora não existe relação jurídica entre o lesante e o lesado, anterior à lesão. O lesado não escolheu o lesante, nem teve ocasião de se informar acerca da sua diligência habitual...» (*op.* e *loc. cit.*, pp. 57-58); também Jaime de Gouveia, discreteando sobre o fundamento da diversidade de modos de apreciação da culpa, escrevia: «nas obrigações emergentes de contratos, as partes, salvo raras excepções, escolheram-se mutuamente, por isso é legítima a presunção de que cada um dos contraentes não quis exigir do outro uma diligência ou cuidado maiores do que aqueles de que são capazes. Mas outro tanto não acontece, quando a lesão é produzida pela violação de uma regra geral e impessoal do direito objectivo. Neste caso, o autor da lesão e o lesado não se elegeram um ao outro, porventura nem se conheciam e eram, ao menos, juridicamente estranhos. Por isso quaisquer considerações atinentes à pessoa do autor da lesão, havidas na apreciação da *culpa* seriam descabidas» (*op. cit.*, p. 83).

Ora, esta concepção das relações creditícias em geral, e mesmo das contratuais em particular, tem hoje pouco suporte na realidade socio-jurídica: as relações estabelecem-se com grande anonimato entre sujeitos que muitas vezes se desconhecem por completo e que se esperam reciprocamente a pontualidade no cumprimento debitório que a consciência social exige no mercado.

Não se afigura, em conclusão, fazer hoje sentido o argumento com base no qual se pretende restringir o âmbito de aplicabilidade do artigo 494.º à responsabilidade delitual.

Isto, não obstante me parecer, *de jure condendo*, pelo menos discutível o princípio consagrado nessa disposição: a responsabilidade civil não tem de, nem tendencialmente deve, desempenhar qualquer função punitiva do agente, só se justificando, pois, a relevância da graduação da culpa, para efeitos de medida da reparação, nos casos especiais em que a respectiva caracterização particular o justifique ou naqueles em que, havendo de lançar mão de um critério distributivo da obrigação indemnizatória — sempre sem prejuízo do integral ressarcimento dos danos do lesado —, na insuficiência de outros, o da gravidade da culpa possa desempenhar um papel complementar de tal distribuição.

199

em ambas as modalidades de responsabilidade civil. Porém, o argumento não é decisivo, designadamente porque outras disposições, e nomeadamente as dos artigos 495.º e 496.º, também elas respeitantes ao objecto e cálculo da indemnização, se encontram sediadas na responsabilidade delitual, sendo, quanto à do artigo 496.º, maioritária a opinião que entende que ela é extensiva à responsabilidade obrigacional.

c) Prescrição da obrigação de indemnizar — enquanto, na responsabilidade delitual, há o regime especial do artigo 498.º, na responsabilidade obrigacional, vigora a regra geral da prescrição ordinária, salvo se diverso fosse o regime prescricional da obrigação incumprida.

d) Havendo vários co-responsáveis, a sua obrigação indemnizatória é solidária, se a fonte da responsabilidade for um ilícito extra-obrigacional, e conjunta, se for obrigacional, excepto se a própria obrigação violada fosse solidária.

e) A responsabilidade por facto de terceiro depende, na responsabilidade delitual, da verificação dos pressupostos do artigo 500.º, isto é, designadamente, da existência de uma relação de comissão e da responsabilidade própria do terceiro [483], enquanto, na responsabilidade obrigacional, ela existe no quadro do artigo 800.º, que não implica qualquer relação de subordinação do auxiliar ao devedor e, quanto à apreciação da culpa daquele, impõe que ela seja feita em função das características do próprio devedor [484].

f) As regras de incapacidade aplicáveis à responsabilidade obrigacional são as dos artigos 123.º, 127.º, 139.º e 156.º, enquanto, na responsabilidade delitual, vigora o princípio da falta de imputabilidade, decorrente do artigo 488.º; ou seja, o devedor só incorre em responsabilidade contratual em consequência do inadimplemento se for capaz, enquanto o agente, desde que imputável, se constituirá em responsabilidade delitual, desde que pratique um acto ilícito culposo e danoso.

---

[483] Assinala-se aqui — porque não pode, sem prejuízo de um equilíbrio mínimo deste texto, fazer-se mais — que é, pelo menos, discutível que tal responsabilidade própria do comissário tenha de ser forçosamente subjectiva.

[484] Quer-se aqui significar que as circunstâncias do caso em função das quais se apura a medida da diligência exigível, nos termos do n.º 2 do artgo 487.º, são as que se referem ao devedor e não as que caracterizam o respectivo auxiliar.

g) O regime da constituição em mora do devedor da indemnização é diverso consoante esta provenha de responsabilidade delitual (artigo 805.º, n.º 3, 2.ª parte) ou obrigacional [485].

h) Nas obrigações de indemnizar pecuniárias, cujo fundamento seja a responsabilidade delitual, permite-se ao credor obter indemnização que exceda os juros moratórios, nos termos do n.º 3 do artigo 806.º [485].

i) Enquanto, no quadro obrigacional, as convenções sobre responsabilidade têm o regime legal decorrente dos artigos 809.º, 800.º, n.º 2, e 810.º e segs., o regime da responsabilidade delitual é omisso quanto a tal aspecto, à excepção do disposto no n.º 3 do artigo 504.º, que proíbe as cláusulas de exclusão ou limitação da «responsabilidade do transportador pelos acidentes que atinjam a pessoa transportada». Porém, se, em particular quanto às convenções afastadoras ou limitadoras da responsabilidade, não é pacífica a opinião da doutrina quanto à interpretação do respectivo regime, é maioritária a posição dos que entendem que idêntico deverá ser considerado o regime a aplicar às cláusulas cujo objecto seja a responsabilidade delitual do lesante.

j) Há ainda diferenças em matéria de Direito Internacional Privado (artigos 41.º e 45.º do Código Civil) e de lei processual civil, designadamente, nesta última, quanto à competência territorial dos tribunais: o tribunal competente será o do lugar de cumprimento da obrigação ou o da ocorrência do facto, consoante a responsabilidade seja obrigacional ou extraobrigacional (artigos 74.º, n.ºˢ 1 e 2, respectivamente, do Código de Processo Civil).

Condenadas ao inêxito, como parecem ter definitivamente ficado, todas as tentativas de construir a responsabilidade pré-contratual como um *tertium genus* relativamente à responsabilidade contratual e à

---

[485] É, porventura, criticável que as alterações introduzidas pelo Decreto-Lei n.º 262/83, de 16 de Junho, nestes artigos 805.º e 806.º se tenham circunscrito à responsabilidade extraobrigacional, sendo, por isso e porque o teor literal das regras aditadas não é absolutamente concludente, de duvidar que tal interpretação seja a mais ajustada à *ratio* dos preceitos; mas não é esta a ocasião de analisar tal problema.

extracontratual[486], permanecem também isoladas as vozes, representantes das chamadas teorias eclécticas ou dualistas, que defendem que a responsabilidade *in contrahendo* seja subsumida ora à responsabilidade obrigacional, ora à extraobrigacional, em função da natureza (heterogénea) dos factos que podem fundamentá-la[487].

Assim sendo, o primeiro problema a resolver será o de identificar o critério a adoptar para realizar o enquadramento desta responsabilidade.

Naturalmente, o critério terá de ser o da lei, quando desta se puderem colher elementos susceptíveis de fundar uma resposta ao problema. Isso não acontece no direito português, porque o único argumento retirável do n.º 2 do artigo 227.º é equívoco: tanto pode significar essa norma que a lei configura a responsabilidade *in contrahendo* como extracontratual, determinando, por isso, que seja aplicável o mesmo prazo prescricional à obrigação de indemnizar, como defender-se, com base nela, que a lei, supondo que a responsabilidade pré-contratual é obrigacional, mas julgando mais adequado que o prazo de prescrição da obrigação dela resultante fosse o do artigo 498.º, sentiu necessidade de expressamente o dizer, sem o que não seria a ele que o aplicador do direito recorreria.

---

[486] Sobre esta posição, v. FRANCESCO BENATTI, *A responsabilidade pré-contratual, op. cit.*, pp. 133 a 136. Como observa CLARA GONZÁLEZ, *La culpa in contrahendo, op. cit.*, p. 195, a principal razão por que a via de qualificar a responsabilidade *in contrahendo* como um *tertium genus* não teve assinalável sucesso foi, com grande probabilidade, a de se tratar de um «caminho estéril», já que «a sua consideração como outro género de responsabilidade não faria mais do que acrescentar um qualificativo suplementar à já existente responsabilidade por CIC mas não solucionaria nenhuma outra questão».

Cumpre, porém, anotar um recente ressurgimento da defesa da autonomização da responsabilidade pré-contratual, relativamente à delitual e à contratual, fundado, já na especificidade dos deveres pré-contratuais, já no amplo âmbito subjectivo de incidência de tais deveres, que nem sempre podem considerar-se situados numa verdadeira relação obrigacional, já, finalmente, na possibilidade de a persistência desta área de responsabilidade se estender para lá da conclusão do contrato: v. VINCENZO CUFFARO, *Responsabilità precontrattuale, op. e loc. cit.*, pp. 1270 e 1273.

[487] V., sobre estas posições, FRANCESCO BENATTI, *A responsabilidade pré-contratual, op. cit.*, pp. 136-137. V., adiante, nota 500, sobre a orientação actual do Supremo Tribunal Federal suíço, referência a uma posição deste tipo.

Na proposta de Articulado para o projecto de Código Civil, da autoria de Vaz Serra, tomava-se expressamente posição sobre o problema, encontrando-se o respectivo artigo 9.º assim redigido [488]:

«1. A responsabilidade de que trata o artigo precedente mede-se pelas regras da relação contratual a que as negociações se destinavam, salvo se lhe não for aplicável a razão de ser delas. Observa-se a mesma doutrina quanto ao prazo da prescrição.

2. À responsabilidade dos negociadores pelos actos dos seus auxiliares aplicam-se as regras sobre responsabilidade do devedor pelos actos dos seus auxiliares.

3. No caso previsto na segunda parte do § 3.º do artigo 8.º, as regras aplicáveis são as da responsabilidade por facto ilícito, extracontratual, se forem mais graves».

Deste texto o único elemento que figura no articulado definitivo do Código Civil é o respeitante ao prazo prescricional da obrigação de indemnizar; quanto a ele se dispõe, ao invés do que era proposto, a aplicabilidade do regime de prescrição da obrigação indemnizatória cuja fonte seja a responsabilidade extraobrigacional. Daqui, como já se viu, não parece, porém, poder retirar-se nada de conclusivo. E nem sequer se afigura legítimo entender que, divergindo a solução acolhida na lei daquela que era a proposta pelo autor do Anteprojecto, tal significa que a lei pretendeu assumir posição global sobre o enquadramento da responsabilidade *in contrahendo* contrária à que constava de tal proposta: na verdade, o que se passa é que, enquanto o projecto adoptava expressa posição sobre o problema, a redacção final da lei omite a referência a ele, apenas tendo determinado o regime de prescrição da dívida indemnizatória; mais razoável parece, pois, supor que, tendo a lei considerado necessário resolver este pontual problema, quanto à questão global, ou dela entendeu demitir-se deixando ao intérprete a sua solução, ou supôs estar ela resolvida, quer em harmonia com o disposto sobre aquela pontual questão, quer em sentido contrário, motivo por que lhe pareceu necessário excepcionar expressamente o regime de prescrição de tal enquadramento global.

---

[488] *Culpa do devedor...*, *op. e loc. cit.*, p. 145.

Na falta de indicação do direito positivo, o critério para estabelecer a natureza da responsabilidade pré-contratual será, em princípio, de natureza dogmática, isto é, procederá a conclusão obtida da análise do tipo de ilicitude verificada. Porém, esta orientação tem, muitas vezes, cedido justificadamente a exigências de carácter prático, procurando-se que o regime aplicável seja o mais consentâneo com os fins do instituto.

Na Alemanha, a orientação prevalecente na doutrina e na jurisprudência é a de considerar a responsabilidade *in contrahendo* como uma modalidade de responsabilidade obrigacional [489, 490], dadas as insuficiências da tutela aquiliana para proporcionar uma protecção satisfatória ao lesado, designadamente quando o ilícito tenha sido praticado por terceiro [491]. Esta motivação (ou preocupação), reconhecida pela generalidade dos autores [492], é, porém, compatibilizada dogmaticamente, pelas doutrina e jurisprudência alemãs, com o fundamento da responsabilidade *in contrahendo,* que é identificado como uma «relação obri-

---

[489] Muito embora, como antes se assinalou, se encontrem no *BGB*, e em particular nos seus §§ 179 II, 307 e 309, previsões de concretos casos de responsabilidade *in contrahendo,* do seu regime encontram-se excluídos alguns aspectos — como o ónus da prova da culpa, o prazo de prescrição do direito de indemnização, os termos da responsabilidade fundada em actos de terceiros — que poderiam esclarecer o enquadramento daquela responsabilidade, deixando o legislador tal tarefa à ciência do direito. Cfr. CLARA GONZÁLEZ, *La culpa in contrahendo, op. cit.,* p. 32 e nota 33.

[490] V., porém, FIKENTSCHER, *Das Schuldrecht, op. cit.,* p. 67, que, depois de dizer que a responsabilidade *in contrahendo* é «semelhante» à contratual, conclui afirmando que, «na realidade, é em grande medida responsabilidade delitual tratada segundo os princípios da responsabilidade contratual».

[491] À preocupação de evitar a aplicação do § 831 do *BGB*, proporcionando ao lesado a maior tutela conferida pelo § 278, acresce, como já se deixou assinalado, a motivação da aplicação do prazo prescricional de 30 anos (§ 195) em vez do de 3 anos, estabelecido para a obrigação indemnizatória provinda de responsabilidade delitual pelo § 852, e ainda a de conferir ao lesado o benefício da presunção de culpa do lesante. V. CLARA GONZÁLEZ, *La culpa in contrahendo, op. cit.,* p. 105, nota 319, p. 107 e nota 330, e pp. 109-110 e nota 345.

[492] V., por exemplo, A. MANZANARES SECADES, *La naturaleza de la responsabilidad..., op. e loc. cit.,* pp. 987 a 990; FIKENTSCHER, *Das Schuldrecht, op. cit.,* pp. 63 e 65; K. LARENZ, *Lehrbuch des Schuldrechts,* I. Band, *op. cit.,* p. 91; CLARA GONZÁLEZ, *Culpa in contrahendo, op. cit.,* pp. 31-32, 36 a 39, 50, 76-77 e 90-91, 105 a 110 e 117-118: J. ESSER e E. SCHMIDT, *Schuldrecht...,* Teilband 2, *op. cit.,* p. 96. WERNER LORENZ, «*Le processus précontractuel*»: «*Precontractual Liability*» *in the Law of the Federal Republic of Germany, op. cit.,* p. 20.

gacional legal» [493] ou como uma «relação de confiança semelhante à contratual» [494].

Em Itália, enquanto a jurisprudência propende maioritariamente para a ideia de que a responsabilidade *in contrahendo* é extracontratual [495], a doutrina encontra-se dividida [496], dizendo, por exemplo, embora sem ser categórico, P. Forchielli [497] que esta é a matriz da responsabilidade civil e que a violação da boa fé representa a injustiça do

---

[493] FIKENTSCHER, *Das Schuldrecht, op. cit.*, pp. 63 e 65; K. LARENZ, *Lehrbuch des Schuldrechts*, I. Band, *op. cit.*, p. 90, fala de «relação obrigacional legal sem dever de prestação primário», precisando, mais adiante (p. 93), que «a responsabilidade não se baseia, como a relação obrigacional provinda de um comportamento social típico, num tipo (*Tatbestand*) pelo menos semelhante a um contrato, mas sim e apenas no direito (não escrito) objectivo, em última análise no princípio da boa fé». E Larenz acrescenta que o *BGH* fala de «relação obrigacional legal em complemento do direito escrito», observando que se deve substituir o termo «lei» por «norma jurídica» na formulação do *BGH*. Também J. ESSER e E. SCHMIDT, *Schuldrecht...*, Teilband 2, *op. cit.*, p. 97, dizem que é justificado falar-se de uma «relação obrigacional legal» ou de uma «relação de protecção legal».

[494] FIKENTSCHER, *Das Schuldrecht, op. cit.*, pp. 63 e 65. J. ESSER e E. SCHMIDT, *Schuldrecht...*, Teilband 2, *op. cit.*, p. 96, falam em «relação semelhante à contratual», dado produzir obrigações dirigidas e acrescidas de cuidado e de informação, que são típicas numa relação contratual; estes autores acentuam, porém, que a fonte de tais obrigações não é o contrato, mas o seu reconhecimento pela prática (reconhecimento que encontrou apoio nos casos legalmente previstos de obrigação de indemnizar constituída no momento da celebração do contrato).

[495] V. GUIDO ALPA, *Precontractual Liability, op. cit.*, p. 6, que cita, neste sentido, uma decisão do Tribunal de Cassação de 18.6.1987.

[496] V. uma exposição das posições dos autores italianos e da respectiva jurisprudência, em VITTORIO CALUSI, *In tema di trattative..., op. e loc. cit.*, pp. 478 a 484, e em VINCENZO CUFFARO, *Responsabilità precontrattuale, op. e loc. cit.*, pp. 1266 e 1267; A. MANZANARES SECADES, *La naturaleza de la responsabilidad..., op. e loc. cit.*, pp. 990 a 993; GUIDO ALPA, *Precontractual Liability, op. cit.*, pp. 6-7.

[497] *Responsabilità civile, Lezioni*, 3.º volume, *op. cit.*, pp. 129 a 133. Neste sentido se pronuncia VITTORIO CALUSI, *In tema di trattative..., op. e loc. cit.*, pp. 485 a 487, com uma pluralidade de argumentos não só de valia discutível, como contraditórios entre si: depois de afirmar que, na fase dos preliminares, «apesar da existência de uma relação de confiança entre as partes, não se constituiu entre elas um vínculo obrigatório», sendo seu dever «empregar aquelas mesmas cautelas que a qualquer sujeito da comunidade (*consociato*) incumbem relativamente aos outros, em todas as relações sociais», diz que, «quando se admita por hipótese, a existência entre as partes [...] de uma obrigação específica, é certo que tal obrigação não assume forma contratual», quando também é certo que «só às obrigações *ex contractu* se pode aplicar o conceito de culpa contratual», acabando

dano, referida no artigo 2043.º do Código Civil italiano [498]; de igual modo em França há divisão, sendo embora a corrente maioritária no sentido da solução aquiliana [499]; na Suíça, não sendo igualmente pacífica embora sem ser categórico, P. Forchielli [497] que esta é a matriz da responsabilidade obrigacional nas decisões do Tribunal Federal [500], enquanto na doutrina parece, ao invés, maioritária a corrente que defende

---

por fazer apelo a considerações «de ordem prática», consubstanciadas na inadmissibilidade da presunção de culpa, já que esta «equivale a má fé» e presumir a má fé «constituiria uma singular excepção ao princípio segundo o qual a má fé não se presume e exigiria portanto uma particular justificação». Sem carácter peremptório, propende RENATO SCOGNAMIGLIO, *Contratti in generale, op. cit.,* p. 88, «na dúvida», «para a responsabilidade aquiliana, considerando que nesta hipótese responde-se pela transgressão aos referidos deveres gerais de conduta, que não podem por certo equiparar-se a obrigações em sentido próprio».

Sem enunciar justificação digna de nota, FRANCESCO GALGANO, *Diritto privato, op. cit.,* p. 323, diz que a responsabilidade *in contrahendo* tem natureza delitual, pelo regime próprio desta se regendo.

[498] Contra, se pronuncia FRANCESCO BENATTI, *A responsabilidade pré-contratual, op. cit.,* pp. 145 a 157. Configurando a boa fé pré-negocial como «um efeito podrómico» da boa fé contratual, E. BETTI, *Teoria general de las Obligaciones,* tomo I, *op. cit.,* p. 92.

A posição adoptada por alguns autores italianos sobre esta questão não é estranha a preocupação de proteger ressarcitoriamente o lesado nos mais amplos termos da responsabilidade contratual, quando o ilícito pré-contratual foi praticado por terceiro: para uma exposição destas posições, v. M. LEONARDA LOI, *La responsabilità del rappresentante..., op.* e *loc. cit.,* p. 190.

[499] V. JOANNA SCHMIDT, *La sanction de la faute..., op.* e *loc. cit.,* pp. 51, 66 e 72; JOANNA SCHMIDT-SZALEWSKI, *Droit des contrats, op. cit.,* pp. 30 a 33; *id, La période précontractuelle en droit français, op. cit.,* pp. 3 a 5, 14 e 34; a autora chama, porém, adiante (pp. 16 a 30), a atenção para a flexibilidade e amplitude dos critérios jurisprudenciais na identificação de contratos preparatórios (*avant-contrats*), pelo que grande parte dos ilícitos pré-contratuais arrasta consigo consequências indemnizatórias que são tratadas no quadro da responsabilidade contratual. V. também JACQUES GHESTIN, *Les Obligations. Le contrat: formation, op. cit.,* pp. 250-251; ALEX WEILL e FRANÇOIS TERRE, *Droit Civil. Obligations, op. cit.,* pp. 384-385. No mesmo sentido, PIERRE LEGRAND JR., *Pre-contractual Relations in Quebec Law..., op. cit.,* pp. 17, 23 e 29.

[500] V. PIERRE ENGEL, *Traité des Obligations..., op. cit.,* pp. 134-135 e 505. F. SCHENKER, *Precontractual Liability in Swiss Law, op. cit.,* pp. 8, 11 e 14 e notas 34, 36 e 54 a 56, diz que, actualmente, a orientação do Supremo Tribunal Federal «é bastante pragmática, e ele determina para cada uma das modalidades de responsabilidade pré-contratual em questão uma solução adequada baseada na equidade», aplaudindo o autor esta orientação ecléctica.

206

a natureza extraobrigacional dessa responsabilidade [501, 502]; em Espanha, na falta de regra codificada em que se funde esta responsabilidade, propende a doutrina para reconduzir o seu fundmento no artigo 1902.º do respectivo Código Civil, que consagra o princípio geral da responsabilidade delitual [503].

Entre nós, antes da entrada em vigor do Código Civil de 1966, era maioritário o entendimento de que a responsabilidade *in contrahendo*, derivando de um ilícito extracontratual, o abuso do direito, não podia revestir natureza contratual, conclusão para que concorria o suplementar argumento da inexistência de qualquer contrato [504].

---

[501] V. PIERRE ENGEL, *Traité des Obligations...*, *op. cit.*, pp. 504 a 506, opinando este autor que não é de aceitar «a natureza 'contratual' dos deveres pré-contratuais nos casos em que as esferas de autonomia são tão-somente susceptíveis de se encontrar, isto é, nos casos em que a personalização não é senão virtual ou futura: ofertas ao público, convite público para fazer propostas, promessa pública de recompensa». Fora destas situações — que são de natureza heterogénea, incluindo mesmo, ao que parece, negócios jurídicos unilaterais como a «promessa pública de recompensa», e que, em qualquer caso, não se reconduzem inequivocamente aos preliminares de um contrato — Pierre Engel entende que, na maior parte dos casos, há concurso de fundamentos de responsabilidade, cabendo, pois, ao lesado a escolha do regime a invocar (*op. cit.*, pp. 509-510). V. referência à predominante tese delitual na doutrina suíça em MARIO BESSONE, *Rapporto precontrattuale...*, *op. e loc. cit.*, pp. 1004-1005, nota 88, e também em A. MANZANARES SECADES, *La naturaleza de la responsabilidade...*, *op. e loc. cit.*, pp. 1001-1002. Da exposição de síntese de F. SCHENKER, *Precontractual Liability in Swiss Law*, *op. cit.*, p. 8 e notas 34 a 39, não é possível apurar-se qual das correntes é actualmente maioritária.

No sentido da natureza obrigacional se pronunciava claramente A. VON TUHR, *Tratado de las Obligaciones*, tomo I, *op. cit.*, pp. 142 e 213.

[502] Dizendo, sem justificar, que se aplicam à responsabilidade *in contrahendo* «as regras que disciplinam a *culpa extracontratual*», ORLANDO GOMES, *Contratos*, *op. cit.*, p. 63; afirmação semelhante produz THIERRY SCHMIDTZ, *Rapport*, *op. e loc. cit.*, p. 59, que é peremptório em que «não poderá tratar-se senão de uma responsabilidade delitual com culpa provada».

[503] V. A. MANZANARES SECADES, *La naturaleza de la responsabilidad...*, *op. e loc. cit.*, pp. 1005 a 1009; JOSÉ LUIS DE LOS MOZOS, *in* E. BETTI, *Teoria General de las Obligaciones*, tomo I, *op. cit.*, p. 88, nota; L. DÍEZ-PICASO e A. GULLON, *Sistema...*, vol. II, *op. cit.*, p. 88.

[504] V. P. ASCENÇÃO BARBOSA, *Do Contrato-promessa*, *op. cit.*, p. 79. A. FERRER CORREIA, *Erro e Interpretação...*, *op. cit.*, p. 297, nota 1, apelava aos princípios da responsabilidade extracontratual para fundar a responsabilidade *in contrahendo*, mas só «quando não queira ver-se no artigo 653.º do nosso código — norma que torna o proponente responsável, em caso de retractação anterior ao momento da chegada da resposta, pelos prejuízos daí resultantes para a outra

Desta posição se distanciava Mota Pinto[505], que, depois de criticar a base de «inadmissível ficção» em que assenta a «teoria contratualista», observava que a «teoria extracontratualista» inconsidera a «situação especial em que os 'pré-contratantes' se encontram, um em face do outro», olhando-os como estranhos entre si, o que «contradiz a realidade jurídica que se pretende explicar», pois, «entrando em negociações, sai-se do círculo dos deveres gerais humanos para penetrar no mundo dos direitos relativos», havendo «uma obrigação em sentido técnico entre as partes», obrigação que «resulta directamente da lei»: este vínculo que se estabelece entre os sujeitos era denominado pelo autor, «à semelhança de HILDEBRANDT, relação de negociações (Verhandlungsverhältnis) ou, como talvez seja preferível, relação jurídica pré-negocial». Ao ocupar-se da natureza da responsabilidade *in contrahendo*, mais adiante[506], o autor afirmava, porém: «As soluções, por nós propostas para a responsabilidade por não conclusão dos contratos, conduzem-nos logicamente a qualificar este efeito como responsabilidade extra-contratual, pois sendo este um conceito que definimos por via negativa, abrangendo todos os casos em que não há violação duma obrigação em sentido técnico, também aí caberão os casos de responsabilidade por abuso de direito e por acto lícito». Esta conclusão, informada «por razões estritamente lógicas, não teleológicas», não importava, para Mota Pinto, «serem válidas, necessariamente, para a responsabilidade por não conclusão dos contratos, as soluções próprias da responsabilidade extra-contratual, nos domínios em que houver diferença», já que «isso seria atitude do mais puro conceitualismo, cega perante os interesses presentes nas situações». E, em conformidade com este pressuposto, defendia que o regime da responsabilidade *in contrahendo* fosse o da responsabilidade contratual no que respeitava aos contratos celebrados com menores (afastando as regras dos artigo 2377.º e 2379.º do Código de 1867) e no que respeitava «à revogação ou rotura operada pelo [...] mandatário», argumentando, suplementarmente, nesta última

---

parte — uma disposição susceptível de ser aplicada por analogia a todos os casos da chamada responsabilidade pré-contratual». JAIME DE GOUVEIA, *Da Responsabilidade contratual, op. cit.*, pp. 278 a 283, também reconduzia ao artigo 653.º o princípio da responsabilidade pré-negocial, dizendo tratar-se da «infracção do preceito geral que proíbe que se prejudique outrem — *neminem laedere*» (v. também pp. 285 a 298).

[505] *A responsabilidade pré-negocial..., op.* e *loc. cit.*, pp. 150 a 154 e 238 a 240.

[506] *Op.* e *loc. cit.*, pp. 248 a 250.

hipótese, com a *culpa in eligendo;* já quanto à pluralidade passiva, dizia Mota Pinto parecer-lhe «aceitável o regime da solidariedade, quando a rotura abusiva das negociações ou a revogação da proposta são levadas a cabo por vários sujeitos». A opinião de Mota Pinto apresentava-se, assim, como algo contraditória, acabando por saldar-se numa posição ecléctica, justificada por razões teleológicas, embora com predomínio das soluções do regime da responsabilidade obrigacional.

Actualmente, não pode considerar-se pacífico o entendimento da doutrina: Almeida Costa [507] sustenta que o critério a adoptar deve ser pragmático e, em função dele, considera a responsabilidade *in contrahendo* como extraobrigacional, com os seguintes argumentos:

a) Não é de presumir a culpa, pois «a obrigação de indemnização pela ruptura dos preliminares, embora se trate de ruptura ilegítima, sempre representa uma limitação significativa da autonomia privada», não sendo, por isso, «razoável que ao contraente que sofre essa diminuição na sua esfera negocial ainda acresça uma presunção de culpa, com o correspondente ónus da prova» [508].

b) Parece justo que, havendo vários responsáveis, a sua obrigação indemnizatória seja solidária;

c) «É muito oportuno que o tribunal, se ocorre ruptura apenas culposa, possa graduar equitativamente a indemnização, fixando-a em montante inferior aos danos causados», nos termos do artigo 494.º, pois esta norma aponta «para o critério de maleabilidade que, em tese geral, [...] deve presidir à apreciação da responsabilidade pela ruptura dos preliminares».

d) O critério do artigo 488.º, relativo à imputabilidade, «permite abranger, pelo sistema da responsabilidade extra-contratual, certas situa-

---

[507] *Responsabilidade civil pela ruptura...,* op. cit., pp. 89 e 93 a 95.

[508] Da necessidade de afastamento da presunção de culpa do devedor já se lançou mão em Itália, como se viu, para argumentar no sentido da inclusão da responsabilidade *in contrahendo* no quadro da responsabilidade aquiliana, com o seguinte raciocínio: sendo a presunção de culpa, no quadro do artigo 1337.º, sinónima de presunção de má fé, e fundando-se a responsabilidade pré-contratual na violação da boa fé, significaria tal presunção, afinal, uma presunção de responsabilidade, ao lesante competindo provar, a um só tempo, que não tinha praticado qualquer acto ilícito nem tinha actuado culposamente. É óbvio o equívoco deste pensamento: é que, se a culpa não se confunde com a má fé, também a violação da regra decorrente da boa fé objectiva não é sinónima de má fé.

209

ções de ruptura da fase negociatória para as quais falta tutela adequada com recurso ao regime do ilícito contratual».

e) Quanto à competência do tribunal, é preferível o regime da responsabilidade aquiliana, pois, «na hipótese de frustração dos preliminares, as partes não chegam, via de regra, a definir o lugar do cumprimento». Além de que, como a responsabilidade *in contrahendo* representa uma restrição da liberdade contratual do responsável, a melhor solução será «a do foro que lhe será normalmente mais cómodo — o do lugar em que se verificou o facto lesivo, quer dizer, a quebra dos preliminares».

Em obra já posterior ao Código Civil de 1966 [509], Mota Pinto defende «a sujeição [da responsabilidade *in contrahendo*] ao regime específico da responsabilidade contratual [que], sendo a mais ajustada à ponderação dos interesses em jogo na situação corresponde formalmente ao enquadramento técnico-jurídico respectivo»; e acrescenta que «no artigo 227.° do nosso Código Civil colhe-se o apoio textual necessário para a fundamentação da ideia da existência de vínculos especiais de carácter obrigacional entre os participantes em negociações». O maior ajustamento do regime da responsabilidade obrigacional «à ponderação dos interesses em jogo na situação» decorre, essencialmente, tanto quanto pode perceber-se, da maior tutela decorrente para o lesado do artigo 800.°, relativamente àquela que lhe seria proporcionada pelo regime do artigo 500.°.

Vaz Serra [510] e Menezes Cordeiro [511] inclinam-se para o enquadramento da responsabilidade *ex* artigo 227.° na responsabilidade obrigacional, argumentando principalmente com a natureza obrigacional da relação estabelecida, por força da boa fé, entre as partes que negoceiam ou concluem um contrato.

---

[509] *Cessão da posição contratual, op. cit.*, pp. 25 e 350 a 353.

[510] *Culpa do devedor..., op. e loc. cit.*, pp. 130 a 133 e nota 208: o autor defende que, «resultando aquela responsabilidade de uma relação baseada nas negociações, devem aplicar-se, em princípio, as regras sobre responsabilidade contratual, e não as relativas à responsabilidade extracontratual, e, entre aquelas, as respeitantes à relação contratual a que as negociações se destinam», com o argumento de que «há [...] uma relação obrigacional sancionada pela ordem jurídica entre os negociadores e, portanto, a responsabilidade derivada da violação dela é contratual, pois é contratual, não só a responsabilidade resultante do não cumprimento dos contratos, mas a emergente da violação de qualquer outra obrigação preexistente entre as partes».

[511] *Da boa fé no direito civil*, vol. I, *op. cit.*, p. 585.

Parece que a solução desta questão só não deve ser conforme ao enquadramento conceitual a que se faz apelo para separar a responsabilidade obrigacional da aquiliana, se houver fortes razões de justiça e razoabilidade que a isso se oponham.

Ora , como observam os autores alemães, a relação entre aqueles que negoceiam com vista à conclusão de um contrato, ou o celebram, nada tem de semelhante com a relação ocasional com que se estabelece entre sujeitos não ligados por uma anterior relação jurídica, antes se aproximando da relação contratual ou para-contratual. Por outro lado, como acentua Francesco Benatti, citando Luigi Mengoni [512], a boa fé objectiva surgiu e desenvolveu-se no âmbito das relações obrigacionais, pelo que, «quando uma norma jurídica sujeita o desenvolvimento de uma relação social ao imperativo da boa fé, é isso índice seguro de que aquela relação social se transformou, no plano jurídico, em uma relação obrigatória, cujo conteúdo se trata precisamente de especificar segundo a boa fé» [513]. Finalmente, e sobretudo, os deveres pré-contratuais constituem imperativos de conduta destinados a satisfazer o interesse de sujeitos determinados (ou determináveis), o que, como se sabe, é o elemento que permite caracterizar distintivamente as obrigações dos deveres jurídicos. Aliás, os deveres pré-contratuais não se configuram, como tipicamente acontece com os deveres cuja violação constitui ilícito extraobrigacional, por um conteúdo negativo, antes tendendo para a promoção e satisfação do interesse de um determinado sujeito [514, 515].

---

[512] *A responsabilidade pré-contratual, op. cit.*, p. 149. Em sentido idêntico, E. BETTI, *Teoria general de las Obligaciones,* tomo I, *op. cit.,* p. 82, que, ao distinguir, da boa fé subjectiva, a boa fé objectiva, designa esta por «boa fé em sentido positivo, como imposição», dizendo que ela «interessa como sinal característico das relações de obrigação».

[513] Um inventário das disposições do Código Civil português que se referem à boa fé, ilustrativo da sua particular incidência no domínio das obrigações, pode ver-se em MANUEL J. GONÇALVES SALVADOR, *A boa fé nas obrigações, op. e loc. cit.,* p. 7 e nota 1.

[514] Para este caracterização distintiva entre os deveres jurídicos cuja violação constitui o agente em responsabilidade delitual e aqueles cujo incumprimento faz surgir responsabilidade obrigacional, v. EMILIO BETTI, *Teoria general de las Obligaciones,* tomo I, *op. cit.,* pp. 71-72.

[515] M. J. ALMEIDA COSTA, *Direito das Obrigações, op. cit.,* p. 229; FRANCESCO BENATTI, *op cit.,* pp. 62 e 149-150; PIERRE ENGEL, *Traité des Obligations...,* op. cit.,* p. 135; EMILIO BETTI, *Teoria general de las Obligaciones,* tomo I, *op. cit.,* pp. 86, 87-88 e 92.

Verificando-se que este é o enquadramento dogmático mais acertado [516], resta analisar se ele acarreta significativas desvantagens de regime, que possam justificar a opção pela oposta solução. Apreciando as objecções de Almeida Costa, há que dizer que o argumento contrário à presunção da culpa parece derivar de uma posição restritivista da aplicação da boa fé, conjugada com a habitual sobrevalorização da autonomia privada, que é, cada vez mais, uma posição ultrapassada [517]; o mesmo se diga quanto à argumentação relativa às regras de competência territorial dos tribunais, com a observação suplementar de que, aqui, e ao contrário do que afirma Almeida Costa, não é possível saber, em abstracto, qual será a solução preferível do ponto de vista do interesse de cada uma das partes, pois nem sempre o lugar em que o facto ocorreu, isto é, o lugar onde se verificou o rompimento das negociações (se se tiver tratado de responsabilidade por ruptura dos preliminares, hipótese a que se reporta o autor) é o do domicílio da parte que rompeu; é que, como a declaração de ruptura, sendo recipienda, só produz os seus efeitos ao chegar ao destinatário, é aí que deve ter-se por verificada a ruptura [518].

O argumento retirado do artigo 494.º também não é convincente. Não só é discutível a justeza da prevalência da função punitiva sobre a função ressarcitória da responsabilidade civil que resulta dessa disposição, como, para quem acolha a bondade do princípio, mais coerente seria a defesa da sua aplicação à responsabildiae obrigacional. Mas, sobretudo, o argumento, formulado na base de um critério geral de maleabilidade que deveria presidir à fixação da indemnização em maté-

---

[516] MENEZES CORDEIRO sustenta a natureza obrigacional da responsabilidade *in contrahendo* justamente com o argumento de que os deveres incumpridos são «deveres específicos de comportamento»: cfr. *Da boa fé...*, vol. I, *op. cit.*, p. 585.

[517] Mesmo VAZ SERRA, que não defendia, neste domínio, uma posição de muito generosa tutela do lesado, dizia que, «no que respeita ao encargo da prova, se afigura mais razoável a solução da responsabilidade contratual: desde que o autor prove que o réu devia ter observado certa conduta, cabe a este a prova de que não teve culpa na falta dela» (*Culpa do devedor...*, *op.* e *loc. cit.*, p. 133, nota 211).

[518] Aliás, este argumento de Almeida Costa é ainda criticável noutro ponto: diz o autor que, sendo a «hipótese de frustração dos preliminares, as partes não chegam, via de regra, a definir o lugar do cumprimento»; ora, que as partes não tenham fixado o lugar do cumprimento das obrigações emergentes do futuro contrato é rigorosamente irrelevante, uma vez que não é do incumprimento dessas obrigações que se trata, mas sim do inadimplemento das obrigações pré-negociais.

ria de responsabilidade *in contrahendo*, parece criticável. Mais uma vez se está aqui perante uma enviesada recusa de configurar esta responsabilidade nos quadros gerais e a pretensão de nela não fundar o ressarcimento de todos os danos sofridos.

Quanto à diversidade de critérios que presidem, por um lado, à definição da imputabilidade e, por outro, à da capacidade, o argumento é de ponderar, mas não se afigura decisivo, sobretudo se se tiver em conta o preceituado nos artigos 126.º e 127.º, n.º 1, que permitem, em muitos casos, responsabilizar pré-contratualmente o menor.

Finalmente, a defesa do regime da solidariedade para a obrigação de indemnizar, quando plural, parece o único argumento de peso para a opção pelo regime da responsabilidade delitual.

Só que, sendo certo que, em muitos casos, o facto gerador da responsabilidade será praticado por terceiro, sendo — ao contrário do que afirma Almeida Costa [519] — manifestamente inadequado o regime do artigo 500.º [520], a conclusão é, conformemente aos princípios, a de que a responsabilidade pré-contratual se deve reconduzir à obrigacional [521].

---

[519] Que entende que «seria excessivo» o recurso ao artigo 800.º, embora sem se deter na explicação do fundamento da sua posição (*Responsabilidade civil pela ruptura...*, *op. cit.*, p. 97).

[520] Não só, nos casos em que o terceiro tenha sido introduzido na relação pré-contratual por iniciativa do devedor como naqueles em que ele dele seja representante legal, não é possível, frequentemente, encontrar o elemento de subordinação que caracteriza a comissão, como, e sobretudo, raras vezes o acto do terceiro constituirá ilícito culposo próprio, susceptível de o constituir em responsabilidade civil, sem o que não haverá responsablidade do respectivo comitente.

[521] Neste sentido se pronuncia também o parecer da Procuradoria Geral da República de 20 de Dezembro de 1979, *op.* e *loc. cit.*, p. 23.